JEANETTE NENTWIG

DESIGN IKONE

DIE GESCHICHTE DER GUNHILD LILJEQUIST

media thoughts verlag

Für alle,
denen der Anblick eines Oldtimers
ein Lächeln ins Gesicht zaubert

Mit der Erscheinung
dieses Buches haben wir
zusammen mit der Druckerei FINIDR
einen neuen Baum gepflanzt.

Lektorat: Dorothea Lubahn + Ulrike Parnow

Bibliografische Information der Deutschen Nationalbibliothek:
Die Deutsche Nationalbibliothek verzeichnet diese Publikation in der Deutschen Nationalbibliografie; detaillierte bibliografische Daten sind im Internet über http://dnb.de abrufbar

1. Auflage
Dr. Glaw + Lubahn GbR - Mediathoughts Verlag

Umschlaggestaltung: Florian L. Arnold,
Druck und Bindung: Finidr, Printed in Česká republika

ISBN: 978-3-947724-50-5

Ich liebe Rot. Rot ist Leben.

DAS EIERKUCHEN-DRAMA

»Ich bin Gunhild Terzenbach – ich hab' noch niemanden!« Das kleine Mädchen mit dem großen braunen Koffer in der Hand steht mitten auf dem Bahnsteig von Guben und wirkt etwas verloren. Zögerlich und mit vor Schüchternheit leiser Stimme spricht es eine Frau an, die mit einer Gruppe anderer Erwachsener zusammensteht.

Die Frau unterbricht ihr Gespräch und beugt sich zu dem Kind hinunter. »Wie heißt du? Gunhild? Zeig mal deine Karte. Terzenbach - nein, zu uns gehörst du nicht«, sagt sie kopfschüttelnd und wendet sich gleich wieder ab.

In der kleinen Gunhild steigt langsam Panik auf: Vor einer Stunde ist sie hier in Guben aus dem Zug gestiegen und hat aufgeregt nach dem Ehepaar Paeschke Ausschau gehalten, das sie hier abholen soll. Der ganze Zug war voller lärmender Kinder, die wie sie aus Berlin kamen. Alle hatten eine Karte der Kinderlandverschickung um den Hals baumeln, auf der ihre Namen und Adressen notiert waren. Nach ihrer Ankunft hatte es auf dem Bahnsteig ein chaotisches Durcheinander gegeben: Namen wurden durcheinandergerufen, Koffer durch das allgemeine Gewühl gezerrt, kleine Kinderhände fest von großen Erwachsenenhänden umschlossen, um sich im Getümmel nicht wieder zu verlieren. Nach und nach hatten alle kleinen Neuankömmlinge ihre Pflegeeltern gefunden und mit ihnen den Weg in ihr zukünftiges Zuhause auf Zeit angetreten. Nur sie ist immer noch da, anscheinend will niemand sie haben.

Dabei war die Sechsjährige nach ihrer Ankunft in Guben zunächst guten Mutes gewesen: Sie hatte sich mitten in dem ganzen Durcheinander auf ihren Koffer gesetzt und gespannt gewartet. Wie ihre Pflegeeltern wohl aussahen? Ob Hedwig und Heinrich Paeschke auch so ein schönes Zuhause hatten wie die netten Leute, bei denen sie bei der letzten Kinderlandverschickung gewohnt hatte?

Inzwischen ist der Bahnsteig fast leer. Was soll sie bloß tun? Angst kriecht in ihr hoch: Einer von den Erwachsenen wird sich doch um sie kümmern, oder? Aber die wenigen Menschen, die noch da sind und denen sie ihre Karte zeigt, interessieren sich kein bisschen für sie.

Als ihr vor lauter Angst und Mutlosigkeit die Tränen in die Augen steigen, entdeckt sie plötzlich ein betagtes Paar, das am Ende des Bahnhofs um die Ecke biegt. Die beiden eilen über den Bahnsteig und schauen sich dabei immer wieder suchend um. Als sie das kleine Mädchen entdecken, rufen sie: »Bist du Gunhild? Gunhild Terzenbach?«

Gunhild fällt ein Stein vom Herzen: Das sind die Paeschkes! Ihre neuen Pflegeeltern! Endlich!

»Ich bin Gunhild! Hier bin ich!« Sie winkt, schnappt sich ihren Koffer mit beiden Händen und stolpert ihnen entgegen.

»Hallo Gunhild! Hast du schon lange gewartet? Wir hatten noch etwas zu erledigen, deswegen sind wir so spät dran. Komm mit, jetzt gehen wir nach Hause.«

Heinrich Paeschke nimmt ihr den Koffer ab und gemeinsam marschieren die drei aus dem Bahnhof hinaus.

Draußen wartet eine tolle Überraschung auf das Mädchen: Ihre neuen Pflegeeltern steuern geradewegs auf ein rabenschwarzes Herrenrad zu. Sie liebt Fahrräder, obwohl sie noch nicht Radfahren kann und dieses Rad für sie viel zu groß ist. Hoffentlich darf sie sich auf den Sattel setzen und kann auf dem Heimweg lustig mit den Beinen in der Luft baumeln, während Herr Paeschke das Rad und sie nach Hause schiebt.

Doch anstatt das Mädchen auf das Rad zu heben, verstaut Heinrich Paeschke Gunhilds Koffer auf dem Gepäckträger und sie muss doch zu Fuß gehen. Sie ist etwas enttäuscht, wagt aber nicht zu fragen, ob sie auf dem Rad sitzen darf. Die Art, wie Hedwig Paeschke ungeduldig ›Jetzt komm schon!‹ zu ihr sagt und sie am Arm zieht, hält sie davon ab.

Ihr Weg führt erst die Hauptstraße entlang, durch Guben hindurch und auf kleinen Straßen aus der Stadt hinaus, dann weiter über schmale Feldwege. Am Anfang fällt Gunhild das Laufen leicht, alles ist so spannend und neu, ganz anders als zuhause in Berlin. Sie plappert fröhlich drauflos, erzählt den Paeschkes von der aufregenden Bahnfahrt, den vielen Kindern im Zug, von ihren Eltern und ihren Spielsachen, ihrer großen Wohnung in Berlin-Friedenau, den beiden kleinen Zwillingsbrüdern und den zwei älteren Brüdern und von ihrer Freundin, die bei ihr gleich um die Ecke wohnt. Doch nach mehr als einer Stunde Fußmarsch ist sie allmählich erschöpft: Wann sind sie endlich da? Wie weit ist es denn noch? Ihre Pflegeeltern laufen schweigend und mit gesenkten Köpfen neben ihr her. Nur der Koffer darf weiterhin Fahrrad fahren.

»Da vorne ist Groß Gastrose, dort wohnen wir«, sagt Heinrich Paeschke nach mehr als zwei Stunden und deutet auf ein kleines Dorf, das zwischen den Feldern auftaucht. Als sie auf dem großen Dorfplatz ankommen, blickt sich Gunhild ungläubig um: Um den Platz herum stehen jede Menge kleine Katen, die nicht sehr einladend aussehen. Alles wirkt so winzig im Vergleich zu Berlin mit seinen vielen großen Häusern und den breiten Straßen. Zielstrebig steuern ihre Pflegeeltern auf eines dieser Mini-Häuschen zu. Wird sie hier etwa wohnen? In einem dieser ärmlich wirkenden kleinen Häuser? Gunhild kann es kaum glauben. Diesmal ist es also kein Schloss wie bei der letzten Kinderlandverschickung.

Hedwig Paeschke holt den Schlüssel aus der Tasche und öffnet die Tür. »Hereinspaziert! Gleich gibt es in der Küche erst mal eine große Portion Eierkuchen. Die habe ich extra für dich heute Morgen gebacken. Du musst nach dieser langen Reise schrecklichen Hunger haben.« Dann lässt sie Gunhild einen Blick die kleine Kammer neben der Küche werfen, in der sie schlafen wird, und führt sie hinaus zu dem hölzernen Plumpsklo mit zerrissenem Zeitungspapier, das sie sich mit zwei weiteren Familien aus den Nachbarhäusern teilen. Ein Bad mit fließend Wasser aus dem Wasserhahn und Toilette mit samtweichem Toilettenpapier, so wie bei ihnen in Berlin, gibt es hier nicht. Der einzige Ofen des Hauses steht in der Küche und dient gleichzeitig als Herd und als Heizung.

Gunhild ist vor Überraschung ganz stumm geworden.

Hedwig Paeschke, die ihre ungläubigen Blicke bemerkt hat und sich darüber ärgert, erklärt ihr mit resoluter Stimme die Hausregeln: »Du wirst uns, solange du hier bei uns wohnst, mit ‚Frau Mutter' und ‚Herr Vater' anreden. Und sei vorsichtig mit dem Linoleum hier in der Küche! Das ist ganz neu und war teuer. Das darf nicht nass werden. Also pass auf, wenn du dich am Spülbecken wäschst.« Dann deutet sie einladend auf den Küchentisch, auf dem sich ein riesiger Stapel Eierkuchen türmt.

Gunhild wird schon beim Anblick dieses Turms schlecht: Ihre Mutter hatte ihr am Bahnhof in Berlin eine große Tüte bunter Bonbons zum Abschied in die Hand gedrückt, die sie vor lauter Aufregung im Zug alle aufgegessen hat. Seitdem liegen ihr diese wie ein riesiger Stein im Magen. »Aber mir ist schlecht, ich kann nichts essen«, versucht sie das bedrohliche Eierkuchen-Gebirge abzuwehren.

Doch davon lässt Hedwig Paeschke sich kein bisschen beeindrucken: »Ach was! Das ist bestimmt nur, weil du so lange nichts Anständiges gegessen hast. Jetzt setz dich hin und iss!«

»Aber …«

»Nichts aber. Iss endlich!«

Es hilft nichts. Gehorsam zwängt sich Gunhild auf die kleine Sitzbank hinter dem Tisch, sie will es sich nicht gleich am ersten Tag mit ihrer Ersatzmutter verscherzen. Wer weiß, wie lange sie hier wohnen wird. Bei ihrer letzten Kinderlandverschickung nach Gruszow war sie viele Monate von daheim fort.

Während Hedwig Paeschke den ersten Eierkuchen und einen großen Klecks Marmelade auf einen Teller schaufelt und ihr vor die Nase stellt, fährt Gunhilds Magen Achterbahn. Tapfer greift sie zur Gabel, doch als sie unter dem strengem Blick ihrer Pflegemutter beklommen in dem ersten Eierkuchen herumstochert, wird ihr klar: Keinen einzigen Bissen wird sie herunterbekommen – ihr ist speiübel von diesem Anblick und dem Geruch.

»Na, wird's bald!«, herrscht Hedwig sie ungeduldig an.

»Nein, ich kann einfach nicht! Mir ist wirklich so schlecht!« Gunhild lässt die Gabel langsam wieder zurück auf den Tisch sinken. Mit beiden Händen hält sie sich ihren schmerzenden Bauch.

»Du undankbare Göre! Da steht man extra in aller Herrgottsfrühe auf, um der feinen Dame aus Berlin zum Empfang Eierkuchen zu backen, und dann so was! Na, das fängt ja gleich richtig gut an mit dir! Aber merk dir das: Hier im Haus wird ab sofort gemacht, was ich sage!«

Hedwig Paeschke stürmt aus der Küche und schlägt mit einem lauten Knall die Tür hinter sich zu. Wie erstarrt sitzt Gunhild auf der Küchenbank. Schreck, Scham, Angst und Heimweh verklumpen sich in ihrer Seele zu einem dunklen Schmerz. Sie weiß schon jetzt, wie sie ihre Pflegemutter im Geheimen nennen wird: die böse Frau.

Da geht die Küchentür leise wieder auf und Heinrich Paeschke schlüpft ins Zimmer. »Mach' dir nichts draus. Sie ist manchmal ein bisschen jähzornig und streng. Am besten, du gibst keine Widerworte, sondern machst, was sie von dir verlangt«, sagt er entschuldigend und schaut sie dabei mitleidig an. »Komm, Mädchen, zieh dir deine Schuhe an. Wir gehen zusammen raus an die frische Luft, das wird dir jetzt bestimmt guttun. Dann zeige ich dir unsere Enten und Hühner, um die du dich kümmern wirst. Die wohnen hinter dem Haus.«

Gunhilds Mine hellt sich auf: Sie liebt Tiere, und dass sie hier für das Füttern zuständig ist, gefällt ihr. Blitzschnell zieht sie sich ihre Schuhe an und ist erleichtert, von den schrecklichen Eierkuchen und der bösen Frau fortzukommen.

Draußen zeigt Heinrich ihr die Ställe: Hinter dem Haus ist ein eingezäuntes Gehege für das Federvieh; die Erde hier ist staubtrocken und voller Kot. Außerdem gibt es einen kleinen Stall mit Karnickeln und Ziegen.

»Darf ich die Hasen mal streicheln?«, fragt sie und Herr Paeschke nickt lächelnd. Er öffnet das Schloss an einem der Kaninchenställe und Gunhild hält dem Wollknäuel mit den langen Fellohren vorsichtig die Hand hin, damit es an ihr schnuppern kann. Entzückt lacht sie auf, als das Kaninchen mit wackelnder Nase und großen Kulleraugen neugierig an ihr riecht. Heinrich reicht ihr eine Möhre, die sie dem Kaninchen zum Knabbern hinhält und für einen glücklichen Augenblick vergisst sie ihre Sorgen.

Es sollte fast anderthalb Jahre dauern, bis Gunhild das Ehepaar Paeschke verlassen kann und zu ihrer Familie zurückkehrt. Lange anderthalb Jahre, in denen Prügel nahezu täglich an der Tagesordnung sind und nur wenig Schönes und Gutes passiert.

1. EINE KINDHEIT IM KRIEG

Willkommen im Leben!

Der 21. März 1936 war ein bewölkter Tag, der ersehnte Frühling ließ auf sich warten. Nur hin und wieder fielen ein paar schwache Sonnenstrahlen durch die dicken Wolken in das Zimmer der Säuglingsstation des Krankenhauses in Berlin-Hohenschönhausen, und doch war dieser Samstag für die beiden Menschen in diesem Zimmer ein besonders glücklicher Tag: Gertrud und Willy Terzenbach hielten ihr kleines Töchterchen in den Armen, das heute geboren wurde. Sie nannten es Gunhild. Es war ihr drittes Kind – und endlich ein Mädchen!

Schon bald nach der Hochzeit der Putzmacherin und Modistin mit dem Bäcker und Konditor sowie ihrem Einzug in die gemeinsame Wohnung in Hohenschönhausen hatten ihre beiden Söhne das Licht der Welt erblickt: 1934 erst Baldur, dann 1935 Winfried. Über ihr erstes

Töchterchen freute sich das junge Paar besonders. Doch bereits sechs Monate später bangten die Eltern ernsthaft um das Leben der Kleinen: Schon seit Tagen hustete Gunhild fürchterlich. Hilflos mussten Gertrud und Willy mit ansehen, wie sich ihr Baby krümmte und nach Luft rang.

»Ihre Tochter hat Keuchhusten«, diagnostizierte der eilig herbeigerufene Hausarzt und blickte dabei sorgenvoll in die Wiege seiner kleinen Patientin. Doch er konnte nur wenig tun und empfahl die üblichen Hausmittel für solche Fälle: Inhalationen mit Kamillentee und lauwarmen Tee mit Honig. Beides sollte den Husten lindern und dem Kind Erleichterung verschaffen. Sein ärztlicher Rat gab jedoch den Eltern das Gefühl, etwas unternehmen zu können, anstatt hilflos den Kampf ihres Kindes gegen die schwere Erkrankung mitansehen zu müssen.

Einige Tage, die Gertrud und Willy wie Jahre vorkamen, stand es auf Messers Schneide: Würde ihre Tochter diesen gefährlichen Keuchhusten überleben? Endlich, sieben Tage später, konnten sie erleichtert aufatmen: Gunhild hatte die Krankheit überstanden. Zwar war sie blass und wirkte völlig entkräftet, aber wenn sie Hunger hatte, machte sie sich mit einem immer kräftiger werdenden Schreien bemerkbar.

Nur zwei Jahre später erfüllte erneut Babygeschrei die Wohnung der Terzenbachs: Die Zwillinge Hartmut und Siegward kamen 1938 im Elternschlafzimmer auf die Welt. Doch bei ihrer Geburt waren die beiden so klein und schwach, dass die Eltern um das Überleben ihrer Jungen bangten.

Gertrud Terzenbach kümmerte sich rund um die Uhr um die Babys und war schon bald völlig erschöpft. Zu allem Überfluss stand der dringend notwendig gewordene Umzug in den Stadtteil Friedenau an. In der neuen Wohnung am Grazer Damm 122 war endlich genug Platz für die Eltern und ihre fünf Kinder.

Man sah Gertrud die Überlastung deutlich an, besorgt beobachtete Willy die tiefer und dunkler werdenden Augenringe im aschfahlen Gesicht seiner Frau. Ihre nervliche und körperliche Erschöpfung nahm mit jedem Tag zu, immer häufiger war sie nicht in der Lage, allen fünf Kindern sowie dem großen Haushalt gerecht zu werden. Willy unterstützte sie zwar, wo er konnte, doch er musste außerdem arbeiten gehen und Geld für die Familie verdienen. Darüber hinaus belastete das Ehepaar die zunehmend angespannte politische Situation: Abends, wenn die Kinder schliefen, saßen sie oft mit müden Augen am Küchentisch und lasen seit September 1939 mit wachsender Sorge die Berichte über den Überfall Hitlers auf Polen in der Tageszeitung. Krieg war ausgebrochen, die Welt geriet aus den Fugen. Was würde das für Willy und seine Familie bedeuten?

Als Willy ein paar Monate später erschöpft von der Arbeit nach Hause kam, wunderte er sich über die Stille in der Wohnung, die sonst voller Babygeschrei und fröhlichem Kinderlachen war. In der Küche fand er seine Frau, die zusammengesunken am Tisch saß, die Zwillinge lagen auf einer bunten Decke zu ihren Füßen, beschäftigten sich mit einer Holzkette und brabbelten eifrig vor sich hin. Die drei größeren Kinder spielten seltsam ruhig nebenan im Wohnzimmer. Als Gertrud den Blick hob, sah er Tränen in ihren rot geweinten Augen schimmern. Wortlos reichte sie ihm einen aufgerissenen Briefumschlag. Noch bevor er hineinschaute, wusste er, was darin stand: Es war sein Einberufungsbescheid. Der Krieg war in seiner Familie angekommen.

Zwei Monate, nachdem Willy eingezogen wurde, war Gertrud Terzenbach am Ende ihrer Kräfte. Eines Abends saß sie zitternd auf dem Küchenstuhl, kalter Schweiß stand ihr auf der Stirn, der Raum schien sich wie ein Karussell zu drehen. Ihr war gleichzeitig abwechselnd heiß und kalt. Was war bloß los mit ihr? Eben hatte sie noch den Abwasch erledigen wollen, und jetzt ging auf einmal gar nichts mehr. Zum Glück waren die Kinder schon im Bett.

Sie schloss für einen Moment die Augen, langsam wurde ihr Atem ruhiger und der Schwindel verschwand. Wie es Willy wohl ging? Er stand irgendwo an der Front, seine letzte Postkarte kam vor zwei Wochen:

»Liebste Trudel! Es geht mir gut, mach dir keine Sorgen. Ich habe es vergleichsweise gut erwischt. Nur das Armee-Essen ist nicht so recht nach meinem Geschmack. Zuhause bei dir und unseren Kleinen schmeckt es doch am besten!«, hatte er geschrieben und sie damit zum Lächeln gebracht. Wer weiß, wo er nun war. Dieser verdammte Krieg entführte ihr den Mann und ließ sie mit fünf Kindern allein. Ständig ertönte dieses grauenhafte Heulen der Sirenen vor drohenden Luftangriffen! Außerdem waren inzwischen die Lebensmittel rationiert und es wurde zunehmend schwieriger, Essen für sie alle auf den Tisch zu bringen.

Gertrud stützte die Ellenbogen auf den Küchentisch und ließ den Kopf auf die Hände sinken. Da erinnerte sie sich, dass eine Freundin ihr von dem Kinderlandverschickungsprogramm erzählt hatte. Sie hatte ihr vorgeschlagen, die größeren Kinder für eine Zeit zu Pflegefamilien auf dem Land weit weg von Berlin und dem Krieg zu schicken, um sich zu entlasten. Sie gab es nur ungern zu, aber die Sorge für alle fünf Kinder war einfach zu viel.

Energisch setzte sie sich auf und legte Handtuch und Schürze zusammen. Nun war Schluss mit diesem Selbstmitleid! Sie würde diese Sache angehen. So wie bisher ging es nicht weiter. Sie wusste zwar, dass sie ihre Kinder wahnsinnig vermissen würde, aber sie musste jetzt an sich selbst denken. Es würde das Beste sein, für sie alle.

Plötzlich Prinzessin

Wenige Wochen später holte Gertrud Terzenbach eines Mittwochmorgens die Koffer der Familie vom Dachboden herunter. Als Gunhild vom Spielen nach Hause kam und ihre Puppe in die kleine Wiege legen wollte, wunderte sie sich: Wieso lagen ihre ganzen Röcke, Pullover, Strümpfe, Schlüpfer und Schuhe im Koffer und nicht mehr im Schrank?

»Verreisen wir? Fahren wir Papa besuchen?«, fragte sie ihre Mutter.

Doch Gertrud Terzenbach schüttelte den Kopf: »Nein, meine Kleine. Ich bleibe mit den Zwillingen hier und ihr drei Großen fahrt mit der Kinderlandverschickung nach Schlesien. Da seid ihr sicherer als hier in Berlin.«

»Kinderland… wie heißt das? Was ist das?«

»Ihr drei kommt für eine Weile in Gastfamilien, wo sich Pflegeeltern um euch kümmern werden. In Schlesien auf dem Dorf ist es bestimmt sehr schön und viel ruhiger.

Hier in Berlin ist es inzwischen viel zu gefährlich für euch Kinder. Du weißt ja selbst, wie oft wir wegen der Luftangriffe in den Keller müssen und zu essen haben wir auch nicht mehr genug.«

»Aber ich will nicht weg! Ich will hier bei dir bleiben!«, schluchzte Gunhild und drückte sich fest an ihre Mutter, die ihr zärtlich übers Haar strich.

»Ich weiß, aber das geht leider nicht. Du hast doch selbst erlebt, wie eine Bombe vorgestern das Haus von deiner Freundin Elsa und ihrer Familie zerstört hat. Zum Glück waren alle im Luftschutzkeller, aber das ganze Haus ist unbewohnbar. Schon die nächste Bombe könnte unser Haus treffen! Was dann? Wo sollen wir dann hin? Nein, es ist besser so, glaub' mir. Bestimmt sind eure Gasteltern ganz nette Leute, sie haben mir schon geschrieben. Sie freuen sich auf euch! Und die Bahnfahrt wird bestimmt auch ganz lustig mit all den vielen anderen Kindern.«

»Ich will aber nicht weg!«, weinte Gunhild, doch ihre Mutter begann, die Sachen von Baldur und Winfried zu packen. Während Gertrud die Socken ihrer Jungs aus der Schublade nahm und in die Koffer legte, wischte sie sich verstohlen die Tränen aus dem Gesicht. Es zerriss ihr selbst fast das Herz, ihre Kinder für so viele Monate fortzuschicken.

Am nächsten Tag brachte die Mutter die Zwillinge am frühen Morgen zu der Nachbarin und machte sich mit den anderen drei Kindern auf den Weg zum Bahnhof Grunewald. Dort herrschte Hochbetrieb: Am Bahnsteig 2 wartete der Zug bereits, auf dessen Anzeigentafel ›Kinderlandverschickung‹ stand. Die Bahnhofshalle war erfüllt vom lauten Stimmengewirr aufgeregter Kinder und Erwachsener.

»Gute Reise!« Gertrud Terzenbach winkte und konnte ihre Tränen nicht mehr zurückhalten. Gunhild, Baldur und Winfried drückten sich ihre Nasen an der Scheibe des Zugfensters platt, in ihren Augen sah sie Kummer, Schmerz und Unverständnis über diesen Abschied. Auch um sie herum wurden Taschentücher geschwenkt und Tränen weggewischt.

»Glaub mir, es ist besser so. Dort in Schlesien auf dem Land sind sie sicher vor den Bomben«, hörte sie neben sich die Stimme einer älteren Frau, die beruhigend auf ihre Tochter einredete.

»Es ist besser so. Es ist wirklich besser so«, wiederholte Gertrud leise für sich, während sie durch das Gewühl am Bahnsteig dem Ausgang zustrebte. Hoffentlich kam sie ohne Bombenalarm bis nach Friedenau, und hoffentlich hatten die Zwillinge der Nachbarin keine Scherereien gemacht.

Ein Schloss! Ein richtiges, großes Schloss! Gunhild blieb vor Überraschung der Mund offenstehen.

Schon bei der Ankunft des Zuges am Bahnhof einer Kleinstadt in Schlesien war sie aus dem Staunen gar nicht mehr herausgekommen. Sie, Baldur und Winfried hatten sich nach dem Aussteigen fest an den Händen gehalten, um sich in dem Durcheinander am Bahnsteig nicht zu verlieren.

Auf dem Bahnhof waren sie von einem älteren Herrn im feinen Anzug und einer vornehmen Dame mit lustigen kleinen Locken und hübscher bunter Schmetterlingsbrosche an der Bluse erwartet worden. Die Erwachsenen hatten die Koffer der Kinder getragen und die Dame sorgte dafür, dass die drei Neuankömmlinge nah bei ihr blieben und auf dem Weg nach draußen nicht verloren gingen. Vor dem Bahnhof hatte auf die drei Terzenbach-Kinder die nächste Überraschung gewartet: Dort hatte ein großes schwarzes Auto gestanden, in das ihr Gepäck verstaut worden war und in das sie hinten einsteigen durften. Noch nie zuvor waren sie in so einem Auto mitgefahren. Unter dem begeisterten Kreischen der Geschwister war es in flotter Fahrt aus der Stadt hinaus und auf die Landstraße Richtung Gruszow gegangen. Als sie durch eine lange Allee gefahren waren hatte der Mann am Steuer sogar für seine drei kleinen Fahrgäste auf die laute Hupe gedrückt. Zuerst waren ihre Brüder zu ihren neuen Familien gebracht worden – Baldur kam auf ein großes Gut, Winfried zu der Familie, die die Post betrieb. Nun parkte das Auto tatsächlich vor einem echten Schloss und die Locken-Dame bedeutete ihr auszusteigen.

»Herzlich willkommen in deinem neuen Zuhause, Gunhild. Ich hoffe, es gefällt dir bei uns auf Schloss Birkholz! Übrigens, mein Name ist Fräulein Göbel und ich bin hier die Hausdame. Ich bin für deine Betreuung zuständig und kümmere mich um den Haushalt.«

Hand in Hand gingen sie auf das große Gebäude mit den vier eindrucksvollen Säulen vor dem Eingang zu und stiegen gemeinsam die geschwungene Freitreppe in den ersten Stock hinauf.

»Hier ist dein Zimmer. Dort im Regal findest du ein paar Spielsachen. Schau mal: Gefällt dir das Puppenhaus? Vielleicht packst du erst mal deine Sachen aus, du kannst die Kleidung in den Schrank legen. Ich hole dich nachher ab, zeige dir das Haus und mache dich mit der Familie Richter bekannt. Einverstanden?«

»Ja, einverstanden«, hauchte Gunhild eingeschüchtert.

Sie war überwältigt von diesem riesigen Raum mit dem großen grünen Kachelofen in der Ecke und den vielen Fenstern, durch die Sonnenlicht ins Zimmer strömte.

Nachdem Fräulein Göbel hinausgegangen war, stürzte sie sich zuerst auf das Puppenhaus: So etwas Schönes hatte sie noch nie gesehen! Keine ihrer Freundinnen hatte so ein Prachtexemplar von Puppenhaus. Es hatte sogar aufklappbare Außenwände, damit man in alle Räume schauen und darin spielen konnte. In den einzelnen Zimmerchen standen Tischchen, Stühlchen, kleine Betten, die Küche war voller Mini-Utensilien zum Backen und Kochen, es gab sogar kleine Vasen mit Mini-Blumen darin und an den Decken hingen Kronleuchter.

Gunhild versank in ihrem Spiel. Als Fräulein Göbel eine Stunde später vorbeischaute, konnte sie sich ein Schmunzeln nicht verkneifen: Der Koffer des Mädchens stand genau da, wo sie ihn beim Hereinkommen abgestellt hatte. Vergeblich hatte er darauf gewartet, ausgepackt zu werden – gegen das prachtvolle Puppenhaus hatte er einfach keine Chance.

Vor dem Abendbrot machten sie zusammen einen kurzen Rundgang durch das Schloss, der das Mädchen überwältigte: Hier gab es so viele Zimmer, Bäder, Etagen, lange Flure und Treppen - es war das reinste Labyrinth. Am aufregendsten fand sie den Keller: Dort unten war die Küche, in der munteres Geschirrklappern herrschte und es vor allem herrlich nach leckeren Speisen duftete. Als Fräulein Göbel sie mit der freundlichen Küchenmamsell bekanntmachte und diese ihr heimlich einen Keks zusteckte, erkor sie diesen Teil des Hauses sofort zu einem ihrer Lieblingsplätze. Doch diesen Gedanken machte Fräulein Göbel auf dem Rückweg gleich zunichte: »Da unten in der Küche hast du nichts zu suchen. Ich möchte nicht, dass du dich dort herumtreibst. Wehe, wenn ich dich dort eines Tages doch entdecke!«, hatte sie das Mädchen gewarnt und dabei eine strenge Miene aufgesetzt.

Dann war es Zeit zum Abendessen. Nachdem sie den Speisesaal betreten hatten, konnte Gunhild ihre Augen kaum vom Tisch lösen. Auf weißen Damast-Tischdecken funkelte Silberbesteck neben Kristallgläsern. Silberne Ringe glänzten um gestärkte Servietten, Kerzen in silbernen Leuchtern verbreiteten mildes Licht. Ein bunter Strauß Tulpen in einer großen Porzellanvase krönte das Arrangement. So wunderschön hatten sie es zuhause nicht einmal an Weihnachten! Ob heute ein besonderer Feiertag war oder warum war alles so festlich geschmückt?

»Hast du dir schon die Hände gewaschen, Gunhild?«, fragte Fräulein Göbel streng.

Schuldbewusst sprang das kleine Mädchen von der festlich gedeckten Tafel auf und lief in das Bad nebenan. Als sie zurückkam, saßen die drei älteren Herren der Familie Richter in schicken Anzügen am Tisch. Keine Frage: Es musste heute irgendetwas zu feiern geben, nur was? Es war weder Weihnachten noch Ostern oder sonst ein Feiertag. Als sie das neben ihr sitzende Fräulein Göbel fragen wollte, ob jemand Geburtstag hat, fesselte etwas anderes ihre Aufmerksamkeit: Eine junge Hausangestellte mit weißer Schürze und adrettem Häubchen schob in der Ecke des Raumes eine Luke auf. Ein Geheimgang …?! Gunhild war sprachlos: Hinter der Luke war eine Fahrstuhl für die Speisen, die auf diesem Wege aus der Küche im Keller nach hier oben transportiert wurden. Ein eigener Fahrstuhl für das Essen!

Die Hausangestellte stellte die dampfenden Schüsseln

auf den Tisch, ging um den Tisch herum und legte nach und nach allen etwas von den Speisen auf die Teller. Gunhild ergriff schon ihr Besteck, da bemerkte sie den warnenden Blick von Fräulein Göbel. Irritiert legte sie die Gabel möglichst unauffällig zurück. »Du wartest, bis allen am Tisch aufgetan wurde. Erst wenn Herr Richter Senior zum Besteck greift, fangen wir alle gemeinsam mit dem Essen an«, raunte ihr Fräulein Göbel zu.

Während sie auf das ersehnte Zeichen wartete, fiel Gunhild ein kleines, bunt bemaltes Porzellanteil auf, das neben jedem Teller beim Besteck lag. So ein Teil hatte sie noch nie gesehen. Neugierig nahm sie es in die Hand, schüttelte und drehte es hin und her. Wofür mochte das gut sein? Fräulein Göbel entging der fragende Gesichtsausdruck ihres kleinen Schützlings nicht: »Das ist ein Messerbänkchen. Wenn du während des Essens eine Pause machen möchtest, legst du dein Besteck darauf ab, anstatt es auf die Tischdecke zu legen. Die würde ja sonst ganz schmutzig werden«, erklärte sie Gunhild, die das kleine Ding andächtig und etwas verwirrt auf den Tisch zurücklegte.

Endlich griff Herr Richter zu Messer und Gabel. Gunhild, die erwartet hatte, dass nun ein Geburtstagsständchen gesungen würde, steckte sich hungrig ein Stück Kartoffel in den Mund. Dann beugte sie sich zu Frau Göbel hinüber: »Wann singen wir denn?«, fragte sie und erntete prompt die nächste Zurechtweisung: »Gunhild! Mit vollem Mund spricht man nicht!« Dann fragte Fräulein Göbel verdattert: »Wieso sollten wir denn singen?«

»Na, weil doch bestimmt jemand heute Geburtstag hat, oder? Sonst wäre doch nicht alles so festlich hier?«

»Aber nein, meine Kleine, das machen wir jeden Abend

so! Es hat niemand Geburtstag. Wir legen hier auf Schloss Birkholz einfach viel Wert auf ein gepflegtes Abendessen in angenehmer Atmosphäre. Und bitte benutze doch deine Serviette – du hast da Soße am Kinn …«

Eine gute Stunde später war Gunhild froh, den Rest des Abendessens unfallfrei überstanden zu haben. Sie hatte nicht gekleckert und ihr war nichts versehentlich heruntergefallen. Schnell war ihr klar: Einfach aufstehen, nachdem ihr Teller leer war, wäre keine gute Idee, daher blieb sie brav am Tisch sitzen und wartete ab, bis die drei Männer und Frau Göbel das Essen und ihre langweiligen Gespräche beendet hatten.

»Gunhild, hast du Lust, mich und Gustl auf unserem Verdauungsspaziergang zu begleiten?«, fragte sie plötzlich Herr Richter und lächelte ihr freundlich zu.

»Ja, gerne!«, strahlte sie und freute sich besonders auf Gustl, den kleinen Dackel des Hausherrn, den sie schon am Nachmittag kennengelernt hatte.

Gemeinsam verließ sie mit Herrn Richter Senior das Schloss. Draußen unter dem Portal mit den Säulen zog er eine dicke Zigarre aus der Tasche seines Jacketts und zündete sie an. Dann stieß er einen lauten Pfiff aus und der kleine Hund mit den kurzen Beinen kam angeflitzt. Gunhild musste lachen, als sie sah, wie seine Schlappohren vom schnellen Rennen um seinen Kopf herumflogen.

»Na, dann wollen wir mal«, meinte Herr Richter Senior, paffte einen ordentlichen Zug, und dann marschierten sie los. In gemütlichem Tempo wanderten sie einmal ums Schloss herum, was während Gunhilds Aufenthalt für alle drei zur Gewohnheit werden sollte.

Nach wenigen Wochen hatte Gunhild sich eingelebt. Ihr gefiel es auf dem Schloss, Fräulein Göbel war nett und kümmerte sich um sie und sie genoss ihr Kinderzimmer samt Puppenhaus, Spielsachen und der Möglichkeit, Stöckchen-Werfen mit Gustl zu spielen. Sie fühlte sich wie eine Prinzessin. Manchmal vermisste sie ihre Brüder, die zwar im gleichen Ort wohnten, die sie aber, da sie nicht allein über die Straße gehen durfte, nur selten sah. Von den Herren Richter bekam sie, bis auf die gemeinsamen Mahlzeiten, nicht viel mit. Beim Essen sprachen die drei immer nur von ihrem Gut: Von den Kühen und Schafen, der bevorstehenden Getreideernte, dem kaputten Pflug, der dringend repariert werden musste. Noch langweiliger fand sie die Gespräche über den Krieg. Dann sahen die Männer sehr besorgt aus, nannten irgendwelche unaussprechlichen Länder- und Ortsnamen, von denen sie nie etwas gehört hatte, und meistens ging es um diesen Herrn Hitler, den sie alle nicht ausstehen konnten. Schnell begriff Gunhild, dass die Herren sich für die Berichte ihrer kleinen Kinder-Abenteuer nicht interessierten, deswegen schwieg sie während des Essens.

An einem Abend im Juli musste Gunhild den versammelten Schlossbewohnern beim Abendessen jedoch unbedingt von ihrer neuesten Erfindung erzählen. Es war ein heißer Tag und die Fenster im Speisesaal standen weit offen, die Herren hatte ausnahmsweise die obersten Knöpfe ihrer Hemden aufgeknöpft. Es schien, als wäre damit auf wundersame Weise auch die Atmosphäre gelockert worden.

»Ich habe mir das Muster-Spiel ausgedacht!«, platzte es mitten in den Hauptgang aus ihr heraus.

Die drei Schlossherren unterbrachen ihre Unterhaltung und sahen überrascht, dass Gunhilds Wangen vor Aufregung glühten und ihre Augen geradezu blitzten. So kannten sie das Mädchen gar nicht.

»Ja, das Muster-Spiel! Mit Wasser!« Gunhild hatte pflichtbewusst ihr Besteck auf das Messerbänkchen abgelegt und redete jetzt mit Händen und Füßen gleichzeitig: »Fräulein Göbel hat mir hinten, auf dem Tennisplatz, eine Zinkwanne mit Wasser hingestellt. Ich habe meine Sandalen ausgezogen und bin in die Wanne gestiegen. Anschließend bin ich ganz schnell mit nassen Füßen über den Tennisplatz gelaufen und habe mir dabei Muster ausgedacht!« Jedwede Tischmanieren vergessend sprang sie auf und lief mit auf dem Parkettboden trappelnden Füßen kurz und quer durch den Raum und um den großen Esstisch herum. »So habe ich das gemacht!«, rief sie und lief Kreise, Achten und Schleifen, wobei ihre Zöpfe nur so flogen. Mal mit großen, mal mit kleinen Schritten, mal seitwärts und mal rückwärts.

»Donnerwetter! Das ist ja ein tolles Spiel!«, nickte Herr Richter Senior anerkennend und bedeutete gleichzeitig Fräulein Göbel mit einer Handbewegung, das Kind heute ausnahmsweise herumspringen zu lassen. Die Freude des kleinen Mädchens über sein neues Spiel war zu herrlich, da durften die Tischmanieren mal einen Moment Pause machen.

»Aber ich musste dabei ganz schnell laufen, weil die Sonne meine Muster immer so schnell weggetrocknet hat«, erklärte Gunhild ihren Zuhörern, nachdem sie vor lauter Herumsausen völlig aus der Puste war.

»Na, dann weiß ich ja, was ich mir morgen einmal persönlich anschauen werde. Fräulein Göbel, kümmern Sie sich doch nachmittags bitte wieder um die Zinkwanne mit Wasser für unsere kleine Künstlerin.« Herr Richter Senior nickte den beiden zu und für einen Augenblick war ihm ganz leicht ums Herz.

»Na, möchtest du wieder Huckelpuckel?«, flüsterte die Küchen-Mamsell verschwörerisch, als Gunhild ein paar Tage später im Keller auftauchte und vorsichtig den Kopf zur Tür hereinsteckte. Die Kleine grinste von einem Ohr zum anderen und schlüpfte herein, bevor Fräulein Göbel oder sonst einer der Schlossbewohner sie draußen auf dem Flur entdeckte. Sie hatte herausgefunden, dass es eine versteckte Wendeltreppe gab, die nur die Hausangestellten benutzten und die für sie das Tor ins geheime Paradies darstellte. Hier in der Küche bei dieser netten Mamsell mit dem weißen Häubchen und dem gutmütigen Lachen gab es für die Fünfjährige immer irgendetwas Leckeres für zwischendurch: Äpfel, Kekse, Nüsse und bei großem Hunger ein Marmeladenbrot. Am liebsten mochte sie aber Huckelpuckel: Dafür verrührte die Köchin ein paar frische Eier mit Zucker und fertig war Gunhilds Lieblings-Naschwerk. So gestärkt bekam die Mamsell einen dicken Schmatz und dann schlich Gunhild sich wieder über die Wendeltreppe hinauf und ins Freie, wo das Wasser in der Zinkwanne schon darauf wartete, durch Kinderfüße in Ornamente verwandelt zu werden.

Im Frühling 1942 war das Prinzessinnenleben dann vorbei. »Gunhild, übermorgen kommt deine Mutter und holt dich ab. Sie wird dich wieder mit nach Berlin nehmen«, kündigte Fräulein Göbel die anstehenden Veränderungen an.

Gunhild war alles andere als begeistert: »Aber warum denn? Es ist doch so schön hier! Ich will nicht nach Berlin zurück!«

»Schau mal: Sicherlich hat deine Mutter große Sehnsucht nach dir, sie hat dich so viele Monate nicht gesehen. Sie vermisst dich! Außerdem bist du ja bald ein Schulkind, da ist es doch wichtig, dass du rechtzeitig zu Hause bist.«

›Wenn Mama so viel Sehnsucht nach mir hat, kommen Baldur und Winfried bestimmt auch wieder mit nach Hause‹, überlegte Gunhild, die an die Schule gar nicht gedacht hatte.

Doch Gertrud Terzenbach holte nur ihr kleines Mädchen aus Schlesien ab. Sie kam mit dem Zug und besuchte Baldur und Winfried, um sich zu vergewissern, dass es ihnen gut ging, aber ihre beiden großen Jungs blieben in Gruszow. Auf der Rückfahrt kurz vor Berlin fragte die Mutter ihre Tochter: »Na, war es so schlimm mit dem Heimweh?« Dabei strich sie Gunhild zärtlich über den Kopf.

Aber die schaute sie nur verwirrt an: »Wieso? Ich hatte doch gar kein Heimweh. Mir hat es auf dem Schloss gut gefallen!«

»Wie? Du hattest gar kein Heimweh?« Erstaunt schaute Gertrud Terzenbach nun ihrerseits ihre Tochter an: »Aber deine Schlossleute haben mir doch deswegen geschrieben und mir geraten, dich lieber abzuholen.« Gleichzeitig dämmerte ihr, dass die Schlossbewohner langsam genug von der kleinen Berlinerin hatten und ›Heimweh‹ als Ausrede genutzt hatten.

Gunhild trauerte ihrem Prinzessinnenleben nicht lange hinterher: Kaum fuhr der Zug in den Berliner Bahnhof ein, hatte sie es plötzlich eilig, nach Hause zu kommen.

»Komm schnell, Mama! Ich freu‘ mich so auf Hartmut und Siegward! Darf ich sie nachher im Kinderwagen spazieren fahren? Bitte, Mama, bitte!«

Stolze Erstklässlerin

Mit einer riesigen Schultüte voller Süßigkeiten stand Gunhild im April 1942 gespannt vor der Schule. Mehrfach hatte sie sich vergewissert, dass nicht nur obendrauf ein paar Bonbons und Kekse lagen, sondern dass die ganze Tüte mit den leckeren Sachen gefüllt war. Wo hatte Mama die bloß alle aufgetrieben?

Der erste Schultag als stolze Erstklässlerin mit vielen anderen Kindern verging wie im Flug. Voller Vorfreude machte sich Gunhild jetzt jeden Morgen – wenn nicht gerade Bombenalarm war - auf den Weg in die Schule. Sie freute sich auf den Unterricht bei Fräulein Schneider, der mit Lesen, Schreiben und Rechnen viel Abwechselung bot. Nur das Hausaufgabenmachen fand sie zuweilen etwas ungemütlich: Immer wieder wurde sie vom Heulen der Sirenen unterbrochen, musste alles stehen und liegen lassen und runter in den Luftschutzkeller rennen. Dort, im trüben Schein einer flackernden Funzel, die von der kahlen Decke herab baumelte, saß sie ängstlich an ihre Familie und Nachbarn gedrängt und warteten, dass das schreckliche Grollen und Donnern aufhörte. Wenn draußen Ruhe eingekehrt war, wagten sie sich wieder hinauf – und waren jedes Mal erleichtert, wenn ihr Wohnhaus nichts abbekommen hatte und sie wieder zurück in ihre Wohnung konnten.

»Nein, Gunhild, du hast es schon wieder falsch gemacht! Beim großen ›E‹ müssen die drei kleinen Striche nach rechts zeigen und nicht nach links! Meine Güte – wann verstehst du das denn endlich? Das kann doch nicht so schwer sein!«

Gertrud Terzenbach war ratlos: Mindestens vier Mal hatte sie das jetzt schon mit Gunhild geübt und jedes Mal machte das Mädchen es trotzdem wieder falsch. Sie hatte weder die Kraft noch die Zeit, ihr alles immer wieder zu erklären. Die kriegsbedingten Einschränkungen nahmen zu, die Zahl der Luftangriffe auf Berlin stieg beängstigend, die Lebensmittel waren streng rationiert. Darüber hinaus zermürbte sie die ständige Sorge um ihre Kinder und ihren Mann an der Front.

»Entschuldigung, Mama«, murmelte Gunhild zerknirscht. Sie wusste nicht, warum ihr das mit dem großen ›E‹ so schwerfiel. Eigentlich war das doch gar nicht so schwierig, jedenfalls nicht so kompliziert wie das Rechnen. Dabei gab sich Fräulein Schneider redlich Mühe, ihr die Mathematik nahezubringen. Aber diese blöden Zahlen schienen eine Art Paralleluniversum zu sein, das Gunhild ein einziges Rätsel blieb.

In einer Nacht, die sie mal wieder mit ihren drei Kindern im Luftschutzkeller verbringen musste, traf Gertrud Terzenbach eine Entscheidung: Berlin war inzwischen zu gefährlich geworden. Sie würde ihre Tochter erneut mit der Kinderlandverschickung hinaus aufs Land verreisen lassen. Dort wäre sie in Sicherheit. Sie selbst hatte mit den nach wie vor kränkelnden Zwillingen genug zu tun und das Essen war immer schwerer zu beschaffen.

Als Gunhild von ihrer Mutter erfuhr, dass sie Berlin wieder verlassen soll, war diese Nachricht für sie ein Schock:

»Aber ich will nicht weg! Ich muss doch zur Schule! Alle meine Freundinnen sind da!«, weinte sie. Der Gedanke, ihre Mutter und die Zwillinge nicht mehr jeden Tag zu sehen, war unvorstellbar. Sie liebte es, mit ihren kleinen Brüdern zu spielen. Nein, sie wollte auf gar keinen Fall weg. Doch Gertrud Terzenbach ließ nicht mit sich reden. Einige Tage später stieg Gunhild wieder in einen Zug der Kinderlandverschickung, mit Koffer, Adress- und Namenskarte um den Hals und einer großen Tüte Bonbons zum Versüßen des Abschieds. Noch ahnte die Sechsjährige nicht, was sie nur wenige Stunden später auf dem Bahnsteig eines Ortes namens Guben erwarten würde.

Enten-Schreck und Püppis Traum

Im schlesischen Groß-Gastrose, zwei Stunden Fußmarsch von Guben entfernt, wo Gunhild mit ihren Pflegeeltern Hedwig und Heinrich Paeschke in einer kleinen Kate wohnte, ohne Bad und Heizung, mit Plumpsklo im Nachbarhaus, hatte sie keinen guten Start: Da sie im Zug zu viele Bonbons gegessen hatte, war ihr bei der Ankunft in Groß-Gastrose so übel, dass sie nichts essen konnte. Die deswegen verschmähten Eierkuchen markierten den Anfang einer schier endlosen Kette von Streitigkeiten mit ihrer neuen ›Frau Mutter‹, die sie insgeheim nur ›die böse Frau‹ nannte.

Nachdem Gunhild ihren Pflegeeltern in kindlichem Vertrauen viel von zu Hause erzählt hatte, stand für Hedwig fest, dass das Mädel durch ihre Familie total verzogen, verwöhnt und hochnäsig war. Der würde sie schon Beine machen. Diesen Vorsatz setzte sie konsequent in die Tat um. Jedes Mal, wenn das Mädchen etwas nicht genau so machte, wie sie es sich vorstellte, bekam es Schläge, dafür reichte schon der geringste Anlass. Gunhild lebte in ständiger Angst vor der bösen Frau. Ihr Pflegevater Heinrich Paeschke hingegen war ein freundlicher Mann, der sie tröstete und in Schutz nahm, wenn Hedwig gar zu grob mit ihr umging. Tagsüber arbeiteten die Pflegeeltern in der benachbarten Mühle, doch die Abende und freien Tage, die sie gemeinsam zu Hause verbrachten, wurden für sie zur Qual.

Zu Gunhilds Pflichten im neuen Haushalt gehörte die Versorgung des Federviehs, aber Hedwig bürdete ihr auch jede Menge Hausarbeit auf. Ihrer Ansicht nach musste ihr Gast sich gefälligst nützlich machen und sich Kost und Logis verdienen. Heinrich zeigte ihr, wie sie die Enten mit einem langen Stock über die Wiesen zur nahegelegenen Neiße zum Weiden treiben konnte. Das Mädchen musste zwar aufpassen, dass die Tiere nicht ausbüxten, aber hier draußen stand sie nicht unter der Kontrolle seiner Frau.

An einem regnerischen Tag kam Gunhild nachmittags pitschnass vom Entenhüten nach Hause. Während sie ihre aufgeweichten Stiefel auszog, kam ihr eine Idee: Sie stellte die Schuhe zum Trocknen in eines der Fächer des lauwarmen Küchenofens. Danach ging sie in ihre Kammer, zog sich um und vergaß beim Spielen alles um sich herum.

Als Hedwig Paeschke am Abend von der Arbeit in der Mühle nach Hause kam, heizte sie den Ofen zum Kochen an und wunderte sich kurz darauf über den Qualm und Brandgeruch. Beherzt riss sie die Klappe auf und entdeckte darin zwei schwarz verschmorte, stinkende

Kinderstiefel. »Gunhild! Komm sofort her!«, rief sie und ihre wütende Stimme überschlug sich dabei fast.

Gunhild schwante nichts Gutes, vorsichtig lugte sie in die Küche und schlagartig fiel ihr ein: Die Stiefel - die hat sie ganz vergessen! Doch da war es schon zu spät: Hedwig hatte sie entdeckt und zog sie an einem Ohr in die Küche: »Bist du jetzt völlig verrückt geworden? Wieso stellst du deine Stiefel in den Ofen?!«

Mit beiden Fäusten prügelte sie wütend auf das Kind ein, das vergeblich versuchte, sich vor den Schlägen wegzuducken. Zum Glück kam Heinrich in diesem Augenblick von der Arbeit nach Hause. »Lass gut sein, Hedwig. Es reicht jetzt. Sie hat es bestimmt nicht mit Absicht getan.«

»Nicht mit Absicht?! Ist das das Einzige, was dir zu dieser Dummheit einfällt?«, keifte seine Frau empört. »Von welchem Geld sollen wir der Göre neue Schuhe kaufen? Nicht genug damit, dass sie mir ständig in den Ohren damit liegt, wie toll ihre Küche in Berlin ist und dass dort anscheinend alles besser und schicker ist als hier bei uns. Jetzt passt sie noch nicht mal auf ihre Sachen auf, aber wir sollen uns um alles kümmern. Unmöglich ist das! Neue Schuhe gibt es nicht, du ziehst diese alten Holzpantinen an und jetzt raus! Zur Strafe gibt es für dich heute kein Abendessen.«

Weinend schlich Gunhild aus der Küche. In ihrer kleinen Kammer kuschelte sie sich in ihr Bett, zog sich die Decke über den Kopf und ließ ihren Tränen freien Lauf. Ihr Heimweh war fast übermächtig. Nie wurde sie von ihrer Mutter geschlagen, nie so angeschrien. Ach, wäre sie bloß endlich wieder zu Hause.

An einem Sommertag war Gunhild wie so oft nach getaner Hausarbeit mit den Enten auf einer der nahegelegenen Wiesen unterwegs. Sie hatte den lustig schnatternden Tieren Namen gegeben und jeden Tag gelang es ihr besser, sie auseinanderzuhalten. Während die Enten grasten, erkundete Gunhild das Leben im Gras um sich herum. Hier krabbelte ein bunter Käfer, dort entdeckte sie eine kleine Spinne auf einem Blatt, und plötzlich flog sogar ein Storch mit seinen großen Flügeln knapp über sie hinweg. Kurz darauf sah sie ihn am Ufer der nahegelegenen Neiße und beobachtete, wie er reglos mit seinen roten Beinen am Rand des Schilfs stand und nach Fröschen Ausschau hielt. Vorsichtig schlich sie sich näher heran: Was für ein schönes Tier, aber der lange rote Schnabel sah aus der Nähe doch bedrohlich aus.

Beim Thema Schnabel fielen ihr plötzlich ihre Enten ein. Gunhild drehte sich um und ging die paar Schritte zurück auf die Wiese, wo die Tiere eben noch friedlich schnatternd gegrast hatten. Aber da waren keine Enten mehr, auch kein Schnattern war zu hören. Gunhild bekam Angst und begann, kreuz und quer über die Wiese zu laufen.

»Entchen! Entchen, wo seid ihr?! Koooooommt! Puttputtputt«, rief sie immer wieder. Doch von den Enten war weit und breit nichts zu sehen. Sie geriet in Panik: Wenn sie ohne die Tiere nach Hause kam, würde die böse Frau sie bestimmt vor Wut totschlagen. Sie musste die Enten unbedingt wiederfinden! Vielleicht waren sie zur Neiße gewatschelt und ließen sich mit der Strömung treiben. Sie rannte zurück zu dem kleinen Fluss und stolperte am Ufer entlang, doch die Tiere blieben verschwunden. Tränen liefen ihr über die Wangen. Hätte sie bloß nicht nach dem blöden Storch geguckt. Die langen Zweige der Weiden peitschten ihr ins Gesicht, aber Gunhild spürte die Schmerzen kaum. Mehrmals lief sie am Ufer auf und ab, doch es half alles nichts: Die Enten waren wie vom Erdboden verschluckt.

Mittlerweile begann es dunkel zu werden und sie musste zurück nach Hause. »Wie soll ich das bloß der bösen Frau erklären?«, fragte sie sich ängstlich. Je näher sie der heimischen Kate kam, umso zittriger wurden ihre Knie: Gleich würde sie furchtbare Prügel beziehen. Doch was war das eben? Hatte sie da ein Schnattern gehört oder bildete sie sich das ein? Da – noch mal! Jetzt hörte sie es wieder: Da vorne schnatterten Enten! Gunhild lief los. Als sie um die nächste Ecke bog, glaubte sie ihren Augen nicht zu trauen: Mitten auf der saftig grünen Wiese im Garten der Nachbarn saßen Enten! Ihre Enten! Hektisch trieb sie die Tiere mit ihrem langen Stock aus dem Nachbargarten hinaus und zurück auf den Hinterhof der Paeschkes. Was für eine unendliche Erleichterung! Sie schloss das Tor und stürmte ins Haus, wo ihre Pflegemutter sie mit finsterem Blick erwartete:

»Hast du keine Augen im Kopf? Ich habe gesagt, dass du spätestens bei Einbruch der Dunkelheit zurück sein sollst! Und jetzt ist es schon fast dunkel. So spät kommst du gefälligst nicht mehr vom Enten-Hüten zurück!«, schimpfte sie, doch der große Kochlöffel, mit dem sie in dem Kochtopf auf dem Herd rührte, kam heute nicht für Prügel zum Einsatz.

Am nächsten Morgen überraschte Heinrich Paeschke das Mädchen mit einer Frage: »Sag mal, hast du Lust, mich heute zu begleiten? Ich muss mit dem Lastwagen

Mehl von der Mühle ausfahren und wenn du möchtest, kannst du mitkommen.«

Und ob sie mochte! Gunhild strahlte über das ganze Gesicht: »Ja! Lastwagen fahren!«, jauchzte sie, rannte in ihr Zimmer und zog sich an.

Schon der Weg zur Mühle war ein Abenteuer. Sie durfte hinten auf dem Gepäckträger von Heinrichs schwarzem Fahrrad mitfahren! Bei der Mühle angekommen, wartete der Lastwagen voller Mehlsäcke auf der Ladefläche. Heinrich hob das Mädchen auf den Beifahrersitz, setzte sich auf den Fahrersitz und startete den Motor, der lautstark röhrte und das ganze Gefährt erzittern ließ. Gemeinsam tuckerten die beiden in den nächsten Stunden über die umliegenden Dörfer.

Gunhild strahlte über das ganze Gesicht und ließ fröhlich ihre Beine baumeln. Sie konnte sich gar nicht sattsehen: Wie anders die Landschaft aus dieser Höhe aussah, die Kühe wirkten kleiner, die Felder weiter und die blühenden Wiesen glichen großen bunten Teppichen. Dabei strahlte die Sonne vom blauen Himmel, an dem nur kleine Schäfchenwolken zu sehen waren. Immer wieder machten sie bei einem Bauernhof halt und Gunhild bewunderte die Kraft ihres Pflegevaters, der mühelos die großen Mehlsäcke ablud. Die Bauern freuten sich über die Lieferung und den Besuch und boten ihnen ein Glas Milch oder eine Scheibe Brot an. Vom Krieg, der auf der Welt tobte, war hier auf dem Land weit und breit nichts zu sehen. Während 1942 Bomben auf ihre Heimatstadt Berlin krachten, saß hier in Schlesien ein glückliches kleines Mädchen hoch oben auf einem großen Lastwagen.

Im Spätsommer kündigte sich eine große Veränderung an. Gunhild sollte nach Ende der Sommerferien in Groß Gastrose zur Schule gehen. Eines frühen Montagmorgens zog sie ihr bestes Kleid an, bekam von ihrer Pflegemutter die Zöpfe geflochten und lief mit dem ausrangierten Schulranzen von Paul, dem längst erwachsenen Sohn der Paeschkes, über die Dorfstraße zur Schule.

»Benimm dich anständig und mach‘ uns ja keinen Ärger!«, bläute ihr die Pflegemutter zum Abschied ein, bevor sie das Mädchen mit einem kleinen Schubs ins Klassenzimmer bugsierte und sich dann auf den Weg zur Mühle machte.

In dem großen Raum herrschte ein wildes Durcheinander: kleine und große Schülerinnen und Schüler aller Altersstufen lachten miteinander und erzählten sich von ihren Ferienerlebnissen. Sie wurden alle gemeinsam in einem Raum unterrichtet – die Erstklässler vorne, die Großen hinten. Dann betrat der Lehrer, ein älterer Herr mit einem gezwirbelten Schnauzbart und kleiner Brille, das Klassenzimmer: »Ruhe! Setzt euch hin und holt eure Hefte und Bücher raus«, befahl er. Die Kinder liefen zu ihren Plätzen, Holzstühle scharrten über den Boden, dann wurde es still im Raum. Nur ein kleines Mädchen stand schüchtern neben der Tür und presste eine alte Schultasche an sich.

»Wer bist du denn?«, fragte der Lehrer und rückte seine Brille zurecht.

»Ich bin Gunhild. Gunhild Terzenbach.« Gunhild starrte den Mann ängstlich an.

»Ach so, ja. Ich erinnere mich, dass du uns angekündigt wurdest. Du bist die von den Paeschkes, richtig? Dann bist du also unsere neue Zweitklässlerin. Du sitzt dort, in der zweiten Reihe. Rutscht mal ein bisschen, Kinder, und macht Gunhild Platz.«

Eine Zweitklässlerin? Gunhild schaute irritiert: Sie war doch eine Erstklässlerin, zumindest hatte sie vor einigen Monaten in Berlin für nur wenige Wochen in der ersten Klasse gesessen. Aber das wagte sie nicht zu sagen, es war schon schlimm genug, dass alle sie anstarrten. Verfolgt von den neugierigen Blicken ihrer Mitschüler lief sie quer durch den Raum und nahm neben einem Mädchen Platz, das am Rand der Reihe am Fenster saß und zaghaft auf den leeren Stuhl links von sich deutete.

»Hallo Gunhild, ich bin Paula. Aber alle nennen mich Püppi«, wisperte ihr das Mädchen zu. Scheu lächelten sich die beiden an, dabei fiel Gunhild auf, dass Püppi kaum Haare hatte.

»Stifte raus – die Schüler der Klassen Eins und Zwei schreiben jetzt ein Diktat! Mal sehen, was ihr vom Unterricht vor den Ferien behalten habt. Und ihr ab Klasse Drei aufwärts lest jeweils das nächste Kapitel in dem Buch, mit dem wir vor den Ferien begonnen haben.«

Eilig griff sich Gunhild einen Bleistift und ein Heft aus ihrem Schulranzen, aber schon nach kurzer Zeit kam sie ins Schwitzen. Der Lehrer diktierte so schnell, dass sie gar nicht mitkam. Um sie herum kratzten die Bleistifte in einem atemberaubenden Tempo übers Papier, während sie von jedem Satz gerade mal die ersten paar Worte schreiben konnte. Am Ende des Diktats standen nur lauter Satzanfänge auf ihrem Blatt, deren Enden lose zerfaserten und ins Nichts flatterten. Zu ihrem Glück hatten sie in der nächsten Stunde Musik. Beim Volkslieder Singen fiel niemandem auf, dass Gunhild die Lieder meist gar nicht kannte. Schnell konnte sie die Texte und

Melodien auswendig und stimmte begeistert in den großen Chor der Klasse ein.

»Was ist eigentlich mit deinen Haaren passiert?«, wagte Gunhild Püppi zu fragen, als sie in der Pause zusammenstanden.

»Ich hatte Scharlach. Da sind mir alle Haare ausgefallen und seitdem nie wieder richtig nachgewachsen«, erklärte Püppi und schaute traurig zu Boden.

Die beiden Kinder freundeten sich schnell an. Beide waren sie auf ihre Art Außenseiterinnen: Der einen fehlten die Haare, der anderen die Familie. Sie halfen sich nicht nur gegenseitig bei den Schulaufgaben, sondern vertrauten sich auch ihre kleinen Geheimnisse an. So berichtete Gunhild Püppi von ihren heimlichen Versuchen, mit dem großen Fahrrad von Heinrich Paeschke zu fahren. Am Anfang war sie oft heruntergefallen und hatte sich die Knie aufgeschlagen, wofür sie zu Hause immer irgendeine neue Ausrede erfinden musste. Inzwischen schaffte sie zunehmend längere Strecken ohne umzukippen. »Man muss im Stehen fahren, und wenn ich genug Schwung habe, dann klappt es!«, erzählte sie Püppi mit vor Aufregung roten Wangen. »Neulich habe ich es schon fast die ganze Dorfstraße runter geschafft!«

»Ich hätte lieber eine schöne Perücke statt Fahrrad fahren zu lernen«, gestand Püppi. Wie oft hatte sie sich das schon ausgemalt: Eine Perücke mit langen, blonden Zöpfen, wie Gunhild sie hatte. Sie war es so leid, von den anderen angestarrt zu werden. Jeden Abend stand sie heimlich vor dem Spiegel und schaute, ob nicht doch wieder mehr Haare wuchsen. Aber jedes Mal endete diese Suche mit Tränen: Die Haare kamen einfach nicht wieder.

Nach der Schule verbrachten die Freundinnen viel Zeit

miteinander. Manchmal wagten sie sich bis zur großen Landstraße vor, die in einiger Entfernung am Dorf vorüberführte. Immer öfter sahen sie dort Soldaten, die die Straße entlangmarschierten. Atemlos duckten sie sich hinter ein dichtes Gebüsch und beobachteten aufgeregt das Geschehen: In scheinbar endlosen Reihen liefen Männer in Uniformen an ihnen vorbei, wobei ein eigenartiger Geruch nach Schweiß, Schmutz und Staub in der aufgewirbelten Luft hing. Woher sie wohl kamen, und wohin waren sie unterwegs?

In der Schule waren die Soldaten oder der Krieg nur selten ein Thema. Hier ging es um Diktate, Lese-Übungen, Singen und Rechenaufgaben. Nur allzu schnell machte Gunhild Bekanntschaft mit dem Rohrstock des Lehrers: Zwei Tage nach dem ersten Diktat gab er ihr das Blatt zurück und bevor sie sich versah, sauste der Stock auf ihre Hände nieder: »Was ist denn das für ein Unfug!«, schimpfte er und schon schlug er zu. »Wie kannst du es wagen, so ein Geschmiere abzugeben! Schäm‘ dich, Gunhild! Zur Strafe schreibst du bis morgen 20 Mal den Satz ›Ich schreibe beim Diktat alle Sätze des Lehrers ordentlich auf‹, verstanden?« Und schon landete der Rohrstock ein drittes, schmerzhaftes Mal auf dem rot gestriemten Handrücken des Kindes.

Mantel-Mumie

Während Gunhild in Schlesien die Schulbank drückte, spitzte sich die Lage in Berlin dramatisch zu. Die Stadt glich einem Trümmerfeld, die Versorgung der Menschen mit Nahrung und Trinkwasser war fast komplett zusammengebrochen. Daher wurde Gertrud Terzenbach mit ihren kleinen Zwillingen nach Posen evakuiert, wo sie eines Tages Feldpost von Willy erreichte.

Liebste Trudel.
Der Krieg wird meines Erachtens bald ein Ende haben. Hol' alle Kinder zu dir nach Posen. Vielleicht könnt ihr euch dann zusammen nach Berlin durchschlagen. Bete für mich, dass ich unversehrt zurückkomme. Dein Willy.

Das mit dem Kinder-Zusammenholen war leichter gesagt als getan. Der Versuch, Baldur und Winfried aus Gustrow und Gunhild aus Groß Gastrose zu holen, geriet im allgemeinen Chaos des Krieges zum bürokratischen Kraftakt. Nach zahlreichen Briefen, Depeschen und Telefonaten gelang es ihr, die Bahnfahrten für ihre Kinder nach Posen zu organisieren.

Als Gunhild nach fast zwei Jahren ihre Koffer packte, war sie froh, dass ihr die böse Frau nicht mehr das Leben schwer machen würde. Der Abschied von Püppi war dafür umso trauriger. Weinend lagen sich die beiden Mädchen in den Armen und versprachen, sich gegenseitig zu schreiben. Auch bei ihrem letzten Besuch der Enten und Hühner im Stall rannen Gunhild Tränen über die Wangen. »Macht's gut!«, flüsterte sie leise, während die Tiere in Erwartung von Futter oder einem Spaziergang fröhlich schnatterten.

»Gute Reise, Gunhild!« Heinrich Paeschke stand am Bahnsteig von Guben und drückte das Mädchen für einen Augenblick ungelenk an sich. Dann trug er ihr den Koffer ins Zugabteil und winkte verlegen, während sich der Zug langsam in Bewegung setzte.

Bei ihrer Ankunft in Posen waren die Prügel der Pflegemutter und die Stockhiebe des Lehrers schnell vergessen: Glücklich umarmte Gunhild ihre Mutter und die kleinen Zwillinge, einen Tag vor ihr waren Baldur und Winfried angekommen. Jetzt waren sie schon fast wieder eine richtige Familie, nur der Vater fehlte, von dem sie seit seiner letzten Postkarte von der Front nichts mehr gehört hatten.

In Posen teilten sich mit einer anderen Familie eine kleine Wohnung, aber die Enge störte Gunhild kein bisschen. Sie freute sich im Gegenteil über die anderen Kinder, mit denen sie schnell Freundschaft schloss, und die vielen neuen Spielmöglichkeiten. Besonders ›Harras‹, der Schäferhund, der ihnen vor ein paar Wochen zugelaufen war, wuchs Gunhild an Herz. Er lag eines Tages vor ihrer Tür und war, als die Kinder ihn streichelten, mit größter Selbstverständlichkeit in die Wohnung hineinspaziert. Seitdem gehörte der Hund zur Familie.

Eines Nachmittags saßen sie zusammen an ihrem kleinen Ofen, als jemand plötzlich wie wild an ihre Haustür pochte: »Alle deutschen Familien haben sich so schnell wie möglich auf dem Marktplatz einzufinden! Ihr müsst sofort die Flucht antreten!« Als Gertrud Terzenbach vorsichtig öffnete, war der Mann schon weitergerannt. Panik stieg in ihr auf: Flucht? Noch heute Abend?! Wie sollte sie so schnell die Sachen für sich und die Kinder packen, was sollte sie mitnehmen, was zurücklassen? Wahllos griff sie zu Kleidungsstücken, ließ sie wieder fallen und stopfte stattdessen die wenigen Lebensmittel, die sie hatten, in eine Tasche.

»Ich habe eine Idee – bin gleich wieder zurück!«, rief plötzlich Baldur, sprang auf und war schon zur Tür hinaus.

»Baldur! Komm sofort zurück!«, schrie Gertrud völlig aufgelöst. Doch Winfried beruhigte sie: »Er kennt sich gut mit Tieren aus, Mama! Bestimmt will er nach einem Pferdefuhrwerk für uns schauen!«

Gertrud schluckte die Angst herunter, sie musste jetzt einen kühlen Kopf bewahren, ihnen blieb nur wenig Zeit. »Zieht euch all eure warmen Sachen an! Zieht so viel an, wie ihr nur könnt – unterwegs wird es schrecklich kalt werden«, befahl sie ihren Kindern. Während sie sich eilig ihre dicken Pullover, Mützen, Mäntel, Schals und Handschuhe anzogen, kam Baldur zurück: »Wir müssen unbedingt versuchen, das Pferdefuhrwerk von Bauer Schmidt zu bekommen! Seine Pferde sind die einzigen, die mit Hufeisen beschlagen sind, die sich für Schnee und Eis eignen!«

Gertrud griff sich die erste gepackte Tasche und rannte los. Auf dem Marktplatz sah sie den Bauer schon von weitem. Sie kannten sich, er hatte ihr oft ein paar Kartoffeln extra für die Kinder geschenkt, wenn sie zu ihm und seiner Frau auf den Hof kam, um nach Essen zu fragen.

Keuchend stand sie vor ihm, ihr Atem dampfte in der kalten Luft: »Herr Schmidt! Dürfen wir unsere Sachen bei Ihnen aufladen?«

»Ja, Ihr Ältester war gerade auch schon da. Beeilt euch!«

Zuhause waren die Kinder dabei, ihre Koffer zu packen, als Gertrud wieder zur Tür hereinstürmte. Als die Mutter sah, dass sie auch das wenige Spielzeug, das sie hatten, einpackten, sprach sie ein Machtwort: »Eure Spielsachen bleiben hier. Wir können nur das Nötigste mitnehmen. Packt alle warmen Sachen, die ihr nicht anziehen könnt, ein!«

»Aber meine Puppe muss mit!« Gunhild brach in Tränen aus. Doch ihre Mutter blieb hart: Die Puppe kam genauso wenig ins Gepäck wie der ramponierte Ball der Jungs. Dann schickte sie Winfried mit den letzten Lebensmittelmarken zum Schlachter: »Harras muss leider auch hierbleiben. Wir dürfen keine Tiere mitnehmen. Hol' mit den Marken Fleisch. Das legen wir ihm hin und während er frisst, gehen wir schnell aus dem Haus.«

Jetzt weinten alle fünf Kinder. Harras, ihr geliebter vierbeiniger Spielkamerad und Tröster, durfte nicht mit? Doch die Mutter hatte keine Zeit für Sentimentalitäten: »Gunhild, zieh dir diesen Mantel von mir auch noch über und dann läufst du voraus zum Marktplatz. Baldur, du begleitest sie, ihr wartet auf dem Fuhrwerk von Bauer Schmidt auf uns. Wir kommen sofort nach.«

Baldur zog seine heulende Schwester mit sich, er kämpfte selbst mit den Tränen. Der Schäferhund war ihm genauso wie seinen Geschwistern ans Herz gewachsen.

Noch am gleichen Abend setzte sich der Flüchtlingstreck in Bewegung Richtung Westen. Gunhild saß eingemummelt in drei Wintermäntel auf dem Pferdefuhrwerk und kam sich wie eine Mantel-Mumie vor. In den dicken Sachen konnte sie sich kaum bewegen. Nur ihre Nasenspitze schaute heraus.

Sie waren noch keine halbe Stunde unterwegs, da entdeckte sie ein Fellknäuel und rief: »Harras!« Der Hund hatte das Fehlen seiner Familie bemerkt und war ihnen gefolgt. Nachdem er sie eingeholt hatte, lief er treu neben dem Fuhrwerk her.

In den sternenklaren Nächten froren Menschen und Tiere, es war klirrend kalt. Die Pferde schnauften, mühsam kämpften sie sich durch den Schnee. Bergauf gerieten die anderen Wagen ins Rutschen. Baldur sollte recht behalten:

Die Pferde von Bauer Schmidt waren die einzigen, die mit ihren speziellen Hufeisen nicht wegrutschten. Sie kamen nur langsam vorwärts, immer wieder blieben Fuhrwerke im Schnee stecken und mussten zurückgelassen werden. Die Gruppe derer, die weiterzogen, wurde von Tag zu Tag kleiner. Nach wenigen Tagen war auch Harras verschwunden. Die Kinder hatten stundenlang ihre Mutter und die berittenen Soldaten, die den Treck begleiteten, angefleht, den Hund auf das Fuhrwerk hinaufheben zu dürfen. Doch das war strengstens verboten. Als der Treck ohne ihn weiterzog, weinten sie heiße Tränen. Dieser Verlust blieb ihnen mehr als alles andere von dieser Flucht in Erinnerung.

Mehrere Wochen kämpften sie gegen Hunger und Kälte, versteckten sich vor feindlichen Flugzeugen und den Maschinengewehren der Soldaten, erlebten den Tod vieler anderer aus dem Flüchtlingstreck. Als sie schließlich völlig erschöpft und halb verhungert Berlin erreichten, trauten sie ihren Augen kaum: Das Haus, in dem sie früher gewohnt hatten, stand noch! Wider alle Erwartungen hatte keine Bombe das Gebäude zerstört, in ihrer Wohnung waren lediglich einige Fensterscheiben geborsten.

In den letzten Tagen des Krieges wurde die Lage immer schwieriger. Bombenangriffe und die verzweifelte Suche nach etwas zu Essen zermürbte die Bewohner Berlins. Anfang des Jahres 1945 war es fast unmöglich geworden, Lebensmittel aufzutreiben. Gemeinsam mit den Nachbarn lauschten die Terzenbachs den Nachrichten aus dem kleinen Volksempfänger. Die neuesten Mitteilungen aus dem knisternden Gerät ließen nichts Gutes ahnen.

Wenn die Sirenen schwiegen, spielten Baldur, Winfried, Gunhild und ihre Freundin Dörthe miteinander draußen. Ihr selbst ausgedachtes Lieblingsspiel hieß ›Granatsplitter sammeln‹. Ausgerüstet mit einer alten, zerschlissenen Socke sausten sie alle vier los und durchwühlten die Geröllberge der eingestürzten Häuser nach den Granatsplittern. Sieger wurde, wer nach einem Angriff die meisten gefunden hatte. Begehrte Sonderpunkte gab es für Splitter, die noch warm waren. Gertrud Terzenbach war überhaupt nicht wohl dabei, wenn ihre Kinder in den Trümmern unterwegs waren, aber was sollte sie machen? Sie konnte sie doch nicht zu Hause einsperren und Spielzeug war wie alles andere Mangelware.

Im April herrschte plötzlich helle Aufregung vor den Radiogeräten: Eben hatte der Sprecher durchgesagt, dass die Russen jetzt vor Berlin standen! Nun wagte sich endgültig niemand mehr hinaus auf die Straße. Wenn die Sirenen losheulten, versteckten sich Gertrud und die anderen jüngeren Frauen aus der Nachbarschaft im Luftschutzkeller unter den Etagenbetten der Kinder, da sie von furchtbaren Gräueltaten der russischen Soldaten gehört hatten.

»Mama, ich muss mal!« Gunhilds Stimme klang kläglich. Es war ihr fürchterlich peinlich: Als der Alarm losging, hatte sie vor lauter Aufregung vergessen, auf die Toilette zu gehen.

»Geh! Aber mach‘ ganz schnell!«, schimpfte ihre Mutter ungeduldig, während sie die Zwillinge eilig zur Wohnungstür hinauszog.

Als sie fertig war und den anderen nachlaufen wollte, warf Gunhild einen raschen Blick hinaus auf die Straße.

Dabei entdeckte sie einen Soldaten auf einem Motorrad, der direkt auf ihr Haus zugeknattert kam. Seine grüne Uniform und die Pelzmütze sahen genauso aus, wie die Erwachsenen die Russen beschrieben hatten. Panisch stürzte sie aus der Wohnung und rannte die Treppe hinunter zum Luftschutzkeller. Hinter ihr fiel die schwere Tür krachend ins Schloss.

»Da kommt ein Russe«, rief sie atemlos vom schnellen Lauf, »auf einem Motorrad!«

Alle Köpfe der Erwachsenen wandten sich ihr zu. Einen winzigen Moment herrschte Stille. Dann schimpfte schon die Erste aus der hinteren Ecke: »Kind! Bist du verrückt geworden? Damit macht man doch keine Scherze!«

»Aber das stimmt!«, verteidigte sich Gunhild. Fassungslos stellte sie fest, dass niemand ihr glaubte, nicht einmal ihre Mutter.

»Sei still!«, flüsterte diese und robbte ängstlich tiefer unter das Etagenbett.

Minuten später hämmerte jemand ungestüm mit einem metallischen Gegenstand gegen die Tür. »Aufmachen!«, ertönte es von draußen.

Der russische Soldat, der kurz darauf im Luftschutzkeller stand, blickte sich mit finsterer Miene um. Während er an den Bänken und Etagenbetten vorbeiging, hielten alle den Atem an.

»Du! Mitkommen!« Er deutete mit seinem Gewehr auf ein junges Mädchen, das sich nicht rechtzeitig versteckt hatte. Das Mädchen erstarrte.

Da sprang plötzlich ihr Großvater auf: »Lassen Sie das Kind in Ruhe. Bitte!«

Der Soldat zögerte einen Augenblick. »Mitkommen!«, befahl er dem Mann und verließ mit ihm den Luftschutzkeller. Erst viele Minuten später wagten sich die Frauen aus ihren Verstecken hervor. Sie waren wie betäubt: Was würde mit dem Mann geschehen? Keiner wagte auszusprechen, was alle ahnten: Sie würden ihren Nachbarn, diesen freundlichen Großvater, niemals wiedersehen.

Gefährliches Missverständnis

Zwei Wochen nach diesem Vorfall saß Gertrud Terzenbach der Schreck noch immer in den Gliedern. Mein Gott – es hätte auch Gunhild treffen können! Oder sie selbst! Sie mussten in Zukunft wirklich vorsichtiger sein, das sollte sie vor allem ihrer Tochter klar machen. Der Krieg war zwar endlich vorbei, aber die Gefahren waren deswegen nicht geringer geworden. Seit dem 29. April 1945 stand Berlin Friedenau unter sowjetischer Besatzung und mit der Kapitulation der Wehrmacht endeten am 8. Mai 1945 die furchtbaren Kämpfe. Als Gertrud gemeinsam mit ihren Nachbarn diese lang ersehnte Nachricht aus dem kleinen Volksempfänger gehört hatte, hatten sie sich vor Freude weinend in den Armen gelegen.

Die russischen Soldaten, die nun Friedenau kontrollierten, waren alles andere als zimperlich. Doch jetzt sollte sie erst mal mit den Kindern losziehen, um Lebensmittel aufzutreiben.

Als sie ein paar Stunden später von ihrem Hamsterzug zurückkehrten, sahen die Terzenbachs schon von weitem, dass es im Torbogen ihres Hauses brannte. Wortlos schauten sich die Mutter und ihre Kinder an, dann liefen sie los. Bereits nach wenigen Metern blieben sie wieder stehen, denn was sie sahen kam ihnen wie ein schlechter

Traum vor: Russische Soldaten hatten vor ihrem Haus ein Lagerfeuer entfacht und warfen die Holzstühle aus der Terzenbach'schen Wohnung einen nach dem anderen in die Flammen, um sich zu wärmen.

Doch Freude und Leid lagen manchmal überraschend nahe beieinander: Am gleichen Tag stürmte Winfried plötzlich in die Wohnung. »Mama, schau mal! Die Russen haben vom Lastwagen aus Brot an uns Kinder verteilt!«, rief er aufgeregt und legte zwei Brotlaibe auf den Tisch. Gertrud traute ihren Augen kaum: Brot! Frisches Brot! Und dann gleich zwei Laibe! Sie schickte ein stilles Stoßgebet zum Himmel: Danke, lieber Gott, danke. Anscheinend gibt es dich doch trotz all diesem Irrsinn, der auf der Welt herrscht.

Wenige Tage später gelang es Baldur, einen Eimer voll Graupenbrei von den Russen zu ergattern. Andächtig saßen sie alle sechs am Tisch, die Mutter hatte den Brei gerecht aufgeteilt. Ihre Augen glänzten: Graupenbrei! Was für ein unglaublicher Schatz in diesen Tagen! Doch als sie den ersten Bissen probierten, verzog einer nach dem anderen angewidert das Gesicht: Der Brei war ranzig! Trotzdem schaufelten sie wortlos den widerlich schmeckenden Brei in sich hinein, ihr Hunger war längst viel größer als der Ekel.

Gunhild linste ungläubig durch ein Loch im Zaun eines Hauses, das in den letzten Kriegstagen den Bomben zum Opfer gefallen war. Sie traute ihren Augen kaum: Dort in den Trümmern lag ein Fahrrad, zwar ohne Reifen, aber ansonsten komplett! Schnell kletterte sie zwischen zwei Latten des Holzzaunes hindurch auf das gesperrte Grundstück und betrachtete stolz ihren großartigen Fund. Ein besseres Spielzeug als ein Fahrrad gab es für sie nicht, das musste sie haben! Vorsichtig stieg sie über die Trümmer und bugsierte ihren Schatz nach draußen. Dann trat sie in die Pedale und fuhr in holperiger Fahrt auf den Felgen die Straße entlang und wieder zurück. Glücklich stellte sie fest, dass sie das Radfahren nicht verlernt hatte. Als sie gerade umdrehen und erneut Anlauf nehmen wollte, kam ihr plötzlich ein russischer Soldat entgegen, der wild gestikulierend in ihre Richtung lief. Erstaunt blieb sie stehen: Was wollte der Uniformierte von ihr? Ihre Mutter hatte ihr eingebläut, sich vor den Soldaten in acht zu nehmen, aber dieser sah gar nicht böse aus, er lächelte sogar ein bisschen und deutete immer wieder auf ihr Fahrrad. Außerdem hielt er ein Kästchen in der Hand, mit dem er ihr zuwinkte. War das etwa eine Kiste Zigarren?

Als er vor ihr stand, redete er aufgeregt auf Russisch auf sie ein, während er ihr die Kiste mit den Zigarren entgegenstreckte und gleichzeitig nach ihrem Fahrrad griff. Gunhild überlegte, ob er ihr die Zigarren im Tausch gegen das Fahrrad anbot. Dass sie da nicht gleich draufgekommen war! Einen Augenblick lang zögerte sie: Sollte sie ihren großartigen Fund gegen eine Kiste Zigarren eintauschen? Von der Mutter wusste sie, dass diese auf dem Schwarzmarkt einen wahnsinnig hohen Wert hatten, für die man im Tausch viel Essen bekam. Und Hunger hatten sie alle ständig. Schweren Herzens ließ sie das Rad los und nahm stattdessen die Kiste mit den Zigarren. Mama würde unendlich stolz auf sie sein, dass sie so einen guten Tauschhandel hinbekommen hatte.

Der Soldat trat schwungvoll in die Pedale und Gunhild beschloss, sich auf den Heimweg zu machen, um ihrer Mutter die wertvolle Tauschware zu bringen. Sie freute sich schon, endlich wieder etwas Gutes zu essen zu bekommen. Als sie gerade losgehen wollte, drehte sich der Soldat nach ihr um, brüllte plötzlich irgendetwas Wütendes auf Russisch, riss das Fahrrad herum und kam auf sie zugerast. In diesem Augenblick traf sie die Erkenntnis wie ein Schlag: Der Soldat wollte das Fahrrad gar nicht gegen die Zigarren tauschen, sie sollte die nur kurz für ihn festhalten, während er das Rad ausprobierte!

Bevor sie den Gedanken zu Ende gedacht hatte, rannte Gunhild los, sie würde sich diese Zigarren nicht wieder wegnehmen lassen, dazu waren sie viel zu kostbar. Wie der Blitz verschwand sie im nächsten Hauseingang, lief die Treppen bis auf den Dachboden hinauf und von dort aus weiter hinüber ins angrenzende Haus. Durch die Erkundungstouren beim Granatsplittersammeln wusste sie, dass die Häuser über die Dachböden alle miteinander verbunden waren. Kurz darauf hörte sie die wutentbrannten Rufe und das Poltern des Soldaten hinter sich, aber sie war schneller und er kannte sich hier nicht aus. Das war ihre Rettung.

Nachdem sie ihn abgehängt hatte, stürzte sie völlig außer Atem zuhause zur Tür hinein und drehte vorsichtshalber den Schlüssel im Schloss um. Gertrud Terzenbach war mit einem Satz bei ihrer Tochter: »Was ist passiert, Gunhild?«, fragte sie besorgt.

Keuchend hielt Gunhild ihr die Zigarrenkiste hin: »Schau mal! Die habe ich gerade gegen ein Fahrrad getauscht!« Sie platzte fast vor Stolz und rechnete mit einem großen Lob für den selbstlosen Tausch-Einsatz.

»Von wem hast du diese Zigarren bekommen? Und woher hattest du überhaupt plötzlich ein Fahrrad?« Gertrud verstand im ersten Augenblick gar nichts.

»Da war so ein Russe...«, setzte Gunhild an, um von ihrem Abenteuer zu erzählen. In dem Moment war ihrer Mutter alles klar. Noch bevor Gunhild ihren Satz beenden konnte, zerrte sie ihre Tochter in die Küche und holte die große Schere aus der Schublade. »Halt still!« Wenige Sekunden später hielt sie Gunhilds lange blonden Zöpfe in der Hand.

Sprachlos starrte das kleine Mädchen auf ihre abgeschnittenen Haare, Tränen traten ihr in die Augen. »Aber ... Warum ...?«, fragte sie zwischen zwei Schluchzern. Was hatte sie denn bloß falsch gemacht? Sie hatte doch dieses tolle Fahrrad weggegeben, nur um die Zigarren nach Hause bringen zu können. Wieso freute sich Mama denn nicht?

»Bist du wahnsinnig?«, schrie Gertrud ihre Tochter an. »Der russische Soldat wird dich jetzt überall suchen! Du hast ihm seine wertvollen Zigarren gestohlen! Was meinst du, passiert, wenn er dich erwischt oder irgendwo da draußen wiedererkennt?!«

Langsam dämmerte Gunhild, warum ihre Mutter so außer sich war, und geriet plötzlich selbst in Panik: Was, wenn er sie gesehen hatte, als sie zur Wohnungstür reingeschlüpft war? Würde er sie alle umbringen?

Gertrud Terzenbach hatte den Ernst der Lage längst erkannt und reagierte geistesgegenwärtig. In Windeseile versteckte sie die abgeschnittenen Zöpfe in einem der Kochtöpfe hinten im Küchenregal und schob die Zigarrenkiste im Bad zwischen die Handtücher. Rasch wuschelte sie ihrer Tochter durch die kurzen Haare und war zufrieden, Gunhild sah völlig anders aus. Trotzdem meinte sie: »Zieh dir schnell etwas anderes an, damit er dich im Zweifelsfall nicht erkennt.«

Kurz darauf saßen sie beide zitternd auf der Küchenbank. Bange Minuten verstrichen, aber draußen blieb es still. Niemand polterte die Stufen zu ihrer Wohnung hinauf, keine schweren Soldatenstiefel dröhnten auf den Etagenabsätzen. Sie hatten Glück gehabt.

Bald darauf wurde es eng in dem Terzenbach'schen Heim. Nach der Aufteilung der Berliner Bezirke durch die Alliierten gehörte Friedenau zum amerikanischen Sektor und kurze Zeit später verfügten die amerikanischen Verwalter, dass in der Terzenbach'schen Wohnung eine junge Mutter mit ihren zwei Kindern untergebracht wurde.

Neben dem fehlenden Wohnraum waren auch Lebensmittel und Spielsachen Mangelware. Daher mussten die Kinder selbst kreativ werden und so erfand Gunhild das ›Friedhofs-Spiel‹, zum Entsetzen sämtlicher Nachbarn. Eines Tages hatte sie einen kleinen toten Käfer gefunden und beerdigte ihn neben dem Torbogen des Hauses. Sie schmückte den Grabhügel mit einem Kreuz aus Stöckchen und legte Blumen daneben. Das Beerdigen machte ihr so viel Freude, dass im Laufe der folgenden Tage ein richtiger Friedhof entstand.

»Also so etwas spielt man doch nicht! Friedhof! Das ist ja furchtbar!«, echauffierten sich die älteren Damen beim Anblick der vielen kleinen Grabhügel und gingen kopfschüttelnd weiter. Gunhild amüsierte sich köstlich über die maulenden Nachbarinnen, es war ihr egal, was die Erwachsenen über ihr Werk dachten.

›Narrenhände‹

Sehr geehrte Frau Terzenbach,
hiermit ersuchen wir Sie höflich, bezüglich Ihrer Tochter Gunhild einen Termin mit unserer Schulleitung zu vereinbaren.
Vielen Dank.
Mit freundlichen Grüßen
gez. Fräulein Schneider/Sekretariat

Ratlos betrachtete Gertrud Terzenbach das Schreiben. Eben hatte sie es in der Post gefunden und fragte sich, was ihre Tochter angestellt hatte, dass sie zum Schuldirektor zitiert wurde. Seitdem die Schule im Spätsommer notdürftig hergerichtet worden war, besuchte Gunhild die zweite Klasse. Ihre Noten waren gut, außer in Mathematik, und sie hatte den Eindruck, dass ihr der Unterricht gut gefiel. Sich um das schulische Betragen ihrer Kinder zu kümmern, dafür hatte sie nicht die Nerven. Neben der täglichen Suche nach Lebensmitteln beschäftigte sie die Sorge um ihren Mann, der in französischer Kriegsgefangenschaft war und mit einer Verletzung in einem Lazarett lag.

Am Abend nahm Gertrud ihre Tochter zur Seite: »Gunhild, sag mir jetzt sofort, was du in der Schule angestellt hast. Ich habe heute einen Brief bekommen – der Direktor will mich sehen und mit mir über dich sprechen. Also raus mit der Sprache: Was ist da los?«

»Nichts, Mama! Ehrenwort!«

»Gunhild – hör‘ auf, mich anzuschwindeln: Ohne Grund werde ich diesen Brief ja nicht bekommen haben. Also?«

»Ehrlich, ich habe keine Ahnung!«

»Gunhild …«

»Also vielleicht ist die Lehrerin ein wenig böse auf mich.«

»Böse? Wieso?«

»Na ja, wenn mir im Unterricht langweilig ist, dann male ich ein bisschen.«

»Ja – und?«

»Vielleicht … Also meistens haben wir nicht genug Papier. Dann bemale ich auch mal das Schreibpult … Aber nur ein kleines bisschen!«

Gertrud Terzenbach musste unwillkürlich lächeln, obwohl sie streng wirken wollte. Sie kannte Gunhilds Leidenschaft für das Malen nur zu gut. Das Mädchen hatte ständig einen Stift in der Hand. Das Gehweg-Pflaster draußen hatte sie ebenso mit ihren Kreiden vollgemalt wie die alte Flurtapete, die sie Frau Kowalski aus dem dritten Stock abschwatzen konnte. Sie konnte sich denken, was der Schuldirektor von ihr wollte. »Gunhild, du kennst doch sicherlich diesen Spruch …«

»Ja, ja! ›Narrenhände beschmieren Tische und Wände‹. Das sagt meine Lehrerin auch dauernd zu mir«, gestand Gunhild und wurde rot: Jetzt hatte sie sich doch verraten. Sie wusste selbst nicht, warum sie trotz aller Warnungen damit nicht aufhören konnte, es passierte fast von alleine. Dabei hatte sie sich fest vorgenommen, brav zu sein.

Gertrud Terzenbach nahm ihre Tochter in den Arm: »Versprich mir, dass du in der Schule mit dieser Pult-Malerei aufhörst, ja?«

»Ja, Mama.« Gunhild klang kleinlaut.

»Dann ist ja gut, meine Kleine. Und jetzt ab nach draußen mit dir – aber ohne Stifte!«

Erleichtert zog sich Gunhild ihre Schuhe an und flüchtete schnell nach draußen. Da hatte sie noch mal Glück gehabt – Mama war gar nicht richtig wütend geworden.

Als in der Schule auf Initiative der amerikanischen Besatzer die ›Schulspeisung‹ eingeführt wurde, besserte sich die prekäre Lebensmittelsituation der Familie Terzenbach etwas. Täglich bekamen Gunhild und ihre älteren Brüder, die die gleiche Schule besuchten, einen Teller Suppe, ein paar Kartoffeln, manchmal Brot oder andere kleine, einfache Speisen. Während Baldur und Winfried ihr Essen sofort heißhungrig aufaßen, brachte Gunhild die ihr zugeteilten Portionen jeden Tag mit nach Hause, um sie mit ihrer Mutter zu teilen. Sie war oft erschrocken, wenn sie aus der Schule kam und ihre Mutter reglos auf dem Sofa liegen sah. Ihre Mutter war so dünn und ihr Gesicht sah ganz grau aus, dass sie jedes Mal fürchtete, sie sei während ihrer Abwesenheit gestorben. Doch sie schlief nur. Gunhild hoffte, dass es ihr mit Ruhe und etwas zu essen bald besser gehen würde.

Um ihrer Mutter nicht zur Last zu fallen, verbrachte Gunhild die Nachmittage bei ihrer Freundin Dörthe. Im Herbst wurde es langsam kühler und die beiden saßen am warmen Kachelofen und strickten. Dörthes Mutter war Schneiderin und schaffte es trotz der allgemeinen Not, Wolle und Stoffreste aufzutreiben. Aus dem Stoff nähte sie ihrer Tochter dann halbwegs hübsche Kleidung. Gunhild war ein bisschen neidisch, wenn ihre Freundin wieder etwas Neues zum Anziehen bekam. Ihre eigene Mutter hatte weder Zeit noch Kraft zum Nähen.

Eines Tages begegnete ihr Dörthes Mutter zufällig auf der Straße und grüßte sie mit ›Na, kleine Lumpenhanne?‹. Hinter ihrem Rücken brach Gunhild in Tränen aus. ›Lumpenhanne‹ – bestimmt hatte sie das nicht böse gemeint, doch das Wort traf sie schwer. Sie wusste, dass ihre Kleider völlig abgetragen waren. Überall hatten sie Flicken, waren abgewetzt und kein bisschen hübsch. Wie gern hätte sie solch schöne Sachen gehabt wie den todschicken Mantel, den Dörthes Mutter neulich aus einem alten Vorhangstoff genäht hatte. Diesen wunderschönen dunkelroten, weiten, glockenförmigen Mantel, der beim Gehen herrlich schwang. Gunhild war hingerissen – und auch neidisch.

Zuhause hatte sie nicht einmal genug Stoffreste, um ihrer Puppe etwas Hübsches zu nähen. Dabei grenzte es an ein Wunder, dass sie überhaupt eine Puppe besaß: Sie hatte sie zum Geburtstag bekommen. Eigentlich hatte sie sich eine ganze Schulklasse aus Puppen gewünscht. Dabei hatte ihre Mutter schon ihre liebe Not gehabt, wenigstens diese eine Puppe zu bekommen. Während sie einer Kundin den Hut reparierte, sah Gertrud Terzenbach zufällig, dass auf dem Sofa der Frau mehrere Puppen saßen. Nach längerem Hin und Her vereinbarten sie, dass sie eine der Puppen für die Hutreparatur erhalten sollte. Als ihr die Kundin jedoch die hässlichste gab, ärgerte sie sich sehr, aber immerhin konnte sie Gunhild wenigstens diese eine Puppe zum Geburtstag schenken.

Was hatte sich das Mädchen gefreut, obwohl die Puppe wirklich nicht hübsch war. Und jetzt das: Seit sie diese Puppe hatte, lag ihr die Kleine ständig in den Ohren, dass sie sich mehr Puppen wünschte, um ›Schule‹ spielen zu können. Irgendwann riss Gertrud Terzenbach der Geduldsfaden: »Gunhild, ich sage es zum allerletzten Mal: Ich kann dir keine weiteren Puppen schenken! Wir haben kein Geld und es gibt auch keine Puppen zu kaufen! Es gibt eigentlich überhaupt nichts zu kaufen – kein Essen, keine Kleidung und auch keine Puppen. Also hör‘ endlich auf, mir damit auf die Nerven zu gehen. Wenn du unbedingt ›Schule‹ spielen willst, musst du dir irgendwas anderes ausdenken. Du könntest dir zum Beispiel Figuren aus Papier basteln. Vielleicht hat die Kowalski aus dem dritten Stock noch ein bisschen alte Tapete übrig. Bastel' dir doch einfach deine Puppen selbst! Ich kann dir jedenfalls keine kaufen.«

So ein Donnerwetter hatte ihre Mutter schon lange nicht mehr vom Stapel gelassen. Gunhild verschwand eingeschüchtert im Nebenzimmer. Puppen aus Papier basteln – wie sollte das gehen? Obwohl: Sie könnte wirklich bei Frau Kowalski klingeln und fragen, ob sie noch Tapete für sie hätte. Dann könnte sie versuchen, mit der großen Küchenschere daraus Puppen auszuschneiden. Wenn sie genug Tapetenreste auftrieb, könnte sie denen sogar Kleidung aus Papier basteln und die Sachen schön anmalen wie die Kleider, die sie selbst gerne besäße! Vielleicht hatte Dörthes Mutter sogar ein paar kleine Häkchen aus ihrem Nähkasten für sie übrig.

Jetzt hatte Gunhild Feuer gefangen: Im Eiltempo sauste sie in den dritten Stock hinauf zu Frau Kowalski und klingelte vor Aufregung Sturm. Tatsächlich: Die ältere Dame hatte im Abstellraum noch ein paar zusammengerollte Tapetenreste. Stundenlang saß Gunhild an dem großen Küchentisch und malte und schnitt, was das Zeug hielt. Einige Zeit später hatte sie elf Papierpuppen beisammen, eine richtige Klasse, mit der sie Schule spielen konnte. Ihre Schützlinge, denen sie unterschiedliche Gesichter gemalt hatte, bekamen sogar schöne bunte Kleidchen, die sie mit den kleinen Haken von Dörthes Mutter an ihnen befestigte. Ihre Lieblingspuppe, die mit den blonden Zöpfen, taufte sie auf den Namen ›Felicitas‹. Nur Dörthe kannte Gunhilds kleines Geheimnis: ›Felicitas‹ – das war Gunhild selbst. Kein Wunder, dass sie beim Schule-Spielen stets eine gewisse Sonderbehandlung bei Klassenlehrerin Gunhild genoss.

In der echten Schule stand im Juni die Zeugnisübergabe an. Gunhild konnte es kaum erwarten, ihr war richtig feierlich zumute. Ihre Mutter hatte extra eine leckere Suppe gekocht, mit frischem Gemüse und sogar duftendem Speck darin. Außerdem stand eine Kerze auf dem Tisch und ein kleiner Strauß blühender Zweige von Apfelbäumen. Auch Baldur und Winfried hatten heute ihre Zeugnisse bekommen und so wurde ein Zeugnis nach dem anderen nach dem Essen vorgelesen.

Lesen und Schreiben: sehr gut. Gunhild war mächtig stolz. Rechnen: mangelhaft.

»Das muss aber besser werden im nächsten Schuljahr«, mahnte die Mutter, bevor sie weiterlas.

Musik und Singen: gut.

Kunst und Malen: gut. Wie bitte? Nur eine Zwei?! Gunhild war fassungslos. Wie konnte das sein? Kunst war ihr Lieblingsfach! Was für eine riesengroße Enttäuschung. Sie hatte doch fleißig mitgemacht und viele schöne Bilder gemalt. Trotzdem nur eine Zwei?

Naturwissenschaften: befriedigend.

Turnen: befriedigend.

Betragen: gut.

»Stell dir vor: Ich habe in Kunst nur eine Zwei bekommen!« Empört erzählte Gunhild ihrer Freundin Dörthe gleich am nächsten Tag von dieser Schmach. Sie war sich einer Eins so sicher gewesen.

Dörthe war überrascht: »Wirklich? Eine Zwei? Aber du bist doch eindeutig die Beste von uns allen!«

Auch die anderen Schülerinnen und Schüler aus ihrer Klasse waren empört über diese Benotung. Das konnten sie so nicht stehen lassen. Gleich am ersten Schultag nach den Ferien forderte die gesamte Schulklasse von der Kunstlehrerin eine Erklärung: Es sei völlig ungerecht, Gunhild nur eine Zwei in Kunst zu geben. Sie malte so schöne Bilder – bunt, fantasievoll und voller ungewöhnlicher Einfälle!

Gunhild freute sich über die Unterstützung. Die Kunstlehrerin hingegen war völlig überrascht: Mit dieser einstimmigen Gegenwehr der Schüler hatte sie nicht gerechnet. Wieso war ihnen diese Eins für ihre Mitschülerin so wichtig? Die kleine Terzenbach war kreativ und vielleicht war diese Zwei tatsächlich nicht angemessen – aber warum setzten sich ihre Kameradinnen und Kameraden so nachdrücklich für das Mädchen ein?

»Na gut – ich schaue mir das noch einmal an und überlege, ob es tatsächlich eine Eins ist«, versprach sie und korrigierte schließlich eigenhändig Gunhilds Zeugnis: Die Zwei wurde durchgestrichen; ab sofort stand für das Fach Kunst ein ›Sehr gut‹ in Gunhilds Zeugnis.

Die Klasse freute sich über das Ergebnis ihres Protestes. Dieser hatte jedoch einen konkreten Hintergrund, von dem die ahnungslose Lehrerin wohlweislich nichts erfuhr: Gunhild hatte heimlich für fast alle ihre Klassenkameraden regelmäßig die Kunst-Hausaufgaben erledigt. Sie liebte das Malen und es war für sie ein Vergnügen, die Bilder der anderen Schülerinnen und Schüler zu erstellen. Im Gegenzug – und das war ein weiterer Grund für dieses Angebot – bekam die ›Auftragsmalerin‹ die Pausenbrote ihrer Mitschüler und verbesserte so ihre persönliche Versorgungslage. Die rothaarige Martha kam besonders oft in den Genuss von Gunhilds Malkünsten und hatte deswegen eine Zwei anstatt der drohenden vier im Fach Kunst im Zeugnis. Das war keineswegs ein Zufall: Ihre Eltern besaßen mehrere Schweine und auf ihrer Stulle befand sich erfreulich oft leckeres Griebenschmalz, das Gunhild besonders mochte.

2. DIE WELT DER PORZELLAN-MALEREI

Scherben und falsche Pausen

Ausgerechnet Stühle! Mensch, die hätten sich wirklich etwas Originelleres einfallen lassen können. Aber bitte: Wenn es diese langweiligen, übereinandergestapelten Stühle sein sollen, dann würde sie die jetzt eben zeichnen. Nichts einfacher als das. Sie hatte eigentlich mit etwas Anspruchsvollerem gerechnet – schließlich war das hier die Aufnahmeprüfung für die ›Meisterschule für das Kunsthandwerk‹!

Gunhild saß mit mehr als 20 weiteren Prüflingen in der großen Aula der Meisterschule und zeichnete einen Stapel Stühle. Dabei war sie die Ruhe selbst: Es war ja nicht ihre, sondern die Idee ihres Vaters gewesen, sich hier zu bewerben.

Willy Terzenbach hatte es nicht mehr mit ansehen können, wie seine Tochter nach ihrem Schulabschluss ziellos in den Tag hinein lebte. »Du musst doch irgendetwas mit deinem Leben anfangen!« Wie oft hatte er diesen Satz in den vergangenen Monaten zu ihr gesagt. Natürlich hatte er recht, aber Gunhild fehlte eine Idee, was sie beruflich machen könnte. »Irgendwas mit Tieren wäre schön, vielleicht Tierpflegerin oder so«, hatte sie einmal zu ihrem Vater gesagt, aber so halbherzig, dass er sofort wusste, dass es ihr damit nicht ernst war.

Eines Tages las Willy in der Berliner Zeitung zufällig einen Bericht über den Umzug der ›Meisterschule für das Kunsthandwerk‹ von Charlottenburg in die Charlottenburger Chaussee 118. Als er sah, dass dort Studienfächer wie Architektur, Mode, Goldschmieden, Porzellanmalerei, Bühnenbildgestaltung und Weben angeboten wurden, war ihm klar: Das ist etwas für Gunhild!

»Och nö, keine Lust«, antwortete sie gelangweilt, als er ihr den Zeitungsartikel in die Hand drückte und vorschlug, sich dort umzusehen.

Ihre Gleichgültigkeit ärgerte ihn maßlos. Er hatte den Krieg, drei Jahre Kriegsgefangenschaft und eine schwere Verletzung überlebt. Wenn er eines gelernt hatte, war es die Überzeugung, dass das Leben schön und kostbar war. Aber jetzt war Schluss: Hinter ihrem Rücken machte Willy Nägel mit Köpfen und meldete Gunhild kurzerhand zur Aufnahmeprüfung an. Als er ihr den Zettel mit dem Datum und der Adresse in die Hand drückte, erwiderte sie verwirrt: »Wie – du hast mich da angemeldet? Aber du weißt doch gar nicht, ob ich da hinmöchte! Was ist das überhaupt für eine Schule?«

»Probier' es einfach, Gunhild. Du hast das Zeug dazu! Wenn du nicht genommen wirst oder es dir nicht gefällt, kannst du dir immer noch etwas anderes suchen. Aber jetzt gehst du zu dieser Aufnahmeprüfung.«

Gunhild sah ihn mit großen Augen und offenem Mund an. Ihr Vater konnte sich ein Grinsen nicht verkneifen.

Inzwischen war sie fertig mit der Zeichnung und fragte sich, was als nächstes kommen würde. Ob sie nun übereinandergestapelte Tische zeichnen müsste? Sie schaute sich um und kicherte in sich hinein: Wie angespannt die anderen alle waren! Die zeichneten mit einem so verbissenen Ernst, als ginge es um ihr Leben. War sie wirklich die Einzige hier, die diese Aufnahmeprüfung auf die leichte Schulter nahm? Sie fing einen strengen Blick von dem Mann auf, der die Prüfung beaufsichtigte. Beim Gedanken an den seltsamen Namen des Direktors musste sie gleich wieder kichern: Jan Bontjes van Beek. In seiner kurzen Begrüßungsrede hatte er unter anderem erwähnt, dass er hier der neue Leiter sei und sich über das Interesse der Anwesenden an der traditionsreichen Meisterschule und ihren vielfältigen Angeboten freue. Doch sie hatte gar nicht richtig zugehört, sondern lieber geschaut, was für Leute außer ihr sich angemeldet hatten. Ihrem ersten Eindruck nach schienen sie nett zu sein.

»Schreiben Sie jetzt bitte noch einen kurzen Aufsatz zum Thema Rhythmus. Sie haben eine halbe Stunde Zeit. Viel Erfolg!«

Eilig kramte Gunhild einen Stift aus ihrer Tasche. ›Rhythmus‹, schon wieder so ein merkwürdiges Thema. Was sollte man denn dazu bloß schreiben? Da fiel ihr der Nachmittag ein, den sie mit Dörthe an der Spree verbracht hatte. Gemeinsam hatten sie auf einer Wiese am Ufer gesessen und sich über die kleinen Wellen gefreut, die der vorübertuckernde Ausflugsdampfer an die

Böschung geschickt hatte. Dieses Plätschern war doch eine Art von Rhythmus, darüber würde sie etwas schreiben.

Bestanden! Gunhild starrte auf den Brief der Meisterschule und konnte es kaum glauben: Ab Oktober dieses Jahres 1952 würde sie dort mit dem Studium beginnen – und nicht nur das: Aufgrund ihres besonderen Talents und unter Berücksichtigung ihrer Herkunft aus einer kinderreichen Familie erhielt sie sogar ein Begabten-Stipendium von 70 Mark pro Monat! Das war eine unglaublich hohe Summe! Natürlich würde sie weiterhin zuhause wohnen und mindestens 50 Mark ihren Eltern abgeben, um die stets klamme Familienkasse aufzubessern.

»Ich hab's dir ja gleich gesagt: Du hast Talent!« Willy Terzenbach konnte sich diesen Kommentar einfach nicht verkneifen.

Auf dem Stundenplan der jungen Studentin standen Fächer wie geometrisches Zeichnen, Abzeichnen eines weiblichen und eines männlichen Aktes, Schrift, freie Malerei und Porträtzeichnen. Das breite Angebot im ersten Semester, der sogenannten Vorklasse, diente dazu, dass die Studentinnen und Studenten herausfinden konnten, wo ihre besonderen Talente und Begabungen lagen.

Gunhilds Schrift-Dozenten fiel schon bald ihre feine, akribische Mal- und Schreibform auf: »Fräulein Terzenbach, wenn ich mir Ihre Hefte so anschaue, dann ist für mich klar: Sie gehören in die Fachrichtung Porzellanmalerei. So fein und genau, wie Sie schreiben und malen.«

»Was macht man denn da so, bei dieser Porzellanmalerei?« Gunhild hatte keine Ahnung. Bisher hatte sie einfach getan, was man von ihr verlangte, und es hatte ihr

Spaß gemacht. Über das nächste Semester und eine Spezialisierung auf eines der Fächer hatte sie sich noch keine Gedanken gemacht.

»Ach, Sie haben sich noch gar nicht erkundigt? Nun, bei der Porzellanmalerei bemalen Sie am Anfang erst mal Scherben.«

»Aber wieso bekommt man denn da nur Scherben und kein richtiges Porzellan?«, fragte Gunhild verwundert. Der Krieg und seine Folgen waren zwar nach wie vor deutlich spürbar, aber dass sie an dieser renommierten Meisterschule nur Scherben zur Verfügung gestellt bekommen sollten, fand sie dennoch merkwürdig.

»Wertes Fräulein Terzenbach, Sie haben sich wirklich noch nicht mit unseren verschiedenen Fachrichtungen beschäftigt, sonst wüssten Sie, dass ›Scherben‹ der Fachbegriff für einzelne Porzellanstücke ist.«

»Oh …« Gunhild wurde auf der Stelle rot. Hätte sie sich doch nur vorher umgehört.

»Ich würde vorschlagen, Sie melden sich dort an und schauen, ob Ihnen das gefällt. Einverstanden, Fräulein Terzenbach?«

Gunhild nickte stumm und hatte das deutliche Gefühl, ins Fettnäpfchen getreten zu sein.

Im folgenden Semester beschäftigte sie sich als Studentin der Fachrichtung Porzellanmalerei mit Landschaftsmalerei, Porträtzeichnen und Miniaturen, Heraldik und Botanik sowie verschiedenen Vervielfältigungstechniken wie Abziehbilder oder Stahldruck. Ihr ging alles leicht von der Hand und sie war glücklich, ihre Freude am kreativen Gestalten mit einer soliden Ausbildung zu verbinden.

Eines Tages arbeitete sie an einem Entwurf für ein

stehendes, eng umschlungenes Liebespaar. Die Zeichnung war ihr gut gelungen, die beiden sahen schön aus und verschmolzen harmonisch zu einer Einheit. Plötzlich stand ihr Dozent hinter ihr und meinte: »Fräulein Terzenbach, das gefällt mir schon sehr gut – jetzt machen Sie mal eine Pause.«

Gunhild war überrascht, aber ›Pause machen‹ ließ sie sich nicht zwei Mal sagen. Sie legte den Stift beiseite und holte ihre Stulle aus der Tasche.

Sie war fast fertig mit Essen, als der Dozent erneut auftauchte und fragte: »Na, haben Sie die Pause gemacht?« Dabei sah er sie erwartungsvoll und seltsam amüsiert an.

Gunhild war irritiert. »Ich bin gleich fertig«, antwortete sie und lächelte ihn, so gut es mit vollem Mund ging, an.

»Fräulein Terzenbach, ich meinte eigentlich nicht Ihre Stullen-Pause, sondern die Transparentpause Ihres Entwurfs … Aber bitte: Essen Sie doch erst in Ruhe auf und machen Sie dann die Transparentpause.«

Gunhild wäre am liebsten im Boden versunken, diese verflixten Fachbegriffe fand sie wirklich verwirrend.

Die geniale Guni

Schon nach wenigen Wochen war Gunhild klar, dass sie mit dem Fachbereich Porzellanmalerei die richtige Wahl getroffen hatte. Da sie künstlerisch äußerst begabt war, nannten ihre Kommilitonen sie bald ›die geniale Guni‹. Doch die Studentin Terzenbach war auch ein bisschen faul: Da ihr die Herstellung der Farben zu mühsam war, nutzte sie ihren Charme. Während ihre Studienkollegen in mühsamer Handarbeit Farbpulver mit dem Glasreiber fein rieben, spazierte sie mit einem Lächeln von einem Arbeitstisch zum nächsten: »Kannst du mir vielleicht ein bisschen Farbe abgeben?«

»Was denn für eine Farbe?«

»Och, ist völlig egal. Was immer du übrighast, ich nehme jede Farbe.«

»Ich habe noch einen Rest Braun. Willst du den haben?«

»Ja, gerne! Danke!« Schon schlenderte Gunhild weiter. Am Ende ihres Rundgangs betrachtete sie zufrieden ihre Ausbeute: Braun, Grau, Rot und Grün. Damit ließ sich gut arbeiten.

Zu den Dingen, die sie ebenso wenig mochte, zählte auch das sogenannte ›Kopieren‹. Hierfür bekamen die Studentinnen und Studenten der Porzellanmalerei-Klasse von der Königlich Preußischen Manufaktur verschiedene Vorlagen. Diese Muster, häufig Blumensträuße oder ähnliche Motive, mussten sie fein säuberlich auf Teller und Tassen übertragen. Das stupide Abmalen von Schablonen ödete Gunhild an. Wenn es jedoch um das freie Arbeiten ging, sprühte sie vor Ideen und erstellte in Windeseile verschiedene Entwürfe. Ihr Dozent bemängelte zwar hin und wieder, dass ihre Zeichnungen ›zu wenig Salz und Pfeffer‹ hatten, was bedeutete, dass sie kraftvoller zeichnen sollte, aber ansonsten war er zufrieden mit ihr: »Sehr gut, Fräulein Terzenbach, sehr gut! Sie haben ein außergewöhnliches Talent für Farben und Formen. Weiter so!«

Eines Tages schickte der Zeichenlehrer seine Studenten in den Berliner Zoo, wo sie Tiere zeichnen sollten. Gunhild war begeistert, ihre Leidenschaft für das Malen und ihre Tierliebe verbinden zu können. Die Zebus, die stundenlang regungslos in ihrem Gehege standen, hatten es ihr besonders angetan – die liefen nicht so schnell weg wie die meisten anderen Tiere.

Da die Studierenden der Meisterschule gegen Vorlage ihres Studentenausweises jederzeit freien Eintritt in den Zoo hatten, war Gunhild von da an oft im Tierpark anzutreffen. Eines Nachmittages schlenderte sie an den Gehegen entlang und entdeckte dabei einen kleinen Affen. Um ihn zu necken, zückte sie ihre Monatskarte für die Straßenbahn und wedelte damit zwischen den Gitterstäben herum. »Na komm! Hol‘ sie dir doch!«

Der kleine Affe beäugte das seltsame Ding zuerst aus sicherer Entfernung. Gunhild wurde mutiger: »Huhu! Hier bin ich! Trau‘ dich doch!« Sie fuchtelte schneller und bemerkte, wie der Affe von seinem Ast aus sie und die Monatskarte neugierig fixierte. Noch während sie seine hübschen Augen und die Art, wie er seinen Kopf bewegte, bewunderte, passierte es: Mit einem riesigen Satz flog das Äffchen plötzlich auf sie zu, schnappte sich durch die Gitterstäbe des Geheges ihre Monatskarte und verschwand damit in den entgegengesetzten Winkel des Käfigs.

Gunhild wusste im ersten Moment gar nicht, wie ihr geschah. Erschrocken sah sie, wie der Affe begann, an der Karte herumzunagen. Sie geriet in Panik: Ihre wertvolle Fahrkarte, die brauchte sie doch für den Weg zur Meisterschule! In der Nähe des Geheges entdeckte sie einen Wärter, der den Weg fegte und stürmte auf ihn zu: »Der Affe da hat meine Monatskarte geklaut!«

Der Wärter verstand sofort, ließ den Besen fallen und rannte um das Gehege herum zum Eingang. Wenige Sekunden später war er in dem Affengehege und entriss dem Tier die angefressene Monatskarte.

»So Frollein, da ham‘ Se jetzt Ihre Karte wieder. Passen

Se det nächste Mal aber besser darauf auf! Unser Charly kann ziemlich schnell sein, wa …« Mit einem gutmütigen Lächeln überreichte er Gunhild das nassgesabberte und angefressene Papier. Sie bedankte sich und konnte schon wieder über den Vorfall lachen. Für den Rest des Monats musste sie mit dieser angebissenen Karte herumfahren und hoffte, keinem Kontrolleur in die Hände zu fallen. Die Erklärung, dass ein Affe ihre Monatskarte halb aufgefressen hatte, würde ihr garantiert kein Mensch glauben.

Nach den ersten vier Semestern an der Meisterschule stand die Gesellenprüfung an. Die Prüfung der angehenden Porzellanmaler wurde von der Königlichen Porzellanmanufaktur Berlin abgenommen und diese stellte höchste Ansprüche. Ein Schwerpunkt war das detailgetreue Kopieren, was nicht zu Gunhilds Spezialitäten gehörte. Für ihren Prüfungsteller zeichnete sie weiße Lilien auf weißem Grund, mit einem Platinrand, zarte Konturen mit dennoch starkem Ausdruck. Und sie schaffte es! Ihr Teller bekam von den Prüfern die Note ›Sehr gut‹.

Nach der Gesellenprüfung verließen viele ihrer Studienkolleginnen und -kollegen die Meisterschule, da sie sich eine Weiterführung des Studiums finanziell nicht leisten konnten. Gunhild hingegen hatte Glück: Durch ihr Begabtenstipendium konnte sie ihr Studium fortsetzen. Nach vier weiteren Semestern würde sie dann das Staatsexamen ablegen.

›Vivil - Das erfrischende Pfefferminz‹

Schon lange suchte Gunhild nach einem Nebenjob, um die Familienkasse aufzubessern. Nachdem sie von der Puddingfabrik, die neben der Meisterschule lag, eine Absage kassiert hatte, brachte sie ein kurzes Gastspiel als Weihnachtsengel sogar in die Berliner Zeitung. Doch nun hatte sie endlich einen Job gefunden, der sich mit ihrem Studium vereinbaren ließ und bei dem sie zehn Mark pro Tag als Fixum sowie zehn Prozent vom Umsatz verdiente.

›Vivil! Das erfrischende Pfefferminz für zehn, zwanzig oder dreißig Pfennige!‹ - mit dieser Parole pries Gunhild als Propagandistin bei Konzerten auf der Waldbühne, bei Messen oder anderen Veranstaltungen die angesagten Pfefferminz-Bonbons an. An den Wochenenden war sie regelmäßig in und um Berlin im Einsatz. Den grünen Glockenrock mit Trägern und aufgedrucktem Vivil-Schriftzug sowie die weiße Bluse hatte ihr die Firma gestellt. Der dazugehörige Bauchladen hatte drei Fächer für die verschiedenen Packungsgrößen der Bonbons.

Da sie rasch feststellte, dass sie die besten Umsätze bei den betuchteren Menschen machte, marschierte Gunhild eines Tages bei einem Formel-1-Rennen auf der Avus direkt ins Fahrerlager. Das war nach dem Reglement des Veranstalters zwar nicht erlaubt, aber sie sah Vorschriften wie diese eher als Empfehlung und nicht als Verbote an. Bei diesem Ausflug machte sie überraschend persönliche Bekanntschaft mit einem echten Prominenten: »Hallo, Fräulein! Ich hätte gerne die große Vivil-Rolle!« Einer der Rennfahrer winkte sie mit seinen großen Handschuhen zu sich. »Sehr gerne, bitte schön! Das macht dann 30 Pfennige.«

Nachdem die Bonbons und das Geld die Besitzer gewechselt hatten, wollte Gunhild weitergehen, als der Mann plötzlich neben ihr stand: »Sagen Sie mal, haben Sie heute Abend schon etwas vor? Ach, entschuldigen Sie bitte, ich habe mich ja noch gar nicht vorgestellt: Mein Name ist Wolfgang Graf Berghe von Trips. Ich bin heute Abend auf einen Ball eingeladen und habe keine Begleiterin. Da dachte ich: Vielleicht haben Sie ja spontan Zeit und Lust auf eine rauschende Ball-Nacht im Hotel Adlon?« Erwartungsvoll blickte er sie an.

Gunhilds Gedanken überschlugen sich: Ein Ball im Adlon, zusammen mit diesem netten Rennfahrer! Das wäre wunderbar! Aber … das ging auf gar keinen Fall: Sie hatte doch gar nichts Passendes anzuziehen! Diese Vivil-Kleidung war das Beste, was sie im Schrank hatte. Ihre anderen Kleider taugten nicht für einen Abend an der Seite eines Prominenten. Unmöglich, sie brauchte dringend eine Ausrede. »Ach, das tut mir aber leid, ich hätte Sie sehr gerne begleitet. Aber ich bin heute Abend leider verhindert.« Tapfer lächelte sie ihn an und hoffte, nicht rot zu werden.

»Ach, das ist schade.« Er sah ehrlich enttäuscht aus. »Da kann man dann wohl leider nichts machen. Ich wünsche Ihnen alles Gute. Einen schönen Tag noch! Auf Wiedersehen.«

»Auf Wiedersehen!« Etwas wackelig ging Gunhild mit ihrem Bauchladen weiter, ihr waren bei seiner Frage doch glatt die Knie ein bisschen weich geworden.

An einem Sonntagvormittag wenige Wochen später war sie erneut mit ihrem Vivil-Bauchladen auf einer Messe unterwegs, als ein Unbekannter sie ansprach: »Sagen Sie mal,

Fräulein: Wollen Sie nicht mal richtig Geld verdienen?«

Gunhild drehte sich um. Geld verdienen klang natürlich gut, aber was wollte der Mann von ihr? Misstrauisch fragte sie: »Wie meinen Sie das?«

»Ich meine, dass Sie eine sehr hübsche junge Dame sind. Ich bin Regisseur und drehe gerade einen Fernsehfilm. Ich glaube, ich hätte da eine kleine Rolle für Sie!«

»Beim Fernsehen, in einem Film?!« Gunhild war hin- und hergerissen: Das Angebot klang aufregend, aber aus diesen Kreisen hörte man allerhand. Was, wenn dieser Typ sie nur verschaukeln wollte?

»Kommen Sie einfach mal zu uns in den Sender Freies Berlin. Dort fragen Sie dann nach Curt Götz-Pflug, den Regisseur. Das bin übrigens ich«, lachte er schallend.

»Aber nur mit Vertrag.« Gunhild war selbst verblüfft: Hatte sie das eben wirklich gesagt? Jetzt würde er sie sicher stehen lassen.

»Junge Dame: Sie sind charmant und sehen sehr hübsch aus. Mit Ihrer umwerfenden Ausstrahlung könnte man Sie wahrscheinlich sogar zur neuen Hildegard Knef machen! Deswegen verspreche ich Ihnen: Sie bekommen Ihren Vertrag. Aber auch dafür müssten Sie zunächst zu uns in den Sender kommen. Also: Sehen wir uns?«

»Ja, ich werde vorbeikommen und dann reden wir über Ihren Film, meine Rolle und über meinen Vertrag.«

›Ein Tag – fast wie sonst‹ hieß der Titel des Filmprojektes von Curt Götz-Pflug, nach einer Erzählung von Heinrich Böll, bei dem Gunhild eine kleine Nebenrolle als Krankenschwester mit neckischer Schwesternhaube erhielt, mit Gage und Vertrag. In ihrer einzigen Filmszene sollte sie einen aufgeregten werdenden Vater beruhigen, der krank im Bett lag. Laut Drehbuch hatte sie genau zwei Sätze zu sagen: »Machen Sie sich keine Sorgen, Herr Schneider. Das Kind liegt ganz normal und jede Frau schreit, wenn sie ein Kind bekommt.« Danach sollte sie kurz das Bettzeug aufschütteln und hinausgehen. Das ist ja einfach, dachte Gunhild, das würde sie doch mit links hinkriegen.

Schwungvoll marschierte sie am Tag der ersten Probe zur verabredeten Zeit in den Sender Freies Berlin. Sie fühlte sich großartig: Sie hat eine Filmrolle beim Fernsehen! Ihre Freundinnen platzten fast vor Neid und Bewunderung. Im Sender angekommen, lag die Krankenschwester-Garderobe für sie bereit, eine freundliche Frau in der Maske kümmerte sich um das makellose Aussehen der Nachwuchs-Schauspielerin. Gut gelaunt betrat Gunhild das Studio – und augenblicklich schmolz ihr Selbstvertrauen wie Schnee in der Sonne. Das gleißende Licht der riesigen Scheinwerfer blendete sie, überall liefen Menschen geschäftig herum, die wie Profischauspieler wirkten, und die Kamera sah aus wie ein schwarzes Monster.

»Fräulein Terzenbach, kommen Sie bitte. Wir proben gleich Ihre kleine Krankenzimmerszene. Ihren Text können Sie inzwischen auswendig?« Curt Götz-Pflug eilte ihr entgegen und zog sie ins grelle Scheinwerferlicht: »Ruhe! Alle mal kurz herhören! Die junge Dame hier ist Gunhild Terzenbach, sie übernimmt die Rolle der Krankenschwester, die unseren werdenden Vater beruhigt. Bitte alle auf ihre Plätze! Fräulein Terzenbach, bitte gehen Sie doch hier auf die rechte Seite des Krankenhausbettes und gucken Sie bei Ihrem Text und beim Aufschütteln des Bettzeugs unseres Patienten auf keinen Fall in die Kamera!«

»Ja …«, flüsterte Gunhild. Auf einmal war ihr Kopf völlig leer.

»Ton?« - »Ton läuft!«

»Kamera?« - »Kamera läuft!«

Aus dem Dunkel des Studios hörte sie die Stimme des Regisseurs: »Ihr Einsatz, Fräulein Terzenbach. Legen Sie los.«

Gunhilds Kopf war kurz vor dem Implodieren: Oh Gott – ihr Text! Wie ging der noch? Es waren doch bloß zwei harmlose Sätze! »Machen Sie sich keine Gedanken, Herr ...«

»Stopp! Nein, Fräulein Terzenbach. Es muss heißen: Machen Sie sich keine Sorgen. Bitte noch mal von vorne.«

»Machen Sie sich keine Sorgen, Herr ... Herr ...«. Mist! Wie hieß der Mann? Schmidt?

»Stopp! Schneider, Fräulein Terzenbach. Unser werdender Vater heißt Schneider. Bitte noch mal.«

Gunhild holte tief Luft. Das konnte doch nicht so schwer sein! Sie musste sich nur konzentrieren. »Machen Sie sich keine Sorgen, Herr Schneider. Das Kind ist ganz normal und ...«

»Stopp! Nein, Fräulein Terzenbach. Der Text lautet: ›Das Kind liegt ganz normal und jede Frau schreit, wenn sie ein Kind bekommt.‹ Bitte beginnen Sie doch einfach noch mal von vorne.«

Gunhilds Herz raste, Schweißperlen traten ihr auf die Stirn, ihre Hände waren eiskalt. In ihrem Kopf begann sich alles zu drehen.

»Stopp! Wir machen eine kurze Pause. Fräulein Terzenbach, ist Ihnen nicht wohl? Sie sehen so blass aus. Ella, hol' doch bitte mal ein Glas Wasser für unsere Krankenschwester.«

Curt Götz-Pflug manövrierte Gunhild aus dem Scheinwerferlicht hinaus zu einem Stuhl in einer ruhigen Ecke.

Dort saß sie wie ein Häuflein Elend. »Entschuldigung«, stotterte sie immer wieder. Sie konnte es selbst kaum fassen: Was war bloß los mit ihr? War sie allen Ernstes nicht in der Lage, diese beiden einfachen Sätze zu sagen? Bestimmt dachten die anderen schon, sie sei völlig blöd.

Sie atmete tief durch, die kleine Pause hatte ihr gutgetan. Im zweiten Anlauf ein paar Minuten später klappte die Szene ein bisschen besser, aber Gunhild wusste: Eine Meisterleistung hatte sie nicht abliefert.

Am Tag der Generalprobe, die alle am Set ›die heiße Probe‹ nannten, wachte sie mit einem flauen Gefühl in der Magengegend auf. Sie hatte furchtbare Angst, es zu vermasseln. Beim Betreten des Senders stieg ihr Lampenfieber. Als sie in Schwesterntracht ins Studio kam, zitterten plötzlich ihre Beine und Hände, als würden dort statt angenehmer 20 Grad Minusgrade herrschen. So konnte sie unmöglich vor die Kamera treten! Da fiel ihr ein, dass sie im Eingangsbereich ein Schild mit der Aufschrift Kantine gesehen hatte. Sie hatte noch etwa 20 Minuten Zeit.

»Ich bin gleich wieder zurück«, rief sie dem Regieassistenten zu und rannte mit wehender Krankenschwestertracht die Treppen hinunter zur Kantine. Wie sie gehofft hatte, standen im Kassenbereich kleine Fläschchen Chantré. Schnell griff sie sich eins, bezahlte und stürmte hinaus. Hinter einer großen Topfpflanze stehend schraubte sie den Flachmann auf und trank eilig ein paar Schlucke. Während der Weinbrand in ihrer Kehle brannte, merkte sie, wie sie ruhiger wurde. Sie versteckte das Fläschchen in der Tasche ihrer Kostümschürze und rannte die Treppen wieder hinauf. In der Garderobe angelte sie sich eine Packung Vivil aus ihrer Handtasche, damit niemand den

Alkohol roch. Dann betrat sie das Studio. Noch fünf Minuten bis zu ihrem Probenauftritt.

»Fräulein Terzenbach, Ihr Einsatz, bitte.«

Beherzt trat sie ins Rampenlicht, und siehe da: Der Chantré wirkte wahre Wunder. Das Zittern war wie weggeblasen, ihre beiden Sätze kamen ihr unfallfrei über die Lippen. Erleichtert atmete sie auf.

»Großartig, Fräulein Terzenbach! Geht doch! Das haben Sie dieses Mal wunderbar hinbekommen! Vielen Dank!« Der Regisseur klopfte Gunhild anerkennend auf die Schulter. »Genauso machen Sie das bei der Aufzeichnung.«

Am Morgen der Filmaufnahme war Gunhild zwar ein bisschen nervös, aber sie hatte ja ihren Flachmann für alle Fälle in der Tasche. Sollte das verflixte Zittern wiederkommen, würde sie wie beim letzten Mal ein paar Schlucke nehmen.

Im Sender herrschte Chaos. Die Nerven der Schauspieler lagen genauso blank wie die der anderen Leute am Set.

»Alle bereit machen für unsere letzte Probe! Wir machen nur einen kurzen Durchgang.« Die Stimme des Regieassistenten klang vor Nervosität schrill. Von der allgemeinen Aufregung angesteckt, nahm Gunhild vorsichtshalber heimlich ein Schlückchen Chantré.

Nach einer Stunde war der Probelauf erfolgreich beendet. In den zwei Stunden Pause bis zur endgültigen Aufnahme stieg die Spannung am Set ins Unermessliche.

»Noch zehn Minuten bis zum Dreh!« Während die Schauspieler sich bereit machten, verschwand Gunhild auf die Toilette, um einen Schluck aus dem Flachmann zu nehmen, doch als sie das kleine Fläschchen an die Lippen setzte, kam nichts! Die Flasche war leer. Ungläubig starrte sie das Ding an: Sie hatte vor der Probe offensichtlich den Rest ausgetrunken. Im ersten Moment war sie starr vor Schreck, aber dann erwachte ihr Kampfgeist: Sie würde das jetzt mit Anstand hinter sich bringen. Gleich würde sie da raus gehen und ihre Szene spielen, wie sie sie noch nie gespielt hatte!

Wie durch ein Wunder – oder dank des Weinbrands, den sie intus hatte – trug sie nicht nur souverän ihre beiden Sätze vor, sie schaffte es sogar, lässig das Bettzeug ihres Patienten aufzuschütteln. Gekonnt und ohne jedes Zittern brachte sie auch ihren Abgang aus der Szene hinter sich.

»Na? Wie ist es gelaufen? Erzähl!« Am nächsten Tag belagerten sie ihre Freundinnen regelrecht, kaum dass Gunhild in der Meisterschule eingetroffen war.

»Hat alles prima geklappt!«, berichtete sie stolz, »und von meiner Gage kaufe ich mir jetzt erst mal einen schönen, warmen Wintermantel.«

Dass sie vom Filmgeschäft die Nase voll hatte, erzählte sie ihnen an diesem Tag nicht. Dieser riesige Aufwand für so wenige Sekunden und das schreckliche Lampenfieber, das war nichts für sie. Stattdessen suchte sie sich lieber andere Jobs, wie den als Propagandistin für diese neue Brausemarke namens Coca-Cola. Nachdem das Geschäft bei ihr gut lief, heuerten auch ihre Brüder Baldur und Winfried dort an und seitdem war der familiäre Kühlschrank oft besser gefüllt als je zuvor.

»Willst du auch mal fahren? Das ist gar nicht schwer! Schau mal: Wenn du hier den rechten Lenkergriff zu dir drehst, gibst du Gas. Und das sind die Bremsen.« Otto erklärte Gunhild das Rollerfahren. Bislang hatte sie bei ihren kleinen Ausflügen nur hinter dem jungen Mann auf dem Roller gesessen und sich an ihm festgehalten. Doch an diesem schönen Sommerabend wollte er sie zum ersten Mal auf einem abgelegenen Feldweg selbst fahren lassen.

Den Ingenieurstudent Otto, ihren ersten Freund, hatte Gunhild beim Vivil-Verkaufen im Fußballstadion kennengelernt. »Dürfte ich Sie vielleicht mal zum Tanztee ausführen und auf ein Glas Wein einladen?«, hatte er sie schüchtern gefragt, nachdem er sein Vivil-Päckchen für 20 Pfennige bezahlt hatte. Ihr waren gleich seine schönen Hände mit den schlanken, eleganten Fingern und seine dunklen Augen aufgefallen. Wie ein scheuer junger Hund hatte er sie bei seiner Frage angeschaut und vermutlich mit einer sofortigen Abfuhr gerechnet. Als sie spontan Ja sagte, glühten seine Wangen vor Aufregung.

»Oh! Das ist ja wunderbar! Vielen Dank!«, hatte er gestammelt. »Vielleicht am kommenden Sonntag? Ich könnte mit meinem Roller vorbeikommen und Sie abholen. Ich kenne da ein sehr nettes Lokal an der Havel. Würde Ihnen das gefallen?«

Gunhild hatte unwillkürlich lachen müssen: »Ja, gerne! Aber vielleicht verraten Sie mir erst mal, wie Sie eigentlich heißen?«

»Ja, natürlich! Entschuldigung! Ich heiße Otto - und wie heißen Sie?«

Am nächsten Sonntagnachmittag holte Otto sie wie

versprochen mit seinem Roller von zu Hause ab. Gunhild hatte ihren Brüdern strengstens verboten, neugierig am Fenster zu stehen und zu glotzen. Dann waren sie gemeinsam zu dem hübschen Tanzlokal gefahren. Er hatte ihr ein Glas Wein spendiert, sie hatten getanzt und sich ein wenig befangen unterhalten. Seitdem hatten sie sich regelmäßig getroffen und hatten mit dem Roller Ausflüge gemacht.

Nun durfte sie das Rollerfahren endlich selbst ausprobieren. Seit Wochen hatte sie Otto damit in den Ohren gelegen. Mutig saß sie auf der Sitzbank des Rollers und drehte beherzt den Griff in ihre Richtung. Mit einem Satz sauste das Ding im Höllentempo los.

»Langsam! Du gibst viel zu viel Gas! Du musst bremsen! BREMSEN!«, brüllte Otto ihr hinterher. Aber da war es schon passiert: Gunhild hatte sich über den ungewollten Blitzstart dermaßen erschrocken, dass sie vor lauter Aufregung Gas und Bremsen verwechselte. Nur wenige Sekunden später lag sie samt Roller auf den Feldweg. Mit schmerzverzerrtem Gesicht betastete sie ihre rechte Seite. Alles tat ihr weh, die Arme und Beine waren aufgeschürft und der rechte Knöchel blutete stark.

»Hast du dich verletzt?« Otto kniete neben ihr auf dem Feldweg und war vor Schreck ganz blass geworden. Besorgt betrachtete er Gunhilds Verletzungen. »Kannst du aufstehen?« Gunhild biss die Zähne zusammen und rappelte sich mühsam mit Ottos Hilfe auf. »Komm, wir fahren erst mal zu mir nach Hause.« Otto inspizierte den Roller, der den Sturz unbeschadet überstanden hatte.

Daheim bei Otto humpelte sie zum Waschbecken und reinigte die Wunde. »Komm, trink erst mal einen Cognac auf diesen Schrecken.« Otto hielt ihr ein kleines Glas hin. Sie stürzte den Inhalt herunter und schüttelte sich, als sie das Brennen des Alkohols in ihrer Kehle spürte. »Otto, ich glaube, ich muss mit diesem Knöchel ins Krankenhaus. Kannst du mich mit dem Roller hinfahren?«

Der Arzt in der Notaufnahme sah sich erst den Knöchel und dann seine Patientin genauer an. Kopfschüttelnd fragte er: »Sagen Sie mal, liebes Fräulein: Wie haben Sie denn das geschafft?« Dabei nahm er eine leichte Alkoholfahne wahr.

»Ich wollte Rollerfahren lernen«, gestand ihm Gunhild.

»Vielleicht sollten Sie es beim nächsten Mal nüchtern versuchen«, meinte er mit ernstem Gesicht, während er ihre Wunden desinfizierte.

»Ich war nüchtern, als der Unfall passiert ist«, protestierte Gunhild, doch der Arzt kommentierte das nicht weiter sondern meinte: »Ich verbinde das jetzt und dann sollten Sie den Fuß erst mal lieber nicht belasten.«

Ein paar Monate später, der Knöchel war längst wieder heil und der schüchterne Otto inzwischen Geschichte, lernte Gunhild beim Coca-Cola-Verkaufen Heinz kennen. Bei einem Konzert auf der Waldbühne kaufte ihr dieser gut aussehende Handelsvertreter nicht nur eine Flasche Brause ab, sondern lud sie direkt zu einem Rendezvous ein. Er war einige Jahre älter als sie, was Gunhild besonders schätzte. Mit den jungen Herren in ihrem Alter konnte sie nichts anfangen, die erinnerten sie alle viel zu sehr an ihre vier Brüder. Heinz hatte außerdem einen nagelneuen, beigefarbenen Opel ›Olympia Rekord‹, mit dem sie zunächst kleine, dann immer größere Ausflüge und sogar eine Campingtour unternahmen.

Für ihre Semesterferien wollten sie zwei Wochen gemeinsam an die französische Riviera reisen. Gunhild ließ sich die verheißungsvollen Namen förmlich auf der Zunge zergehen: Monte Carlo! Nizza! Sie schmolzen im Mund wie köstliche Schokolade. Frankreich – das Land der Gourmets! Sie war gespannt auf die französische Küche, von der sie schon so viel gehört hatte.

Am Tag der Abreise wartete sie ungeduldig mit ihrem Koffer am Straßenrand. Als Heinz endlich mit seinem Opel um die Ecke bog, winkte sie ihm freudig zu.

»Dein Koffer muss auf die Rückbank, hinten im Kofferraum ist leider kein Platz mehr.« Schon hatte sich Heinz den Koffer seiner Freundin geschnappt und verstaute ihn auf dem Rücksitz.

»Was hast du denn um Himmels Willen alles eingeladen, dass im Kofferraum kein Platz mehr ist?«, fragte Gunhild lachend.

»Na, eben alles, was wir für einen Campingurlaub im Süden brauchen. Von den beiden Campingstühlen, dem Klapptisch - samt Tischdecke, wohlgemerkt -, bis zum Zelt, Luftmatratzen, Moskitonetz und natürlich jeder Menge Gulasch-Büchsen.«

»Gulasch-Büchsen?« Gunhild glaubte, sich verhört zu haben.

»Ja, Gulasch-Büchsen! Das Essen in Frankreich ist bestimmt wahnsinnig teuer. Deswegen nehmen wir einfach unsere Büchsen mit und kochen auf den Campingplätzen selbst. Dann geht das nicht so ins Geld.«

Gulasch! In Frankreich! Das konnte Heinz doch unmöglich ernst meinen. Ungläubig öffnete sie die Kofferraumklappe und traute ihren Augen kaum: Die Zahl der Dosen, die dort lagen, hätte für drei Monate gereicht.

Schnell klappte sie den Kofferraum wieder zu, sie wollte sich den Start in die Ferien doch nicht ausgerechnet von Gulasch vermiesen lassen.

Doch genau dieses Gulasch trieb Gunhild während des Urlaubs fast zur Weißglut. Bereits am ersten Abend, nachdem sie auf dem Campingplatz angekommen waren und ihr Zelt aufgebaut hatten, öffnete Heinz eine Büchse und erwärmte den Inhalt, ein Ritual, das sich fortan jeden Abend wiederholte. Neben dem eintönigen Essen störte Gunhild schon bald auch sein Geiz. Akribisch rechnete er ihr vor, was das Eis oder der Café au Lait kostete. Als sie sich einen hübschen Strohhut für den Strand kaufen wollte, schaute er sie so vorwurfsvoll an, als hätte sie die ganze Boutique gekauft. Bei jeder kleinsten Ausgabe rechnete er die Francs sofort in Mark um und wiegte dabei sorgenvoll den Kopf, dabei verdiente er als Handelsvertreter nicht schlecht. Gunhild versuchte, sich ihren Unmut nicht anmerken zu lassen und gab meistens nach. Schließlich hatte er sie zu diesem Urlaub eingeladen und sie wollte nicht undankbar sein. Nur in Monte Carlo ignorierte sie seinen Protest und zog ihn ins Casino.

»Los, Heinz! So schnell kommen wir bestimmt nicht mehr nach Monte Carlo. Wenigstens ein Spiel möchte ich im Casino spielen.«

Als er wie ein geprügelter Hund hinter ihr her trottete und griesgrämig neben ihr am Spieltisch stand, hatte sie an diesem kleinen Abenteuer auch keine Freude mehr.

Zurück in Berlin, trennte sich Gunhild bald von Heinz. An einem Abend nur wenige Tage nach dem Frankreich-Urlaub lernte sie ausgerechnet in der ›Paris Bar‹ Alex kennen. Sie war gemeinsam mit Studienkolleginnen und

-kollegen in Charlottenburg unterwegs und hatte ihnen schon leicht beschwipst von Heinz und seinen unzähligen Gulasch-Büchsen erzählt. Die Runde hatte sich köstlich darüber amüsiert und war noch immer lachend für einen Absacker in der Bar gelandet. »Hey Guni! Sollen wir fragen, ob sie vielleicht Gulasch für uns haben?« Johlend setzten sie sich an einen der Tische und führten das fröhliche Gelage fort.

Gleich beim Reinkommen hatte Gunhild den schönen Mann bemerkt, der mit einigen anderen jungen Männern am Tresen saß. Neugierig beobachtete sie, wie er seinen Freunden wild gestikulierend etwas erzählte. Es wunderte sie nicht, dass alle um ihn herum lachend an seinen Lippen hingen: Der Kerl hatte eine unglaubliche Ausstrahlung, es war fast unmöglich, nicht hinzugucken. Während sie an ihrem Gin-Tonic nippte, linste sie immer wieder verstohlen zu ihm hinüber und war fasziniert von seiner Lebendigkeit und seinem Charme. Plötzlich kreuzten sich für den Bruchteil einer Sekunde ihre Blicke und beide mussten unwillkürlich lächeln. Gunhild wandte sich aber gleich wieder ihren Freundinnen und Freunden zu, der sollte sich ja nichts einbilden!

Kurz darauf spürte sie eine Hand auf ihrer Schulter und bevor sie sich umdrehte, wusste sie bereits, wer hinter ihr stand. »Hallo, Leute! Entschuldigt bitte die Störung, aber dürfte ich euch diese bezaubernde junge Dame für einen Augenblick entführen? Schöne Unbekannte, ich würde Sie gerne zu einem Drink einladen – haben Sie vielleicht ein bisschen Zeit für mich?« Dabei lächelte er sie so strahlend und schelmisch an, dass ihr fast schwindelig wurde.

Gemeinsam saßen sie an der Bar, redeten, lachten und flirteten. Nach mehr als einer Stunde entdeckten sie plötzlich überrascht, dass ihre jeweiligen Freundinnen und Freunde im Aufbruch waren. »Sehen wir uns wieder?«, fragte Alex sie zum Abschied, aber das klang eher nach einer Feststellung als nach einer Frage.

Gunhild war hingerissen von diesem Mann. Alex war Schauspieler, Regisseur und ein echter Lebenskünstler, voller Neugier, Esprit und Humor. Sie liebte sein Lachen und seine unbekümmerte Leichtigkeit, mit der er durchs Leben zu tanzen schien. In seiner Nähe wirkte alles wie ein großartiges Spiel. Was für ein himmelweiter Unterschied zum geizigen Gulasch-Heinz oder dem braven Tanztee-Otto. Mit ihm entdeckte sie neue Welten, von denen sie bis dahin nicht einmal etwas geahnt hatte. Gemeinsam besuchten sie aufregende Partys und er machte sie mit seinen Freunden bekannt, die fast alle beim Film, Funk oder Fernsehen arbeiteten. Außerdem schien er die meisten Künstlerinnen und Künstler Berlins persönlich zu kennen. Gunhild schwirrte der Kopf von den vielen Gesichtern. All diese Namen konnte sie sich doch niemals merken, in der Regel hatte sie diese bereits vergessen, nachdem sie sich vorgestellt hatten.

Eines Tages fragte Alex sie, ob sie gemeinsam Judo ausprobieren wollten. Von dieser Sportart hatte sie noch nichts gehört, aber warum sollte man das nicht mal ausprobieren? Neugierig meldeten sie sich für einen Lehrgang an und kugelten alsbald mehr oder minder gekonnt in ihren weißen Judogi über die Matten. Schweißgebadet und mit blauen Flecken von versehentlich falsch ausgeführten Bewegungen standen sie nach jeder Trainingsstunde unter der Dusche. In den Tagen darauf hatten sie jedes Mal einen fürchterlichen Muskelkater, aber der Spaß war es ihnen wert. Doch nachdem Gunhild einem Zahnarzt versehentlich bei einem schwungvollen Wurf die Schulter ausgekugelt hatte, gab sie diese Sportart schnell wieder auf.

Die nächste Projektidee von Alex ließ nicht lange auf sich warten. »Kennst du eigentlich Aldous Huxley?«, fragte er sie eines Morgens beim Frühstück in seinem gemütlichen Bett.

Gunhild zuckte ratlos mit den Schultern: »Nie gehört«, gestand sie und trank einen Schluck Kaffee.

»Mensch Guni – du musst mal was für deine Allgemeinbildung tun! Das ist ein britischer Schriftsteller und Philosoph, der hat ›Brave New World‹ geschrieben. Dieses großartige Buch musst du unbedingt lesen.«

Gunhild gähnte. Sie war jetzt im letzten Semester der Meisterschule, in dem das Examen stattfand. Da reichten ihr die vielen Bücher, die sie vor allem für Kunstgeschichte auf ihrem Schreibtisch liegen hatte.

Aber Alex war schon aufgesprungen und kam mit dem Buch in der Hand ins Bett zurück. Zu Gunhilds Glück war es nicht das englische Original, sondern die deutsche Übersetzung ›Schöne neue Welt‹. »Pass auf, wir machen es so: Du liest jeweils ein Kapitel und dann diskutieren wir darüber, einverstanden?« Alex war Feuer und Flamme für dieses neue gemeinsame Bildungsprojekt.

»Na gut, wenn's sein muss …«, murmelte sie unbestimmt. Bevor er auf weitere dumme Gedanken kam, drückte sie ihm lieber einen zarten Kuss auf die schönen Lippen und zog ihn zurück unter die warme Bettdecke.

Zwei Wochen später lag Gunhild eines Nachmittags faul in Alex' Bett, während er sich im Garten mit Freunden zu einer Debattier-Runde traf. Auf diese Treffen, bei denen hitzig über Politik, Musik und Literatur diskutiert und philosophiert wurde, hatte sie keine Lust. Sie nahm das Buch ›Schöne neue Welt‹, das neben ihr lag, und schlug das nächste Kapitel auf, doch nach wenigen Sätzen schlief sie gelangweilt ein.

Als sie einige Zeit später aufwachte und überlegte, ob sie aufstehen sollte, flog plötzlich die Tür auf. »Hey Alex! Da bin ich! Oh - Entschuldigung! Ich wollte eigentlich zu Alex, ist der nicht hier?«, fragte der junge Mann mit einem merkwürdigen Dialekt, und sah sie erstaunt an.

Blitzschnell zog Gunhild die Bettdecke bis zur Nasenspitze hoch, um ihren nackten Körper zu bedecken. »Alex ist im Garten«, stotterte sie etwas verlegen, »soll ich dir den Weg dahin beschreiben? Ich kann dir das jetzt gerade nicht so gut zeigen …« Dabei wurde sie rot bis über beide Ohren.

»Bleib mal ruhig liegen – ich weiß, du hast nichts an. Ich find' das schon«, grinste der Kerl frech und verschwand.

Später am Abend fragte Alex sie mit süffisantem Unterton: »Na, wie war's mit Friedrich?«

»Welcher Friedrich?« Gunhild hasste es, wenn er sie mit den Namen seiner Freunde aufzog. Er wusste doch, dass sie sich die nie merken konnte.

»Na, Friedrich Gulda, der dich nackt in meinem Bett überrascht hat! Wir haben uns draußen kaputtgelacht, als er uns von der unverhofften Nackedei-Begegnung mit dir erzählt hat!«, lachte Alex.

»Ach der! Und was macht dieser Friedrich Gulda sonst so, wenn er nicht gerade ohne anzuklopfen in fremder Leute Schlafzimmer hineinspaziert?«

»Wer Friedrich Gulda ist?! Guni, du Kulturbanause! Friedrich ist der bekannte Pianist und Komponist aus Österreich! Er macht unglaublich tolle Sachen, ist sowohl in der Klassik als auch im Jazz unterwegs!«

Der Name sagte Gunhild mal wieder rein gar nichts, aber immerhin wusste sie nun, was er für einen Dialekt gesprochen hatte.

Ein Meisterstück!

Am Morgen des 17. Juli 1956 bekam Gunhild beim Frühstück zu Hause kaum einen Bissen hinunter. An diesem besonderen Dienstag sollte sie ihr Staatsexamen an der Meisterschule ablegen. Über den praktischen Teil der Prüfung machte sie sich keine Gedanken. Obwohl ihre Kommilitonen das Design ihres Abschluss-Tellers ›mutig‹ nannten, fühlte sie sich damit recht sicher. Es graute ihr jedoch vor dem theoretischen Teil.

»Möchtest du noch einen Kaffee, Gunhild? Oder ein Marmeladenbrot?« Gertrud Terzenbach konnte ihre eigene Nervosität kaum verbergen und lief ruhelos zwischen Herd, Kühlschrank und Esstisch hin und her, die Kaffeekanne in der einen und das Marmeladenglas in der anderen Hand.

»Noch ein Kaffee wäre gut.« Gunhild hielt ihrer Mutter die Tasse hin, dankbar für die relative Ruhe an diesem Morgen – eine Seltenheit bei der achtköpfigen Großfamilie. Nur Nesthäkchen Wilgard, das vor zwei Jahren auf die Welt gekommen war, brabbelte vor sich hin, während es an einem Apfelschnitz knabberte.

Um 10.05 Uhr begann die Prüfung. Einzeln traten die vier Prüflinge der Fachrichtung ›Porzellanmalerei und Keramik‹ vor die fünfköpfige Prüfungskommission, die aus Innungsminister Biesmann und den Fachlehrern bestand, und erläuterten ihre Werke.

Gunhild, die als Zweite in den Raum gerufen wurde, stellte ihren Prüfungsteller vorsichtig auf den Präsentationsständer. Sofort ging ein anerkennendes Raunen durch den Raum, einige Prüfer zogen verblüfft die Brauen hoch, andere rückten ihre Brillen zurecht. Gunhild hielt vor Aufregung den Atem an. Sie wusste, dass ihr Werk ungewöhnlich und sogar ein bisschen verwegen war. Würden die Prüfer es honorieren oder verurteilen, dass sie sich nicht an die klassischen Motive der Porzellanmalerei wie Blumen und Ranken gehalten hatte? Voll Überzeugung hatte sie für ihren Abschluss-Teller das Thema ›Freier Entwurf‹ gewählt, da sie zukünftig als kreative Entwurfsmalerin arbeiten wollte.

Der erste, der das Schweigen brach, war der Schuldirektor und Prüfungsausschussvorsitzende Jan Bontjes van Beek: »Ein Meisterstück! Ein echtes Meisterstück!« Er hatte Gunhilds Teller in die Hand genommen und drehte ihn ebenso fasziniert wie ungläubig hin und her: Das Porzellan war mit einem filigranen Motiv aus kleinen Würfeln und feinen Linien bemalt. Ein solch ungewöhnliches Design hinsichtlich der Farben und Formen war ihm noch nie untergekommen. »Werte Kollegen, Ihre Meinung bitte.«

Die Herren räusperten sich und warfen einen letzten Blick auf Gunhilds Teller. Dann redeten sie plötzlich alle gleichzeitig: »Ganz ausgezeichnet!« »Sehr kreativ und originell in der Formensprache!« »Handwerklich sehr sauber und fein ausgeführt.« »Ein mutiger Entwurf. Und gleichzeitig doch gefällig, sehr harmonisch und in sich geschlossen.« »Das Gesamtbild ist überraschend und überzeugend.«

Gunhild fiel ein Stein vom Herzen, am liebsten hätte sie laut gejubelt. Aber da sich das nicht gehörte, saß sie stattdessen artig auf ihrem Stuhl und erläuterte freundlich lächelnd die kreative Idee ihres Werkes. Nach dem Gespräch erhielt sie für ihren Teller von der Prüfungskommission als Ergebnis eine glatte Eins.

Nach der Mittagspause stand die theoretische Prüfung an. Innerlich haderte sie mit sich, dass sie, statt in die Bücher zu schauen, lieber mit Alex um die Häuser gezogen war, und betete, mit ihrem oberflächlichen Wissen trotzdem durchzukommen.

»Fräulein Terzenbach, bitte!«

Mit weichen Knien betrat sie den Prüfungsraum. Die Herren der Prüfungskommission sahen sie wohlwollend an, als Direktor Jan Bontjes van Beek das Gespräch eröffnete: »Fräulein Terzenbach, Ihr Prüfungsteller hat uns alle sehr überrascht, positiv überrascht, um genau zu sein. Aber wie Sie wissen, wenden wir uns nun dem theoretischen Teil Ihres Studiums zu. Wir beginnen mit der Kunstgeschichte: Bitte erläutern Sie uns die Parallelen und Unterschiede in den Werken von Cézanne und Rembrandt.«

Gunhild schluckte, im ersten Moment fiel ihr dazu gar nichts ein. Vor Schreck krampfte sich ihr Magen zusammen. Doch dann fiel ihr ein Gespräch mit Alex ein, das sich entwickelt hatte, als er sie bei der Vorbereitung auf die Prüfung abgefragt hatte. Stockend begann sie: »Natürlich gehören beide unterschiedlichen Epochen an und hatten auch sehr verschiedene Malstile. Was sie aber eint, ist ihr großer Einfluss auf die Kunstgeschichte.«

Allmählich redete sie sich in Schwung. Die abschließenden Fragen zu den Hintergründen, Arbeitsweisen und aktuellen Motiven der Berliner Porzellanmanufaktur ratterte sie nur so herunter. Dank dem Fachlehrer Ziegelbach konnte sie das alles im Schlaf herunterbeten.

Dann hatte sie es geschafft. Die fünf Prüfer baten sie höflich für einen Moment hinaus vor die Tür, um sich untereinander über die abschließende Note zu beraten. Die bangen Minuten draußen auf dem Gang fühlten sich für Gunhild wie Stunden an. Nervös lief sie vor der Tür auf und ab, dabei fragte sie sich, was die Prüfer so lange berieten. Sie wusste, dass sie bei der Frage zur Kunstgeschichte keine Glanzleistung gezeigt hatte, doch der Rest war doch hoffentlich in Ordnung gewesen.

Endlich streckte Innungsmeister Biesmann den Kopf zur Tür heraus und bat sie herein. Als sie sein freundliches Lächeln sah, atmete sie auf. Nach durchgefallen sah das nicht aus.

»Fräulein Terzenbach, herzlichen Glückwunsch! Sie haben die Prüfung erfolgreich bestanden. Die Prüfungskommission ist zu dem Ergebnis gekommen, dass wir Ihre Leistungen insgesamt mit einer Zwei also als ›Gut‹ bewerten können. Ausschlaggebend dafür war vor allem Ihr großartiger Abschlussteller. Der praktische Teil war absolut überzeugend, während wir hingegen im theoretischen Teil, vor allem im Fach Kunstgeschichte, die eine oder andere Schwäche wahrnehmen konnten. Aber: Wir sind zu der Überzeugung gelangt, dass wir in der Kombination aus Praxis und Theorie die Note ›Gut‹ für absolut gerechtfertigt halten angesichts Ihrer besonderen Talente, Fähigkeiten und Kenntnisse. Wir gratulieren Ihnen sehr herzlich und wünschen Ihnen für Ihre Zukunft alles Gute!«

3. NEUE WEGE

Knabbernüsse

Kurz nach Abschluss ihres Studiums bezog Gunhild ihre erste eigene Wohnung im Anbau einer prächtigen Villa mit der noblen Adresse ›An der Rehwiese, Potsdamer Chaussee, Berlin‹ neben der dänischen Botschaft, die sie einer Zufallsbegegnung an Fasching verdankte:

Mitten im bunten Karnevalstreiben hatte Gunhild Eckart Muthesius, den Sohn des bekannten Architekten Hermann Muthesius, kennengelernt. Da dessen Mutter Anna, die berühmte Sängerin, kurz zuvor gestorben war, bot ihr die Familie an, in deren Wohnung samt den Möbeln zur Untermiete zu wohnen. Ihr neues Zuhause lag Tür an Tür mit der Schlagersängerin Maria Duval, die gemeinsam mit ihrem Bruder Frank die Hitparade stürmte. Außerdem fanden im großen Garten der Muthesius-Villa hin und wieder Theateraufführungen statt, zu denen auch

Gerhart Hauptmann kam. Ehe sie sich versah, war Gunhild mittendrin im Getümmel der Berliner High Society und wurde umschwärmt von prominenten Verehrern und Liebhabern. Ein stadtbekannter Kritiker hätte sie am liebsten vom Fleck weg geheiratet, aber sie war nicht interessiert. Wieso sollte sie heiraten, wo sie gerade das unbeschwerte Leben genoss?

Diese neue Freiheit hatte jedoch ihren Preis: 100 Mark betrug die monatliche Miete für die Wohnung und da aus der ehemaligen Studentin Terzenbach inzwischen eine arbeitslose Porzellanmalerin geworden war, benötigte sie dringend Geld.

»Ach, Fräulein Terzenbach! Schön, Sie wiederzusehen! Wie geht es Ihnen? Sie sind ja lange nicht mehr hier gewesen.« Die Besitzerin des schicken Möbelgeschäfts in Charlottenburg freute sich sichtlich über Gunhilds Besuch. »Was haben Sie uns heute wieder Schönes mitgebracht?« Mit einem Lächeln deutete sie auf die große Umhängetasche.

»Guten Tag! Tut mir leid, dass es diesmal ein bisschen länger gedauert hat, ich musste in den letzten Wochen für mein Staatsexamen lernen. Aber dafür habe ich Ihnen jetzt einige meiner Kreationen aus dem letzten Semester mitgebracht. Vielleicht ist da etwas für Sie und Ihre Kundschaft dabei?« Gunhild stellte ihre Tasche ab und holte vorsichtig ein Porzellanstück nach dem nächsten hervor: Mokka-Sets, feine Teetassen samt Unterteller, eine ungewöhnlich geformte Obstschale und eine klassische Kaffeekanne. Zum Schluss stellte sie ihren Abschlussteller auf den Verkaufstresen. In den vergangenen Monaten hatte sich dieser kleine Handel zu einer guten Einnahmequelle entwickelt. Regelmäßig hatte sie den örtlichen Möbelgeschäften ihre

Kreationen aus dem Studium vorbeigebracht und viele Stücke hatten glückliche Käufer gefunden.

»Das ist ja ein ganz ausgefallenes Stück!« Anerkennend betrachtete die Chefin des Möbelgeschäfts Gunhilds Abschlussteller: »Dieses ungewöhnliche Design! Da wird unsere Kundschaft aber Augen machen. Und diese Obstschale da – ja, die könnte ebenfalls gut weggehen. Dazu nehme ich noch ein oder zwei Mocca-Sets. Das dürfte fürs Erste reichen.«

Gut gelaunt verließ Gunhild 20 Minuten später das Geschäft: Der Großteil der Miete war für diesen Monat gerettet. Doch nachdem ihre Stücke aus dem Studium fast alle verkauft waren, wurde es für sie höchste Zeit, einen anständigen Job zu finden.

»Kennen Sie sich mit Indianer-Spielzeug aus? Kleine Kriegsbeile, Zelte, Trommeln und solche Sachen? Wir suchen jemanden, der unser Kinderspielzeug mit hübschen Indianermustern verziert.«

Gunhild musste lachen. Vor einigen Jahren waren ihre kleinen Brüder mit ihren selbst gebastelten Mini-Bögen durch die Wohnung getobt und hatten die ganze Familie mit ihrem wilden Indianergeheul fast in den Wahnsinn getrieben. »Na und wie ich mich damit auskenne! Ich habe zwei jüngere Brüder, die haben monatelang nichts anderes gespielt, und ich male für mein Leben gern!«

Das Ehepaar war von diesem Fräulein Terzenbach, das sich um die ausgeschriebene Stelle als Bemalerin von Kinderspielzeug bewarb, recht angetan. Sie hatten sich mit ihrem über den Krieg geretteten Geld eine baufällige Baracke gemietet und wollten mit dem Spielzeug ins wieder auferstehende Wirtschaftsleben einsteigen.

Gunhild bekam den Job, doch schon nach wenigen Wochen langweilte sie sich fast zu Tode. Das Malen der immer gleichen Schlangen, Bären, Adler und Wölfe, zur Abwechselung ein paar geometrische, bunte Muster war alles andere als eine Herausforderung.

Nach einigen Wochen ergab sich für sie bei Sarotti, dem Marktführer in der Schokoladenproduktion, eine bessere Gelegenheit zum Geldverdienen. Hier hatte sie schon während ihres Studiums gejobbt und das Stanniol-Papier von Schoko-Osterhasen von Hand bemalt. Mit ihrem Staatsexamen bekam sie eine weitaus interessantere Stelle. Eine Bekannte hatte sie für die Entwurfsabteilung empfohlen und so designte Gunhild nun hochwertige Pralinenschachteln sowie edle Bonbonnieren. Es war ein guter Job und das teure Produkt genoss einen einzigartigen Ruf. Die exquisiten Pralinen von Sarotti waren so teuer, dass sich ihre Familie diese luxuriösen Köstlichkeiten höchstens zu besonderen Festtagen wie Ostern oder Weihnachten leisten konnte.

Zu den großen Annehmlichkeiten ihres neuen Arbeitsplatzes zählte der uneingeschränkte Zugriff auf leckere Schokolade: Regelmäßig brachte sie ihrer kleinen Schwester Wilgard heiß begehrte Bruchschokolade mit, außerdem konnte sie sich jederzeit kostenlos durch das gesamte Sortiment probieren. Zu Ostern gab es in diesem Jahr Schokoladen-Ostereier mit köstlicher Ananas-Füllung. Diese bildeten oftmals Gunhilds Frühstück, denn die Pralinen lagerten direkt hinter ihrem Arbeitsplatz auf großen Blechen. Sie musste sich nur umdrehen und zugreifen.

Bei ihr und ihrer Kollegin Anna, die ebenfalls ausgebildete Porzellanmalerin war, stand vor allem die Sorte

›Cognacbohne‹ hoch im Kurs, jedoch nicht etwa wegen der Schokolade. Jeden Tag um zwölf Uhr folgte das stets gleiche Ritual: »Komm, wir gehen Pralinen-Piken!« Anna grinste Gunhild verschwörerisch an. Die beiden steckten ihre Pinsel ein und schlenderten in die Produktionsabteilung. Dort schlichen sie sich an das Fließband mit den Cognac-Pralinen, das wegen der Mittagspause stillstand. Unauffällig vergewisserten sie sich, dass niemand da war, und stopften sich rasch die Taschen ihrer weißen Arbeitskittel mit Pralinen voll. Drüben im Pausenraum saßen die Arbeiterinnen und aßen ihre Stullen, doch Gunhild und Anna hatten etwas Gehaltvolleres im Sinn. In einer ruhigen Ecke hinter der Halle pikten sie mit ihren Pinseln vorsichtig zwei Löcher in die Schokolade, pusteten den Cognac aus den Pralinen in ein kleines mitgebrachtes Gläschen und warfen die leeren Schokoladenhüllen in den Papierkorb.

»Wohlsein! Wir haben eindeutig den besten Job der Welt, oder?«, kicherte Gunhild und leerte ihr Glas. Beschwingt kehrten die beiden dann an ihren Arbeitsplatz zurück, wo sich die anderen über das höchst alberne Gegacker der beiden jungen Kolleginnen wunderten.

Irgendwann hatten die beiden Frauen sowohl Schokolade als auch Cognac gründlich satt. »Ich hätte zur Abwechslung jetzt mal Lust auf etwas Salziges. Du auch?« Anna zwinkerte ihrer Freundin vielsagend zu. Gunhild fragte sich, wo sie hier etwas Derartiges auftreiben sollten, während sie Anna in die Produktionsabteilung folgte. Nachdem sie sich vergewissert hatten, dass keiner sie sah, schlichen sie sich an die Produktionsschiene mit den schokoladenüberzogenen Mandeln. Wieder stopften sie sich heimlich die Kitteltaschen voll, doch diesmal führte Anna sie zu den Damentoiletten.

»Und was machen wir hier?« Verwundert schaute Gunhild sich um. Gemütlich war es hier definitiv nicht.

»Dreh' mal den Hahn mit dem heißen Wasser auf!« Anna holte die Pralinen aus ihrer Manteltasche hervor.

»Und jetzt?« Gunhild war immer noch schleierhaft, was Anna hier wollte.

»Na ganz einfach: Wir waschen mit dem heißen Wasser die Schokolade von den Mandeln ab und dann streuen wir uns Salz drauf!« Anna grinste von einem Ohr zum anderen und zauberte aus ihrer Manteltasche einen kleinen Salzstreuer hervor.

»Anna …!« Jetzt hatte es bei Gunhild endlich Klick gemacht. Salzmandeln, was für eine hervorragende Idee!

»Fräulein Terzenbach, Sie sollen bitte zum Chef kommen. Jetzt gleich.« Die Sekretärin hatte nur kurz den Kopf zur Tür des Büros der Entwurfsabteilung hereingesteckt und war schon wieder verschwunden. Gunhild und Anna warfen sich einen besorgten Blick zu: Ein Besuch beim Chef konnte nichts Gutes bedeuten. Hoffentlich war ihre kleine Diebestour von neulich nicht aufgeflogen, sie brauchten beide diesen Job dringend.

»Herein!« Zaghaft betrat Gunhild das Büro ihres Vorgesetzten. »Setzen Sie sich doch bitte, Fräulein Terzenbach.«

Vorsichtig versuchte sie, die Stimmung ihres Chefs zu erfassen. Wirklich verärgert sah Herr Möhring nicht aus, doch womöglich war das nur so eine Masche von ihm. Unsicher setzte sich Gunhild vorne auf die Kante des Stuhls, der vor dem mächtigen Schreibtisch stand, und wartete auf die Standpauke.

»Fräulein Terzenbach, vielen Dank, dass Sie gleich vorbeikommen sind. Ich habe Sie rufen lassen, weil ich gerne etwas mit Ihnen besprechen möchte.«

Unsicher sah sie ihn an. »Gerne, um was geht es denn bitte, Herr Möhring?«, fragte sie mit möglichst fester Stimme.

»Sie haben da neulich einen Entwurf für uns gemacht«, er wühlte in den Papierstapeln seines völlig überladenen Schreibtisches herum und sah nicht, wie seine Mitarbeiterin verstohlen tief durchatmete. Sie schien noch mal Glück gehabt zu haben, das klang nicht nach Kündigung. »Ach, da hab' ich ihn. ‚Knabbernüsse' lautete der Auftrag. Also ich muss sagen: Donnerwetter, da haben Sie sich etwas ganz Besonderes einfallen lassen. Die verschiedenen Nüsse, die Sie so liebevoll und detailgetreu gemalt haben, sehen sehr ästhetisch und appetitlich aus! Herzlichen Glückwunsch zu diesem außerordentlich gelungenen Entwurf! Wir haben heute Morgen in der Abteilungsleiterrunde darüber gesprochen und entschieden, Ihre Zeichnung bereits für die nächste Charge zu verwenden und in unser Sortiment zu übernehmen. In vier Wochen gehen die Knabbernüsse mit Ihrem Bild in Serie. Na, was sagen Sie dazu?«

»Oh! Das ist großartig! Ich fühle mich sehr geehrt. Vielen Dank, Herr Möhring!« Gunhild fiel ein Stein vom Herzen. Statt einer Kündigung oder eines Verweises ging ihr Entwurf in Serie. Das war ein regelrechter Ritterschlag, wie sie wusste, schafften es nur die wenigsten Entwürfe in eine Serien-Produktion bei Sarotti.

»Wir bedanken uns bei Ihnen für die gute Arbeit, die Sie hier leisten. So und jetzt wieder an den Schreibtisch mit Ihnen! Malen Sie uns gerne mehr solcher beeindruckenden Entwürfe, wertes Fräulein Terzenbach!« Gunhild war schon fast aus der Tür hinaus, als er sie noch einmal zurückrief: »Das hätte ich ja beinahe vergessen! Sie erhalten natürlich eine Gratifikation für diesen besonderen Entwurf.«

»Vielen Dank, Herr Möhring! Darüber freue ich mich sehr.« Gunhild lächelte ihm freundlich zu, schloss die Tür hinter sich und stürmte zurück in ihr Büro, um Anna brühwarm diese Neuigkeiten zu berichten.

Nachdem ihr befristeter Vertrag bei Sarotti einige Monate später auslief, begann die Jobsuche wieder von vorne. Für eine Frau war es damals alles andere als einfach, eine gute Stelle zu bekommen, doch der Zufall meinte es wieder einmal gut mit ihr. Als sie einem Bekannten ihr Leid klagte, fragte er sie, ob sie sich vorstellen könnte, mit Kindern und Jugendlichen zu arbeiten. »Ich habe gehört, dass der German Youth Activities Club der amerikanischen Airbase am Flughafen Tempelhof so eine Art Basteltante für Kinder sucht. Bewirb dich doch einfach mal, vielleicht hast du ja Glück. Schließlich hast du fünf Geschwister, da bringst du die notwendigen Qualifikationen garantiert mit«, meinte er augenzwinkernd.

Ohne allzu viel Hoffnung und ohne große Motivation setzte Gunhild ein Schreiben auf und schickte es an die angegebene Adresse. Zu ihrer großen Überraschung wurde sie kaum zwei Tage später zum Gespräch eingeladen. Bei Coca-Cola und Keksen plauderte sie mit dem feschen amerikanischen Offizier, der ihr zum Schluss die Hand gab und sagte: »Willkommen, Gunhild! Können Sie vielleicht gleich nächste Woche Montag bei uns anfangen?«

›Bitte sprechen Sie mir nach‹

In ihrer Freizeit widmete sich Gunhild einem neuen Projekt. Ihr Freund Hermann hatte sich einen schicken englischen Sportwagen der Marke Sunbeam zugelegt in schwarz, mit knallroter Echtleder-Ausstattung. Nachdem er ihr seinen alten schwarzen Käfer geschenkt hatte, der wegen seiner geteilten Heckscheibe ›Brezelkäfer‹ genannt wurde, wollte sie unbedingt den Führerschein machen.

»Jetzt links abbiegen.« Klaus Schmidt deutete auf die nächste Straße vorne links.

»Jetzt links abbiegen.« Brav wiederholte seine Fahrschülerin Gunhild Terzenbach den Satz.

»Dafür setzen wir links den Blinker, indem wir den Hebel nach unten drücken.«

»Dafür setzen wir links den Blinker, indem wir den Hebel nach unten drücken.«

»Sehr gut, Fräulein Terzenbach. Immer schön mir nachsprechen. Und nicht vergessen: Vor dem Abbiegen Schulterblick nach links, damit Sie niemanden umfahren.«

»Jawohl: Vor dem Abbiegen Schulterblick nach links, damit ich niemanden umfahre.«

»Und erinnern Sie sich, was es sonst noch beim Linksabbiegen zu beachten gibt?« Gespannt sah er sie von der Seite an, ob sie sich daran erinnerte.

»Ach ja, ich hab's: Linksabbieger haben entgegenkommende Fahrzeuge vorbeifahren zu lassen. Richtig?«

»Sehr gut, Fräulein Terzenbach. Genau richtig.« Erleichtert atmete er auf, das klappte doch schon gut.

Es war Gunhilds achte Fahrstunde und inzwischen hatte sie sich an das Autofahren etwas gewöhnt. Die ersten paar Stunden hingegen waren die reinste Katastrophe gewesen, für Fahrschülerin wie Fahrlehrer, vom Fahrschulauto ganz zu schweigen. Fahrlehrer Klaus Schmidt hatte bislang fast ausschließlich männliche Fahrschüler gehabt, Frauen hatten sich bisher selten nach dem Erwerb des Führerscheins erkundigt. Da nun die Nachfrage der Frauen deutlich stieg, hatte er sich die ›Mitsprech-Methode‹ ausgedacht. Seiner Erfahrung nach war diese Variante des praktischen Unterrichts besonders gut dafür geeignet, Anfängern die Angst zu nehmen und sogar schwierige Fälle behutsam an die Kunst des Autofahrens heranzuführen. Hierzu sprach er einen Satz vor, den die Fahrschüler nachsprechen und die entsprechenden Anweisungen ausführen mussten. Das Fräulein Terzenbach gehörte eindeutig zur Kategorie ›schwierige Fälle‹, doch dank der Mitsprech-Methode hatte sie in den vergangenen Fahrstunden gute Fortschritte erzielt.

Erfreut stellte Klaus Schmidt fest, dass dem Fräulein Terzenbach das Autofahren sogar Spaß zu machen schien. Zu Beginn des Fahrunterrichts hatte das Mädel zwar stolz hinter dem Lenkrad gesessen und gelenkt, während er das Schalten, Blinken, Gas geben und Bremsen übernommen hatte. Dabei hatte er aus dem Augenwinkel heraus beobachtet, dass sie wie Queen Mum höchstpersönlich in seinem Fahrschulkäfer gesessen und es sichtlich genossen hatte, kreuz und quer durch Berlin zu fahren und die bewundernden Blicke der Leute einzufangen, für die eine Frau am Steuer nach wie vor ein ebenso seltener wie überraschender Anblick war. Nach und nach hatte er ihr dann die anderen Aufgaben erklärt und übertragen. Als sie schließlich selbst kuppeln und schalten sollte, hatte er jedes Mal schmerzvoll das Gesicht verzogen, wenn das Getriebe seines armen Autos krachte. Zum Glück gelang das inzwischen besser und allmählich dachte er darüber nach, sie für die Prüfung anzumelden.

Zwei Wochen später war es so weit. »Hallo, Fräulein Terzenbach! Heute tun wir beide mal so, als wäre das Ihre Fahrprüfung und nicht einfach nur eine x-beliebige Fahrstunde. Mal sehen, wie diese Vorprüfung so läuft. Also nicht wundern: Ich sage Ihnen heute nicht mehr vor, was Sie zu tun haben, sondern gebe nur Anweisungen. Kann's losgehen?«

Klaus Schmidt war guten Mutes: In den beiden vergangenen Wochen war Fräulein Terzenbach immer sicherer durch den Verkehr gekommen und hatte den Fahrschulkäfer gekonnt gesteuert. Doch heute war sie seltsam blass um die Nase. Hatte sie etwa Prüfungsangst?

»Herr Schmidt … Es geht nicht …« Gunhild hatte sich auf den Fahrersitz gesetzt. Aus heiterem Himmel war plötzlich dieses blöde Zittern wieder da.

»Aber Fräulein Terzenbach, Sie haben das neulich doch schon ganz wunderbar gemacht. Nur Mut! Das schaffen Sie schon!«

»Nein. Es tut mir leid, aber mein linkes Bein zittert plötzlich. Ich kann überhaupt nicht das Kupplungspedal treten.« Gunhild war den Tränen nahe. Seit den Filmaufnahmen war dieses unkontrollierbare Zittern nicht mehr aufgetreten und ausgerechnet bei dieser Vorprüfung für ihren Führerschein war es wieder da.

»Jetzt entspannen Sie sich erst mal, junge Dame. Das kriegen wir schon hin. Für heute lassen wir den Käfer stehen und üben noch ein bisschen die Theorie. Und wenn Ihre Führerscheinprüfung dann demnächst ansteht, dann trinken Sie vorher einen ordentlichen Schluck Cognac, das hilft garantiert gegen Ihre Prüfungsangst. Aber vergessen Sie nicht, danach ordentlich Vivil zu kauen, damit der Prüfer nichts merkt. Und pssst, das mit dem Cognac bleibt natürlich unser kleines Geheimnis.«

Am Tag ihrer Führerscheinprüfung war Gunhild bestens gerüstet: In ihrer Handtasche steckte ein Flachmann mit Cognac sowie jede Menge Pfefferminz-Bonbons. »Wollen Sie auch einen Schluck?« Fürsorglich hielt Gunhild ihrem Fahrlehrer die kleine Flasche hin.

»Nein, vielen Dank, ich trage ja schließlich die Verantwortung.« Verschwörerisch blinzelte Herr Schmidt ihr zu.

Zehn Minuten später saßen sie mit dem Prüfer, der hinten auf dem Rücksitz des Fahrschulkäfers Platz genommen hatte, im Auto. Während der Herr auf der Rückbank seine Papiere sortierte, warf Klaus Schmidt seiner Fahrschülerin unauffällig einen fragenden Blick zu, ob alles in Ordnung sei. Gunhild grinste zurück und nickte unmerklich. Dank des Cognacs war das gefürchtete Zittern ausgeblieben.

»Na, dann wollen wir mal, Fräulein Terzenbach. Bitte starten Sie jetzt den Motor und dann fädeln wir uns ganz locker in den Verkehr ein.« Die Stimme des Prüfers klang aufmunternd.

»Sehr gerne!« Gunhild startete den Motor, löste die Handbremse, schaute ordnungsgemäß vor dem Start nach rechts und links und fuhr souverän mit den beiden Herren vom Hof der Fahrschule auf den Columbiadamm. Sie fühlte sich gut, vom Zittern war nichts zu merken und der Cognac hatte ihre Zunge gelöst. Professionell kommentiert sie, was sie tat:

»An die Straßenbahn, die dort hält, schleichen wir uns ganz langsam ran, warten, lassen die Fahrgäste aus- und einsteigen, und dabei passen wir gut auf, ob nicht jemand plötzlich die Fahrbahn überquert.«

Ihr Fahrlehrer schmunzelte und nickte Gunhild unauffällig zu, während die Bewunderung des Prüfers minütlich stieg. »Prachtvolles Mädel! Das macht ja richtig Spaß, so eine Prüfung abzunehmen!« Seine Papiere hatte er längst neben sich gelegt. Wohlwollend nickte er mit dem Kopf. Diese junge Dame fuhr ausgesprochen gut und wirkte dabei völlig entspannt. 45 Minuten später bog das Trio wieder auf den Hof der Fahrschule. Gunhild stellte den Motor aus, zog die Handbremse an und warf vor dem Aussteigen einen letzten Blick über die Schulter.

»Glückwunsch, Fräulein Terzenbach! Sie haben Ihre Fahrprüfung mit Bravour bestanden!« Begeistert umarmte der Prüfer sie spontan, Gunhild hielt vorsichtshalber die Luft an, damit er den Cognac nicht roch.

»Ach, jetzt haben wir ja ganz die Theorie vergessen!« Der Prüfer schlug sich die Hand an die Stirn. »Wissen Sie was – kommen Sie noch mal schnell mit ins Büro von Herrn Schmidt. Da hängen die ganzen Verkehrszeichen.«

Nach ein paar Fragen zu den Verkehrsschildern hatte Gunhild auch diesen Prüfungsteil bestanden und hielt kurz darauf ihren Führerschein in der Hand.

Nur wenige Stunden später knatterte ein schwarzer Brezel-Käfer, Baujahr 1953, trotz der winterlichen Temperaturen an diesem Januartag mit geöffnetem Schiebedach den Kurfürstendamm hinauf und hinunter. Gunhild saß am Steuer ihres ersten eigenen Autos und sang vor Glück laut vor sich hin. Endlich durfte sie ihren Käfer selbst fahren. Nach der Prüfung hatte ihr Herr Schmidt gezeigt, wie das mit dem Zwischengas funktionierte, da das Getriebe ihres alten Autos, im Gegensatz zum Fahrschulkäfer, nicht synchronisiert war. Doch diese Kniffe hatte sie im Handumdrehen raus und genoss das neue Lebensgefühl von Freiheit und Unabhängigkeit.

Anstandsdame

Der Führerschein und der alte Käfer waren schon bald wichtige Bestandteile von Gunhilds jüngster Geschäftsidee. Um ihr mageres Gehalt beim Youth Club aufzubessern und zum kreativen Ausgleich, stellte sie zuhause Emaille-Schmuck her. Sobald sie eine kleine Kollektion an Anhängern, Manschettenknöpfen und Ringen fertiggestellt hatte, lud sie den Schmuck in den Käfer und klapperte Berlins Kunstgewerbegeschäfte ab. Schnell zeigte sich, dass dieses Geschäftsmodell ähnlich wie der Verkauf ihres Porzellans nach dem Studium gut anlief.

Im Youth Club standen die Zeichen derweil nicht zum Besten. Eines Tages nahm sie der amerikanische Offizier, der sie damals eingestellt hat, zur Seite: »Gunhild, sorry, aber wir werden den Youth Club in ein paar Wochen schließen. Du hast hier bei uns gute Arbeit geleistet, daher habe ich mich beim Berliner Senat dafür eingesetzt, dass du, wenn du möchtest, beim Amt für Jugend und Sport einen unbefristeten Vertrag bekommst. Du würdest als pädagogische Mitarbeiterin in einem Jugendheim in Dahlem arbeiten. Überleg‘ es dir und sag mir dann Bescheid.«

Gunhild schwirrte der Kopf, darüber musste sie erst einmal in Ruhe nachdenken. Wollte sie überhaupt als ›pädagogische Mitarbeiterin‹ arbeiten? Die Beschäftigung mit den Kindern ging ihr zwar leicht von der Hand, aber eigentlich fehlte ihr die Herausforderung. Der Vorteil dieses Jobs war, dass sie nebenbei ihren Schmuck herstellen konnte und ihr genug Zeit für die vielen Abenteuer blieb, die ihr Leben so herrlich bunt machten. Außerdem klang ein unbefristeter Vertrag beim Senat sehr verlockend und Dahlem gehörte zu der feinsten Berliner Wohngegend.

Da ihr die Alternativen fehlten und das Angebot finanzielle Sicherheit bedeutete, nahm sie die Stelle an.

Nach ihren ersten Wochen im neuen Job rief sie Herr Koch, der Leiter des Dahlemer Jugendheims, in sein Büro. »Fräulein Terzenbach, Sie haben ja, wie ich bereits mehrfach feststellen durfte, geradezu vorbildliche Manieren«, begann er mit einem gönnerhaften Lächeln. Gunhild sah ihn freundlich an und rätselte gleichzeitig, was ihre Arbeit mit den jungen Leuten mit ihren Manieren zu tun haben könnte. »Sie haben außerdem, wie ich ebenfalls erfreut feststellen durfte, auch in Punkto Kleidung und Auftreten Stil und einen ausgezeichneten Geschmack.«

Langsam wurde sie ungeduldig, konnte dieser Mann endlich mal auf den Punkt kommen? »Deswegen kam mir die Idee, dass ich Ihre Kompetenzen gerne in unser pädagogisches Konzept sowie unsere Arbeit mit unseren jugendlichen Klienten einbinden würde. Kurzum: Könnten Sie sich vorstellen, dass Sie hier im Haus so eine Art ›Benimm-Kurse‹ anbieten? Ihre Aufgabe wäre es, unseren Jugendlichen gute Manieren sowie mehr Sicherheit bei allen Stil- und Geschmacksfragen beizubringen, damit sie für die künftigen gesellschaftlichen Herausforderungen besser gerüstet sind.«

Gunhild schmunzelte, daher wehte also der Wind, sie sollte eine Art Anstandsdame werden, wie damals Fräulein Göbel bei der Familie Richter auf dem schlesischen Schloss. Nichts einfacher als das, mit Tischmanieren und gepflegter Konversation kannte sie sich aus. »Natürlich, Herr Koch, das kann ich mir gut vorstellen.«

»Großartig, Fräulein Terzenbach. Dann sollten wir in den nächsten Tagen über das pädagogische Konzept und die konkreten Inhalte reden.« Herr Koch war sichtlich angetan.

Wenige Wochen später verwandelte sich die Dahlemer Villa in ein improvisiertes Restaurant. Bei selbst gemachtem Toast Hawaii lernten die Jugendlichen, wie man sich als Dame oder Herr im Restaurant zu benehmen hatte. Vom Tür-Aufhalten, Mantel abnehmen und Stuhl zurechtrücken bis zu anständigen Essmanieren, korrekter Benutzung des Bestecks und angeregter Plauderei bei Tisch wurde alles geübt.

Die Benimm-Kurse funktionierten so gut, dass sogar die Berliner Gazetten auf das neue pädagogische Konzept aufmerksam wurden und über das innovative Engagement im Haus der Jugend berichteten. Der Medienrummel gefiel Herrn Koch und schon bald plante er, dieses Angebot um eine Musterwohnung zu erweitern, die Gunhild gemeinsam mit den Jugendlichen einrichten sollte. Damit sollte ihnen eine moderne Wohnkultur vermittelt und ihr Geschmack und Stil geformt werden.

Der Erfolg interessierte Gunhild im Grunde herzlich wenig, für sie war das Ganze nur ein Job. Am liebsten schickte sie die kleineren Kinder nach draußen und drückte den Jugendlichen ein pädagogisch wertvolles ›stil- und geschmacksbildendes Buch‹ in die Hand, um mit ihrem Kollegen ungestört eine Partie Billard zu spielen.

Das Einrichten der Musterwohnung war für Gunhild ein Kinderspiel. Was sie viel mehr beschäftigte, war das Erscheinungsbild ihres Käfers. Mittlerweile war der schwarze Lack stumpf geworden und vor lauter Patina glänzte nichts mehr an ihm. Bei einem Besuch in der Werkstatt ließ sie ihn in das angesagte Weiß umlackieren und erkundigte sich, was der Austausch des Motors kosten würde, da das alte Modell es nur mit Ach und Krach auf kümmerliche 65 km/h schaffte. Es war ihr ein Rätsel, wie sie es trotzdem geschafft hatte, drei Mal wegen überhöhter Geschwindigkeit gestoppt zu werden, das musste an der abschüssigen Potsdamer Chaussee liegen.

4. DAS FRÄULEIN FÜR DIE FARBEN

Bewerbung als ›Farbenfachmann‹

»Bei VW in Wolfsburg wird ein Fachmann für Farben gesucht – das ist doch was für dich!« Willy Terzenbach hielt seiner Tochter eine aus der Zeitung ausgeschnittene Stellenanzeige unter die Nase.

Gunhild war zum Sonntagskaffee bei ihrer Familie und bereute es augenblicklich. Bei jedem Besuch zog ihr Vater irgendwelche Stellenangebote aus der Tasche, dabei hatte sie eine gute Stelle mit unbefristetem Vertrag. Sie musste zwar zugeben, dass sie der Job im Jugendheim allmählich langweilte, doch auf diesen Aufwand mit Bewerbung Schreiben und Zeugnisse Zusammensuchen hatte sie wenig Lust. Außerdem war diese Stelle, die er ihr vorschlug, nicht in Berlin, sondern in Wolfsburg, sie wusste nicht mal, wo dieser Ort überhaupt lag. Mehr aus Höflichkeit, denn aus Interesse warf sie einen Blick auf die Anzeige:

Das Volkswagenwerk sucht für Entwicklungsaufgaben auf dem Gebiet der Farbgebung von Karosserien und Innenausstattungen einen

Farben-Fachmann

Er sollte im koloristischen Bereich und in der Farben-Psychologie Erfahrungen nachweisen, die durch eine Ausbildung auf einer Werkkunst- bzw. einer Textil-Ingenieurschule maßgeblich geprägt wurden und sich mit einem guten Formengefühl und Stilempfinden verbinden, um Innenausstattungen auch entwerfen zu können. Den geeigneten Bewerber erwartet eine weitgehend selbstständige Tätigkeit, die – von der Aufgabe her gesehen – sowohl interessant und vielseitig als auch ausbaufähig ist. Bitte lassen Sie unserer Personalabteilung Ihre Bewerbung (mit Lebenslauf, Tätigkeitsnachweise, Zeugnisabschriften und Gehaltswünschen), aus der wir Ihre Eignung ersehen können, zugehen.«

»Mensch Papa, das wird doch sowieso nichts. Ich habe da doch überhaupt keine Chance. Die suchen einen Mann und keine Frau, und was soll ich überhaupt in Wolfsburg?«

»Das heißt doch gar nichts. Versuch es doch einfach mal!« Willy hätte sich bei dieser Gleichgültigkeit schon wieder die Haare raufen können. Dass sie in diesem Jugendheim nicht ausgelastet war, sah ein Blinder mit einem Krückstock. Aber anstatt nach spannenden Jobangeboten Ausschau zu halten, lebte sie einfach in den Tag hinein. Er war überzeugt, dass sie es mit etwas mehr Ehrgeiz und Courage weit bringen konnte, trotzdem musste man sie für alles in den Hintern treten.

»Dann schreib‘ du denen doch«, murrte Gunhild, stand auf und griff nach Handtasche und Mantel. »Ich muss dann mal wieder.«

»Gunhild, bitte: Ich will doch nur dein Bestes. Du könntest es wenigstens versuchen«, wagte Willy einen letzten Überzeugungsversuch, aber seine Tochter war schon zur Tür hinaus. Er drehte sich um und ließ sich ihre Worte durch den Kopf gehen. ›Dann schreib du denen doch‹ hatte sie gesagt, und genau das würde er jetzt tun. Einen Versuch war es wert, immerhin war diese Methode bei der Meisterschule schon erfolgreich gewesen.

Vierzehn Tage später lag ein Antwortschreiben von VW im Briefkasten der Familie Terzenbach. Die Personalabteilung von VW bedankte sich für die Bewerbung, sie hätten das Schreiben mit großem Interesse gelesen und würden Fräulein Terzenbach hiermit zu einem Vorstellungsgespräch einladen.

»Gunhild, ich habe da etwas für dich«, flötete Vater Willy zwei Tage später mit Unschuldsmiene, als Gunhild anlässlich des Geburtstages ihrer Mutter zu Besuch war, und hielt ihr das Schreiben hin.

»Was?! Jetzt sag‘ nicht, dass du denen wirklich in meinem Namen geschrieben hast!« Gunhild starrte ungläubig erst das Schreiben, dann ihren Vater an.

»Doch, natürlich. Hast du doch selbst gesagt, dass ich das machen soll.« Willy Terzenbach grinste von einem Ohr zum anderen.

»Oh Gott, das ist ja schon nächste Woche! Was soll ich denn da bloß anziehen? Und wie lange brauche ich mit dem Käfer von Berlin nach Wolfsburg? Wo ist Wolfsburg überhaupt?«

»Bei der Frage nach der geeigneten Kleidung kann ich dir nun wirklich nicht helfen. Aber was die Strecke angeht, solltest du mit deiner alten Klapperkiste mindestens drei bis vier Stunden Fahrzeit einplanen. Viel Erfolg, mein großes Mädchen!«

Braun gebrannt, in einem kamelhaarfarbenen klassischen Kostüm samt weißer Bluse, saß Gunhild in ihrem weiß lackierten Käfer, der inzwischen mit einem stärkeren Motor ausgestattet war, und machte sich auf den Weg gen Wolfsburg. Als sie nach der fast vierstündigen Fahrt ankam, stockte ihr beim Anblick der Firmenzentrale der Atem. Sie stand vor einem beeindruckenden, stilvollen Gebäude, der Empfangsbereich war aus echtem Marmor, moderne Lampen, die eher Kunstwerken glichen, tauchten das Foyer in mildes Licht. So vornehm hatte sie sich das Werk des Autobauers gar nicht vorgestellt.

Die Dame am Empfang begrüßte sie freundlich und begleitete sie zur Personalabteilung. Gunhild kam ob der großzügigen Flure und des weitläufigen Außengeländes aus dem Staunen gar nicht mehr heraus.

In einem Tagungsraum, dessen Wände in hellen Ockertönen gehalten waren, wurde sie von drei Herren erwartet, die an einem großen gläsernen Konferenztisch in gepolsterten Lederstühlen saßen. Auf ihre gebräunte Haut angesprochen, plauderten sie nach der freundlichen Begrüßung zunächst angeregt über ihren Sylt-Urlaub, dann wechselte das Gesprächsthema allmählich zu ihrem Studium der Porzellanmalerei und ihrem Meister-Teller. Mit leuchtenden Augen erzählte Gunhild von ihren Schmuckkreationen aus Emaille, ihrer Arbeit im amerikanischen Youth Club und ihrer Stelle im Jugendclub beim Berliner Senat.

Interessiert fragten die Herren nach ihren Ideen zur Gestaltung der modernen Musterwohnung, die sie dort mit den Jugendlichen entwickelte.

Während des Gesprächs war Gunhild die Ruhe selbst. Da sie einen unbefristeten Vertrag besaß, machte es nichts, wenn sie nicht genommen wurde. Außerdem war diese Bewerbung ja nicht ihre Idee, wieso sollte sie sich deshalb verrückt machen? Charmant gab sie Auskunft und stellte ein paar Fragen zu der ausgeschriebenen Stelle. Erst als sie am Nachmittag mit ihrem Käfer auf dem Heimweg war, fiel ihr ein, dass sie gar nicht über Geld gesprochen hatten. Gleichgültig zuckte sie mit den Schultern. Das hätte sie schon mal fragen können, doch egal, sie hatte das eben vergessen. Das Gespräch war ansonsten angenehm verlaufen, dennoch machte sie sich nicht viele Hoffnungen bezüglich der Stelle. Zum einen hatte sie von Autos und Technik überhaupt keine Ahnung und zum anderen suchte VW einen Farbenfachmann und keine Frau, daher zerbrach sie sich nicht weiter den Kopf.

Sehr geehrtes Fräulein Terzenbach,
wir freuen uns, Ihnen mitteilen zu können, dass wir uns bezüglich der ausgeschriebenen Stelle für Sie als neue Sachbearbeiterin unserer Abteilung Farben & Stoffe entschieden haben.
Beginn Ihres Arbeitsverhältnisses ist der 1. November 1964.
Bitte klären Sie alles weitere mit unserer Personalabteilung.
Wir freuen uns auf Sie und senden hochachtungsvolle Grüße.

Am Montag, den 2. November 1964, stand Gunhild kurz nach 8.30 Uhr zum zweiten Mal vor der VW-Firmenzentrale. Vor lauter Aufregung hatte sie die halbe Nacht nicht geschlafen. Am Tag zuvor war sie mit zwei großen

Koffern auf dem Rücksitz ihres Käfers in Wolfsburg angekommen und hatte sich ein Zimmer in einem Hotel gemietet. Auch wenn VW die Kosten übernahm, solange sie keine Wohnung hatte, wollte sie nach Feierabend direkt mit der Suche beginnen.

»Guten Morgen, Fräulein Terzenbach, und herzlich willkommen bei VW!« Eine junge Dame eilte mit strahlendem Lächeln auf Gunhild zu und schüttelte ihr freundlich die Hand. »Mein Name ist Ingrid Schmidt und ich darf Sie zu einer Führung über unser Gelände und durch die wichtigsten Gebäude einladen. Das Unternehmen ist in den vergangenen Jahren stark gewachsen und es ist am Anfang nicht leicht, die Orientierung zu behalten. Am besten fangen wir mit Ihrem Arbeitsplatz an, in unserer neuen Abteilung Farben und Stoffe.«

»Vielen Dank, Fräulein … Wie war noch mal Ihr Name, bitte?« Verschämt schaute Gunhild zu Boden. Konzentrier dich, damit du dir wenigstens den Weg zu deinem Arbeitsplatz merkst, dachte sie im Stillen.

Rund drei Stunden und gefühlte 10 Kilometer später schwirrte ihr gründlich der Kopf. Dieses riesige VW-Werk war eine Welt für sich. Nachdem sie sich heimlich ein paar Wegpunkte notiert hatte, hoffte sie, ihre Abteilung am nächsten Morgen ohne Hilfe zu finden.

»So, Fräulein Terzenbach, darf ich Sie zum Abschluss unseres Rundgangs zu einem Mittagessen in unsere Kantine einladen?«

»Ja, gerne«, meinte Gunhild etwas abgekämpft, eine anständige Mahlzeit sowie ein Stuhl zum Hinsetzen und Ausruhen waren genau das, was sie jetzt brauchte.

Ein paar Tage später war die Abteilung ›Farben & Stoffe‹ komplett, zusätzlich zu Gunhild waren noch eine weitere Dame und ein Herr eingestellt worden. Hoch motiviert saßen die drei Neulinge an ihren Tischen - doch niemand schien sich für sie zu interessieren. Vergeblich warteten sie auf Aufträge und fragten sich ratlos, was sie tun könnten.

»Machen Sie sich keine Sorgen, das wird sich in den nächsten Wochen einspielen. Wir sind sehr schnell gewachsen und deswegen ist Ihre Abteilung noch nicht optimal in die Strukturen und Abläufe unseres Werks eingebunden«, versicherte ihnen ihr Vorgesetzter auf ihre Nachfrage und bat um Geduld.

Bunte Lackbleche

Abwarten gehörte jedoch nicht zu Gunhilds Stärken. Anstatt weiter untätig herumzusitzen, beschloss sie, der Lackiererei einen Besuch abzustatten. Gutgelaunt machte sie sich auf den Weg und nachdem sie sich nur zwei Mal verlaufen und drei Mal nachgefragt hatte, stand sie in einer Halle, die trotz guter Lüftungsanlage nach Lösungsmitteln roch. Schon beim Betreten stellte sie mit einem schnellen Blick in die Runde fest, dass dort nur Männer arbeiteten. Das war fast wie zu Hause mit ihren vier Brüdern, schmunzelte sie.

Während die Mitarbeiter sie neugierig musterten, steuerte ein Herr mit ebenso überraschtem wie fragendem Gesichtsausdruck auf sie zu: »Guten Tag! Kann ich Ihnen helfen? Haben Sie sich verlaufen?«

»Guten Tag! Ja, vielleicht können Sie mir weiterhelfen.

Das ist hier ist doch die Lackiererei, oder?«

»Ja, genau. Was können wir denn für Sie tun?« Der Mann schien sichtlich irritiert, Damenbesuch kam in seiner Abteilung offensichtlich nicht oft vor.

»Bitte entschuldigen Sie, ich möchte Ihnen natürlich keine Umstände machen. Aber wäre es vielleicht möglich, dass Sie mir alle Grundfarben zeigen, mit denen Sie hier arbeiten? Wissen Sie, ich arbeite in der neuen Abteilung ›Farben und Stoffe‹ und wollte mir einen Überblick über die Farben verschaffen, die Sie verwenden. Ach, Verzeihung, ich habe mich ja noch gar nicht vorgestellt: Ich heiße Gunhild Terzenbach.«

Eine knappe Stunde später trug Gunhild einen weißen Kittel, stand an einem großen Tisch am Rande der Lackiererei, wo sie niemandem im Weg war, und begutachtete die Farben, die die hilfsbereiten Kollegen vor ihr aufgebaut hatten. Aus diesen Grundfarben lässt sich ohne großen Aufwand eine ganz neue Farbenwelt gestalten, freute sie sich und schritt umgehend zur Tat. Im Verlauf der nächsten Stunden mischte sie aus den Grundfarben von Hand zahlreiche neue Lack-Variationen in Rot-, Blau-, Grün-, Gelb-, Orange- und Grautönen an, während die Mitarbeiter der Lackiererei sie neugierig beobachteten.

Als sie kurz vor Feierabend fertig war, bat sie die Kollegen: »Ist es vielleicht möglich, dass Sie mir diese neuen Lackfarben auf kleine Autobleche spritzen und mir diese Farbmuster zur Verfügung stellen?«

»Na, das sollten wir als Lackiererei wohl hinkriegen!« Der freundliche Herr, der, wie sie herausfand, der Chef der Lackiererei war, nickte. Insgeheim fragte er sich, was die neue Kollegin mit so vielen Lackblechen anfangen würde. Doch dieses sympathische Fräulein Terzenbach wollte er keinesfalls enttäuschen. Außerdem fand er das, was sie in kürzester Zeit entwickelt hatte, äußerst ansprechend. »Wo soll das Ganze nach dem Lackieren denn hingehen? Wie heißt diese neue Abteilung doch gleich, in der Sie arbeiten …?«

Nur wenige Tage später klopfte es zaghaft an der Bürotür der Abteilung ›Farben & Stoffe‹. Auf das freundliche ›Herein!‹ steckte ein junger Auszubildender im bunt bekleckslten Blaumann zaghaft den Kopf herein: »Sind Sie Fräulein Terzenbach?«, fragte er schüchtern, als Gunhild auf ihn zueilte.

»Ja, genau! Und Sie sind aus der Lackiererei, oder?« Hinter ihm auf dem Handwagen, der im Flur stand, entdeckte sie ihre Farbbleche. Gemeinsam montierten sie die Farbmuster an der kahlen Wand. Die bunten Bleche brachten nicht nur Farbe in den Raum, sondern boten auch einen Überblick über die Vielfalt der Lackierungsmöglichkeiten und wurden eine Inspirationsquelle für neue Autofarben.

In der Zwischenzeit waren Gunhilds Kollegen ebenfalls aktiv geworden. Ihre Kollegin hatte sich zur Vorbereitung auf künftige Aufgaben eine Unmenge an Farbtuben und Filzstiften besorgt, während ihr Kollege einen großen Webrahmen aus Holz bestellt hatte. Als das mächtige Ding angeliefert wurde, zog das beeindruckende Kistengebirge fragende Blicke auf sich: Würden die Stoffe für die Sitzbezüge der Autos zukünftig von Hand gewebt? Ganz durchdacht hatte der Kollege diesen Kauf nicht, und nachdem der Webstuhl keinen richtigen Platz fand, landete er ungenutzt in einem Abstellraum, wo sich der gnädige Mantel des Vergessens über ihn legte.

Nach vielen Tagen, an denen sich die drei selbst beschäftigt hatten, erhielt die Abteilung ›Farben & Stoffe‹ endlich ihren ersten Auftrag. Dieser lautete, ein Fließheck farbig zu gestalten. Nachdem Farben in ihr Ressort fielen, setzte sich Gunhild ans Zeichenbrett und legte voller Elan los. Sie freute sich, endlich ihr Können unter Beweis stellen zu können. Doch nach einiger Zeit wunderte sie sich, dass niemand kam, um sich ihren Farbentwurf anzusehen, keiner schien sich dafür zu interessieren. Allmählich fragte sie sich, ob sie überhaupt benötigt wurde.

Einige Zeit später wurden die Mitarbeiter in die ›Styling-Abteilung‹ integriert. Das Team kümmerte sich nicht nur um die ›Modellpflege‹, also die Weiterentwicklung und Modernisierung bestehender VW-Modelle, es entwickelte auch die Prototypen. Neben neuen Farben und Bezügen entwarfen sie technische Elemente wie Lenkräder, Armlehnen, Türverkleidungen und Armaturenbretter. Anfangs fürchtete Gunhild, dass sie aufgrund ihres fehlenden Wissens in Sachen Autotechnik völlig fehl am Platze wäre, doch mit der Zeit merkte sie, dass hier genau ihre Kompetenzen gebraucht wurden. Mit stilsicherem Gefühl für harmonische Formen und Proportionen sowie ihrer Liebe für Farben entwarf sie stimmige Designs, die ihre Kollegen mit technischen Details ergänzten und praktisch umsetzten. Die Arbeit an den vielen verschiedenen Projekten machte ihr Spaß, Gestaltungsideen flogen ihr wie von selbst zu, ohne dass sie sich besonders anstrengen musste. Endlich hatte sie eine Tätigkeit gefunden, die ihrer Leidenschaft und ihrem Talent entsprach. Sie freute sich so sehr über das kreative Spielen mit Formen und Farben, dass sie gar nicht das Gefühl hatte, richtig zu arbeiten.

Glücklicherweise wurde der Job obendrein gut bezahlt, so dass sie sich ihren Traum von einem schicken himmelblauen Käfer erfüllen konnte.

Als Farbspezialisten schämte sie sich bereits seit längerem jeden Morgen, wenn sie mit ihrem alten Käfer auf den Parkplatz des VW-Werks fuhr. In den ersten Tagen hatte sie erstaunt festgestellt, dass die meisten Mitarbeiter mit dem Fahrrad zur Arbeit kamen und der Parkplatz für Räder um einiges größer als der für die Autos war. Aber diejenigen, die sich einen Wagen leisten konnten, fuhren einen mehr oder minder nagelneuen Käfer und nicht so ein uraltes Modell wie sie. Daher sparte sie jeden Groschen und kam kurze Zeit später stolz mit ihrem neuen himmelblauen Käfer zur Arbeit.

Hübsche Wohnung, aber keine Heizung

Die Feierabende nutzte Gunhild für die Suche nach einer Wohnung, und ein paar Wochen nach ihrem Start bei VW wurde sie schließlich in Fallersleben fündig. Dort mietete sie bei einer älteren Dame für monatlich 45 Mark eine Mansardenwohnung. Bereits bei der Besichtigung war Gunhild verliebt in die kleine, hübsche Bude mit dem herrlichen Ausblick und wusste, dass sie sich dort zuhause fühlen würde. Nachdem der Mietvertrag unterschrieben und die Wohnungsschlüssel übergeben wurden, fuhr sie mit ihrem Käfer nach Berlin, um den Rest ihrer Sachen abzuholen.

»Sag mal: Hat deine Wohnung gar keine Heizung?« Ungläubig schaute Willy Terzenbach sich um, aber er konnte nirgends einen Ofen oder sonst irgendetwas zum Heizen entdecken. Gemeinsam mit seiner Trudel war er hinter Gunhilds Käfer über winterliche Straßen von Berlin nach Fallersleben gefahren, das Auto voller Umzugskisten, um sich das neue Zuhause ihrer Tochter anzuschauen. Auch ihnen gefiel die Mansardenwohnung, die hübsch geschnitten und, wenn die Umzugskartons ausgepackt waren, bald gemütlich sein würde. Doch ohne Heizung glich diese Unterkunft bei den aktuellen Außentemperaturen von – 10 Grad einer Eishöhle.

»Oh, das ist mir noch gar nicht aufgefallen!« Gunhild schaute sich verdattert um, das hatte sie bei der Besichtigung tatsächlich nicht bemerkt. Unbekümmert zuckte sie mit den Schultern, dann würde sie sich eben einen dicken Pulli mehr und warme Socken anziehen, der Winter würde ja nicht ewig dauern. Willy hingegen konnte es nicht fassen, wie seine inzwischen 28 Jahre alte Tochter solch wesentliche Dinge übersehen konnte. Ihr schien jeder Sinn für das Praktische zu fehlen.

»Dann wird dein Vater da wohl mal für Abhilfe sorgen«, kündigte er gewohnt pragmatisch an. In den kommenden zwei Tagen installierte er, so gut es mit dem wenigen Handwerkszeug, das er dabei hatte, ging, einen kleinen Ofen. Weil es nicht anders möglich war, führte dessen Rohr zwar mitten durchs Wohnzimmer, aber dafür erzeugte er anständig Wärme.

Der Mann mit dem Tonbandgerät

»Sag mal, hast du Interesse an einem Tonbandgerät? Dann könntest du abends zu Hause Musik hören.«

»Och, eigentlich nicht so …« Gunhild war überrascht, wie ihre Kollegin Evi plötzlich auf diese merkwürdige Idee kam.

»Ach komm, stell' dir vor, wie schön das wäre, wenn du nach Feierabend in deine Wohnung kommst, den Ofen anmachst und dann gemütlich Musik hören kannst!«

»Na ja, schlecht wäre das nicht«, meinte Gunhild halbherzig, ihr war dieses Tonbandgerät völlig egal.

»Siehst du! Geh doch mal zu unserem Kollegen Herrn Liljequist, der unten im Erdgeschoss in der Abteilung für Übersetzungen sitzt. Ich habe gehört, dass der gerade ein günstiges Tonbandgerät zu verkaufen hat.«

Gunhild stutzte, Liljequist, dieser Name sagte ihr doch etwas. Einer ihrer Brüder hatte einen Freund, der in Liljequists Abteilung arbeitete. Vor einiger Zeit hatte sie deshalb schon mal im Werks-Telefonbuch nachgeschaut, und den Eintrag ›Fremdsprachenzentrale Schwedisch – Bo Liljequist‹ gelesen. Dabei war etwas Seltsames passiert. In dem Augenblick, als sie den ausgefallenen Namen des Kollegen las, war ihr blitzartig ›Gunhild Liljequist‹ durch den Kopf geschossen. Sie hatte das Telefonbuch vor Schreck sofort wieder zugeklappt und verwundert den Kopf geschüttelt: Was war denn plötzlich mit ihr los?! Sie kannte den Mann doch überhaupt nicht!

»Schau mal, ich habe dir seine Durchwahl rausgesucht. Am besten rufst du sofort an, damit niemand dir das Tonbandgerät vor der Nase wegschnappt.« Triumphierend schwenkte Evi einen Zettel, Gunhild sah sie verwundert an. Was hatte ihre Kollegin nur? Wollte die sie womöglich verkuppeln …?!

»Moment, ich hole die Unterlagen.« Der große, stattliche Kollege Liljequist mit dem akkuraten Fassonschnitt stellte das Tonbandgerät vor sie auf den Tisch und verschwand nach nebenan. Gunhild atmete einmal tief durch, Donnerwetter, der Mann sah verflixt gut aus. Damit hatte sie gar nicht gerechnet, und vor allem wirkte er mit seinem einnehmenden Lächeln so ruhig, besonnen und selbstsicher.

Doch der Schein trog, in Bo Liljequist tobte ein Sturm. Als dieses Fräulein Terzenbach in sein Büro hereinspazierte, hatte sie ihn auf der Stelle mit ihrem Charme verzaubert. »Ich habe gerade die Frau meines Lebens gesehen«, entfuhr es ihm leise, während er die Unterlagen für das Tonbandgerät heraussuchte. Seine beiden Kolleginnen schauten ihn erstaunt an. Bo ließ sich sonst doch von nichts und niemandem aus der Ruhe bringen.

»So, hier sind die Unterlagen. Was meinen Sie: Wäre das Gerät vielleicht was für Sie?« Bo Liljequist hatte sich wieder halbwegs gefangen und stand zusammen mit ihr vor dem Tisch. Um sich nicht in die Augen schauen zu müssen, blickten beide interessiert auf das Tonbandgerät, das Gunhilds Einschätzung nach ziemlich vorsintflutlich wirkte.

»Ich habe damit immer sehr gerne Musik gehört, am liebsten Jazz. Als bekennender Hi-Fi-Fan habe ich mir gerade ein neueres Modell gekauft. Mögen Sie eigentlich auch Jazz, Fräulein Terzenbach?«

»Ja, Jazz finde ich sehr spannend!«

»Das ist ja großartig! Dann könnte ich Ihnen ja ein paar schöne Bänder ausleihen, wenn Sie möchten. Ach ja, eine kleine Sache noch: Das Gerät ist nicht mehr das Jüngste. Diese Spule hier, sehen Sie, die ist leider nicht mehr original, die habe ich selbst repariert, mit diesem Gummiband. Funktioniert tadellos.«

»Alles klar. Ich würde das Gerät gerne kaufen, könnten Sie es mir bei Gelegenheit zu Hause vorbeibringen und mir vielleicht auch gleich das eine oder andere Jazz-Band mitbringen? Natürlich nur zum Ausleihen.« Gunhild staunte heimlich über sich selbst. Durch diesen klugen Schachzug musste sie das schwere Ding nicht quer durchs ganze Werk zu ihrem Käfer auf den Parkplatz schleppen und gleichzeitig hatte sie die Möglichkeit, sich mit Bo in Ruhe zu unterhalten.

»Selbstverständlich. Das ist kein Problem, die Lieferung ist natürlich im Preis inbegriffen. Wann würde es Ihnen denn passen, Fräulein Terzenbach?«, fragte er sie mit hinreißenden Lächeln.

Der sieben Jahre ältere Bo Liljequist kam gebürtig aus Schweden und hatte Ingenieurwissenschaften studiert. In seiner Heimat war er ein bekannter Rallye-Fahrer, der ab und an Beiträge für verschiedene Motormagazine schrieb. Bei seinem ersten Besuch in der Wohnung in Fallersleben war er vom Geschmack der Bewohnerin begeistert, bis er die Küche betrat. Dort entdeckte er eine einzelne elektrische Kochplatte auf einem wackligen Küchentisch. Einen Kühlschrank suchte er vergeblich.

Beheizte sie den Bollerofen, dessen Rohr so merkwürdig quer durch das ganze Zimmer verlief, allen Ernstes mit im Wald gesammelten Kiefernzapfen? Er verkniff sich einen Kommentar und zeigte ihr stattdessen den Umgang mit dem Tonbandgerät.

»Bo, Sie müssten bitte bei Gelegenheit wieder vorbeikommen. Die Spule ist erneut gerissen. Wenn das so weitergeht, bekommen Sie von mir einen Dauerauftrag.«

Durch diese Spule, die alle Nase lang kaputt ging, ergab sich stets ein guter Grund für das nächste Wiedersehen. »Oh, ich eile! Fräulein Terzenbach in ihrer Mansardenwohnung ohne Musik, das ist ein Ding der Unmöglichkeit. Ich bin quasi schon unterwegs!«

»Da hatte ich doch eine gute Idee, oder?« Evi zwinkerte Gunhild vielsagend zu, während sie in der Kantine saßen und sich ein Stück Kuchen gönnten.

»Das hast du absichtlich so eingefädelt, oder?« Gunhild drohte Evi in gespielter Entrüstung mit erhobenem Zeigefinger.

»Nein! Wie kommst du denn da drauf?«, wehrte sich diese und grinste dabei ebenso frech wie liebevoll. »Du magst ihn doch, gib's zu.«

»Ja, stimmt schon«, nickte Gunhild. »Bo ist ein netter, geradliniger Kerl – so ehrlich, ruhig und höflich. Wirklich ein Mensch, auf den Verlass ist. Und vor allem hat er so einen herrlich schrägen Humor – den mag ich ganz besonders.« Lächelnd und mit einem verräterischen Glanz in den Augen rührte sie gedankenverloren in ihrem Kaffee herum.

»Du bist total verliebt in Bo. Mensch, Gunhild – das ist wunderbar! Ich hab's doch gleich gewusst: Ihr passt prima zusammen.« Evi war sichtlich zufrieden mit ihren Qualitäten als Kupplerin. Als sie aufstanden, umarmten sich die beiden Frauen einen Augenblick lang. In diesem Moment traf Gunhild eine Entscheidung: Heute Abend, wenn Bo wieder zu Besuch kam, würde sie sein vorsichtiges, aber beharrliches und charmantes Werben um ihre Liebe mit einem Ja beantworten.

Durchbruch

»Fräulein Terzenbach, Sie haben bei den neuen Außenfarben und Stoffen für unsere Käfer und Busse ein gutes Händchen bewiesen.« Gunhilds Vorgesetzter Hubert Schelling nickte seiner Mitarbeiterin anerkennend zu. »Im Rahmen unserer üblichen Modellpflege bräuchten unsere neuesten Modelle von Karmann-Ghia auch mal ein paar frische Farben. Und da dachten wir an Sie, Fräulein Terzenbach: Könnten Sie sich vorstellen, für diese Fahrzeuge eine neue, moderne Farbpalette zu entwickeln?«

Gunhild klammerte sich an ihrem Stuhl fest, um nicht vor Freude jubelnd aufzuspringen. Das erste Mal, seit sie in der Styling-Abteilung mitarbeitete, vertraute man ihr einen Großauftrag an. »Oh ja, das würde ich sehr gerne übernehmen!«, antwortete sie, dabei konnte sie ihre Begeisterung kaum verbergen.

»Sehr gut, vielen Dank. Dann legen Sie mal los, ich kümmere mich darum, dass Ihre bisherigen Projekte von anderen Kollegen übernommen werden.«

Zurück in ihrem Büro machte sich Gunhild mit Feuereifer an die Arbeit. Sie nahm die bisherigen Farben vom Karmann-Ghia unter die Lupe und ließ nachdenklich die Augen über ihre Bürowand mit den bunten Lackblechen schweifen. Wie im Flug füllten sich ihre Skizzenblöcke mit neuen Farbideen, bald waren es so viele, dass man eine ganze Armada von zukünftigen Karmann-Modellen damit hätte lackieren können.

Mit einer Auswahl der besten Entwürfe unterm Arm ging sie wenige Tage später zu Hubert Schelling. Nach ihrer Präsentation strahlte dieser und rief begeistert: »Fräulein Terzenbach, ich bin hin und weg von Ihren Farben! Das sieht richtig gut aus! Herzlichen Glückwunsch zu dieser hervorragenden Arbeit. Wir werden Ihre Vorschläge gleich nach Osnabrück schicken, wo die endgültigen Farben für die neue Serie ausgesucht und die Wagen lackiert werden. Wir haben jedoch ein kleines Problem: Die endgültige Abnahme der Farben ist eigentlich die Aufgabe von Herrn Beseler. Leider hat dieser Kollege keinen Führerschein, für die Abnahme müsste er jedoch nach Osnabrück, um persönlich vor Ort zu sein. Sie haben doch einen Führerschein, oder?«

»Ja, habe ich. Ich kann Herrn Beseler gerne mit meinem Käfer nach Osnabrück fahren«, bot Gunhild an.

Verlegen sah Herr Schelling sie an. »Also das ist mir jetzt etwas unangenehm …«, druckste er herum und knetete dabei seine Hände. »Natürlich ist das ein sehr freundliches Angebot von Ihnen, aber für eine offizielle Dienstfahrt müssten Sie vorher noch den Werksführerschein von VW machen.«

»Den was?« Gunhild verstand nur Bahnhof. Von diesem Führerschein hatte sie bisher noch nichts gehört, außerdem wollte sie doch mit ihrem eigenen Käfer nach Osnabrück fahren und nicht mit einem Gabelstapler oder Hubwagen aus dem Fuhrpark.

»Der Werksführerschein …«, wand sich Herr Schelling, dem die Sache sichtlich unangenehm war, »ist so eine Art interne Führerscheinprüfung, die speziell unsere Damen ablegen müssen. Sie verstehen sicherlich: Weibliche Beschäftigte mit Führerschein sind bei uns im Werk ausgesprochen selten und wir sind gehalten, uns abzusichern, dass sie voll fahrtüchtig sind, bevor sie eine Dienstfahrt unternehmen.«

Gunhild konnte sich das Lachen nicht mehr verkneifen: »Verstehe ich das richtig, dass nur Frauen diesen Werksführerschein machen müssen?«

»Ja, und natürlich unsere Herren, wenn sie zum Beispiel einen Lastwagen oder andere große Maschinen steuern wollen.«

»Sie haben wohl kein Vertrauen in die Fahrkünste von Frauen«, grinste Gunhild ihren Chef keck an. »An wen darf ich mich in dieser Angelegenheit denn wenden?«

Nur wenige Tage später saß Gunhild in einem firmeneigenen VW Käfer und kutschierte ihren Kollegen, den offiziellen Prüfer, über das Gelände. Dabei kommentierte sie wie damals bei der Führerscheinprüfung, was sie tat: Beim Stoppschild anhalten; rechts vor links beachten; Blinker setzen und Schulterblick vor dem Abbiegen. Richtig ernst nehmen konnte sie die Sache nicht, aber zum Glück war der Kollege keiner von der humorlosen Sorte. Schon nach wenigen Minuten war ihm klar, dass diese Frau am Steuer wusste, was sie tat. Außerdem hatte sie ihm beim Einsteigen erzählt, dass sie täglich mit ihrem Käfer zwischen dem benachbarten Fallersleben und dem VW-Werk pendelte.

Zehn Minuten später ließ er sie anhalten. »Na, junge Dame, den Werksführerschein haben Sie ja mit Bravour bestanden. Fahren Sie eigentlich gerne Auto?« Gunhild nickte. »Sind Sie schon Mal durch eine Steilkurve gefahren?« Sie hatte zwar die Volkswagen-eigene Teststrecke schon besichtigt, aber nicht im Traum daran gedacht, dort einmal selbst zu fahren und schüttelte den Kopf. »Haben Sie Lust es auszuprobieren?«

Bei diesem Angebot ließ sie sich nicht zweimal fragen: »Na klar! Wenn Sie sich das mit mir als Frau am Steuer trauen!« Gunhild war Feuer und Flamme, doch sie ahnte nicht, worauf sie sich da einließ.

Kurze Zeit später bogen sie auf die Versuchsstrecke ein. »Los! Geben Sie Gas! Mehr! Noch mehr! Drücken Sie das Pedal bis aufs Bodenblech durch! Genau! Und jetzt rein in die Kurve, jawoll!« Der Prüfer war entzückt, die Dame neben ihm hatte echt Mumm. »Und jetzt lassen Sie mal das Steuer los!«

Gunhild glaubte, sich im Motorenlärm verhört zu haben: »Was soll ich?«

»DAS STEUER LOSLASSEN!«

Entgeistert starrte sie ihren Beifahrer an. Hatte der noch alle Tassen im Schrank? Doch der Kollege nickte ihr ermutigend zu, er schien es wirklich ernst zu meinen. Zaghaft und wie in Zeitlupe nahm sie die Hände vom Steuer und gab gleichzeitig weiter Vollgas. Dabei rechnete sie mit dem Schlimmsten, doch oh Wunder: Wie auf Schienen sausten sie durch die Steilkurve. Das war ja fast wie Fliegen!

Die Fahrt nach Osnabrück war in jeder Hinsicht ein voller Erfolg. Nachdem sich im Werk schnell herumsprach, dass ein gewisses Fräulein Terzenbach aus der Styling-Abteilung ansprechende, moderne Lackfarben für die neue Karmann-Ghia-Serie entworfen hatte, landeten bei ihr immer mehr interessante Aufträge.

Gunhild freute sich, ihre Kreativität einbringen zu können. Stolz betrachtete sie ihr jüngstes Design, der neue Stoffentwurf für die Campingbusse gefiel ihr ausgesprochen gut. Passend zu den verschiedenen Außenfarben des Campers in Grün oder Orange hatte sie einen Bezugsstoff in dezenten, aber gleichzeitig lebhaften Pastelltönen entworfen, der alle aktuellen Lackfarben der Busse enthielt und deswegen universell in sämtlichen Modellen einsetzbar war. Gemeinsam mit Bo stieß sie abends mit einem Glas Sekt auf den erfolgreichen Abschluss des Projekts an.

»Das ist ein tolles Design!«, freute sich Bo, dann meinte er: »Du darfst nicht so bescheiden sein, Gunhild. Du bist sehr gut in dem, was du tust, du musst die Gunst der Stunde nutzen und bei Schelling ein bisschen auf den Busch klopfen! Wenn du geschickt verhandelst, kannst du sicher eine Gratifikation oder sogar eine Gehaltserhöhung rausholen!«

Doch da stieß er bei Gunhild auf taube Ohren. Geld war ihr überhaupt nicht wichtig. Mit Erfolgen prahlen, das fiel ihr nicht einmal im Traum ein. Das einzige, was für sie zählte, war ein schönes, stimmiges Ergebnis. Wenn es ihr gelang, kleine Gesamtkunstwerke aus Stoff- und Farbwelten zu entwickeln, war sie glücklich.

Einige Tage später wurde Gunhild von Hubert Schelling in sein Büro gebeten. »Na, welches unserer Modelle braucht diesmal etwas Neues zum Anziehen?« fragte sie beim Reinkommen neugierig.

»Fräulein Terzenbach, heute geht es ausnahmsweise nicht um neue Farbkreationen. Ich wollte Sie fragen, ob Sie vielleicht damit einverstanden wären, einem Reporter der Zeitschrift ›Hör zu‹ Rede und Antwort zu stehen? Die wollen einen Artikel schreiben, in dem es um Frauen in der Automobilbranche und ihre individuellen

Ausbildungswege geht. Bei BMW und Opel haben sie auch schon nachgefragt. Sie wissen ja selbst: Bei uns sind fast ausschließlich Männer beschäftigt. Aber wir dachten, dass Sie vielleicht eine gute Ansprechpartnerin für den Journalisten wären?«

»Schau mal! Ich bin in der ›Hör zu‹!« Aufgeregt wedelte Gunhild mit der neuesten Ausgabe der Fernsehzeitschrift von Anfang April 1971. Sie hatte sich mit ihrer Kollegin Evi auf einen Kaffee in der Kantine verabredet. Gemeinsam suchten sie sich einen Tisch in einer der hintersten Ecken, um ungestört in dem Blatt schmökern zu können.

»Zeig mal! Was hat dieser Reporter denn über dich geschrieben?« Neugierig beugte sich Evi über die Zeitschrift, dann las sie laut vor:

Die tapfere Schneiderin
Werden Autos nur von Männern zugeschnitten? ›Hör zu‹ fand sechs Mädchen mit dem ungewöhnlichen Frauenberuf ›Auto-Styling und -Design‹.

»Was ist denn das für ein Hornochse? Wieso nennt er uns Frauen denn Mädchen?« Evi blätterte entrüstet die Seite um, dann schrie sie begeistert auf: »Das ist aber ein schönes Foto von dir!« Neben dem Foto von Gunhild stand die Bildunterschrift:

Im Styling von VW in Wolfsburg wirken mehrere mutige Mädchen neben Männern. Jule Ehlers und Gunhild Terzenbach entwerfen Farben und Bezüge für die Volkswagen.

»Also ehrlich: Was soll denn das dauernd mit diesem blöden Begriff ›Mädchen‹? Wir sind doch alle gestandene Frauen!« Evi schlug vor Ärger auf den Tisch, dass die

Tassen klirrten. »Wahrscheinlich fand der toll, dass sich in dem Satz so viele M's tummeln. Na, mal sehen, was für ein Fazit der Herr Reporter am Ende zieht.« Evi überflog den Rest des Artikels:

> *Eine tapfere Vorhut von Automobil-Schneiderinnen hilft schon, weibliche Wünsche an den Gebrauchsgegenstand Auto zu berücksichtigen. Und beweist: Auto-Mode-Machen ist nicht mehr Männersache allein! Apropos ›Auto-Mode‹: Die englische Prinzessin Margaret in einem Interview: ›Was ich am liebsten in einem Auto trage? Sicherheitsgurte!‹*

»Unfassbar!« Evi war richtig wütend. »Jetzt weiß ich wieder, warum ich mich in der Frauenbewegung engagiere! Dass Männer heutzutage immer noch so herablassend über uns Frauen schreiben! Furchtbar. Das regt mich wirklich auf.«

»Ach komm«, versuchte Gunhild ihre Kollegin zu beschwichtigen, »andererseits ist es doch gut, dass in dem Text aufgezeigt wird, wie Frauen in solche Berufe überhaupt reinkommen können. Wenigstens dafür ist der Artikel gut. Und überhaupt: Hast du meinen Dress auf dem Foto erkannt? Den habe ich nämlich selbst genäht!«

Käfer-Kunstwerke

Am 17. Februar 1972 herrschte im Volkswagenwerk eine Stimmung wie Weihnachten, Silvester und Ostern zusammen. Grund der Aufregung war der 15.007.034. Käfer, der an diesem Tag vom Band laufen sollte. Dieser Wagen sollte das T-Modell von Ford als bisher meistgebautes Auto der Welt ablösen. Auch Gunhild wurde von der

Feierstimmung ergriffen, seit Monaten liefen intern die Vorbereitungen für dieses Ereignis auf Hochtouren. Ihre Abteilung war beauftragt, ein dem Anlass angemessenes Sondermodell aus der Taufe zu heben.

Sie und ihre Kollegen wussten, dass der neue Käfer ein unglaubliches Maß an Aufmerksamkeit erregen würde. Mit dem Sondermodell ›VW Käfer 1302 S Weltmeister‹ sollten möglichst viele Kunden überzeugt und der Absatz angekurbelt werden – da mussten alle Details der Ausstattung und des Designs zueinander passen. Gunhild entwarf für den Weltmeister einen extravaganten Farbton, dem sie den Namen ›Marathon metallic‹ gab. Es war ein helles Eisblau, das im Blitzlichtgewitter der unzähligen Fotografen herrlich glänzen und schimmern würde.

»Sieht doch ganz gut aus, oder?« Gunhild stupste Evi an und deutete auf den Käfer, der gerade aus der Endmontage gekommen war. Zur Feier des Tages hatte er ein riesiges Gebinde aus roten und weißen Blumen auf die Kofferraumhaube gesetzt bekommen.

»Ja, wirklich eine außergewöhnliche Farbe! Wie kommst du bloß immer auf solche Farbtöne!«, freute sich Evi mit ihrer Kollegin.

Gunhild zuckte nur ratlos mit den Schultern: »Ist mir halt so beim Herumprobieren eingefallen.«

»Komm, wir holen uns einen Sekt und dann verdrücken wir uns weiter nach hinten. Hier vorne geht es ja zu wie im Ameisenhaufen.«

Die beiden Kolleginnen schnappten sich zwei Sektgläser und positionierten sich mit etwas Sicherheitsabstand am Rande des Geschehens. »Da! Schau mal: Die Herren vom Aufsichtsrat!« Evi und Gunhild reckten die Hälse. Wie angekündigt erschien der Aufsichtsratsvorsitzende in Halle 12, um zur Feier dieses denkwürdigen Tages eine Rede zu halten.

Nachdem der Wirbel um den Weltrekord-Käfer abgeklungen war, warf Hubert Schelling seiner Mitarbeiterin Fräulein Terzenbach eines Tages im Vorübergehen eine Frage zu: »Übrigens: Ich habe eine Anfrage von einer jungen Dame, die den Artikel über Sie in der ›Hör Zu‹ gelesen hat, die würde gerne bei Ihnen in der Abteilung ein Praktikum machen. Sie ist gerade fertig mit der Schule und überlegt, ob Auto-Design etwas für sie wäre. Kann sie sich mal bei Ihnen melden?«

Gunhild nickte: »Na klar, gerne. Geben Sie ihr meine Durchwahl.«

Eine Woche später holte Gunhild die junge Frau am Empfang ab: »Sind Sie Fräulein Menne? Lisa Menne?«

»Ja! Dann sind Sie Fräulein Terzenbach?«

Gunhild führte die neue Praktikantin in ihr Büro, wo diese bewundernd vor der Wand mit den Lackblechen stehenblieb. »Oh! Das sieht ja schön bunt aus!«

»Ja, die Wand ist ein echter Hingucker. Das war meine erste Amtshandlung damals bei meinem Einstieg hier bei VW. Die Farben habe ich damals entwickelt.«

Nachdem Lisa sie drei Wochen lang begleiten würde, hatte sich Gunhild für ihre erste weibliche Praktikantin etwas Besonderes vorgenommen. Um ihr einen Einblick in die Arbeit zu ermöglichen, würde sie das nächste Käfer-Sondermodell zusammen mit Lisa entwickeln.

In den ersten Tagen zeigte sie ihrem Schützling ein paar Grundlagen: »Schauen Sie mal, Lisa: Das hier sind die so genannten Ausstattungskarten. Auf denen sind anhand dieser kleinen Muster alle Außen- und Innenfarben sowie sämtliche Stoffe vom Teppich für die Bodengruppe bis zu den Sitzpolstern eines Fahrzeugtyps vermerkt. Wir haben gerade den Auftrag, ein neues Käfer-Sondermodell zu gestalten, also werden wir beide gemeinsam so eine Ausstattungskarte entwerfen. Einverstanden?«

Lisa war begeistert. Ihre älteren Freunde hatten erzählt, dass man im Praktikum nur Kaffee kochen oder Botengänge machen würde, daher hatte sie sich insgeheim auf eine reine Zuschauerrolle eingestellt. Umso erfreuter war sie, dass Fräulein Terzenbach sie in die Arbeit mit einbezog und nach ihrer Meinung fragte.

»Als Erstes überlegen wir uns einen schönen Bezugsstoff für die Sitze. Unser Vertrieb wünscht sich für den neuen Käfer etwas Fesches, Modernes, etwas, das vor allem jüngere Menschen anspricht und zum Kauf anregt. Ich hätte da auch schon eine Idee. Kommen Sie mal mit, ich zeige Ihnen mein Stofflager, denn häufig fange ich mit den Stofffarben der Sitze an und leite dann daraus die Außenfarbe ab.«

Gunhild und Lisa verschwanden in den Nebenraum und erneut bekam die junge Praktikantin große Augen: »Wow! Wo haben Sie denn so viele Stoffe her?«

»Wissen Sie, da ich jederzeit auf neue Aufträge aus dem Vertrieb reagieren können muss, habe ich mir diesen Fundus aufgebaut. Zum einen arbeite ich mit Stofffirmen zusammen und lasse mir neue Stoffe herstellen, die ich entwickelt habe, auch wenn ich noch gar keinen konkreten Auftrag habe und deswegen natürlich auch noch gar nicht weiß, wann und wo ich die einsetzen werde. Außerdem schaue ich, wenn ich mit meinem Lebensgefährten auf Reisen bin, ob mir ein hübscher Stoff über den Weg läuft. Neulich waren wir zum Beispiel in England, da habe ich durch Zufall diesen schönen Stoff hier entdeckt und gleich ein paar Muster für mein Stofflager gekauft. Von den neuen Stoffen, die ich von Stofffirmen herstellen lasse, bestelle ich aber immer nur so viel, dass ich damit einen Prototyp bestücken kann, also die Rückbank und die beiden vorderen Sitze. Damit kann man sich besser vorstellen, wie das Auto am Ende aussehen wird. Natürlich muss der Entwurf erst von vielen Leuten abgesegnet werden, bevor eine ganze Serie in Produktion geht. Wenn also der Vertrieb mit einem neuen Auftrag auf uns zukommt, schaue ich zuerst hier nach und lasse mich inspirieren.«

»Sie sagten vorhin, dass Sie schon eine Idee haben, an was haben Sie da gedacht?« Lisas Finger glitten über die Stoffmuster.

Gunhild schmunzelte insgeheim: Das Mädchen gefiel ihr. Sie hörte gut zu und war neugierig. »Schauen Sie mal: Was tragen Sie da?« Gunhild wies auf die Hose der jungen Frau. Die sah sie verdutzt an: »Eine Jeans. Wieso?«

»Was halten Sie denn von der Idee eines Käfers mit Sitzbezügen aus Jeansstoff?«

»Jeans? Das ist ja eine tolle Idee!« Lisas Blicke wanderten zwischen ihrer Hose und Gunhild hin und her. Dann schlich sich ein breites Lächeln in ihr Gesicht: »Einen Käfer mit Jeanssitzen würde ich sofort kaufen! Jedenfalls, wenn ich das Geld dafür hätte.«

»Sehr gut – wir sind anscheinend auf der richtigen Spur, Lisa!«, lachte Gunhild und zog einen Ballen Jeansstoff aus dem Regal. »Morgen früh gehen wir als erstes mit unserem Jeansstoff zu den Kollegen im Versuchsbau. Die sollen uns dort die Sitze mit diesem Stoff für unser Muster-Auto beziehen.«

»… Denn immer wieder geht die Sonne auf…!« Als Gunhild mit Lisa im Schlepptau die Werkstatt betrat, schmetterte Manfred aus der Polsterei hingebungsvoll den bekannten Udo-Jürgens-Schlager. Lisa summte den Refrain leise mit, während Gunhild ihrem Kollegen die Hand schüttelte: »Guten Morgen, Manfred! Immer wieder schön, hier so freundlich empfangen zu werden!«

»Na klar! Für unsere Terze nur das Beste!«, lachte Manfred. »Na, wen hast du uns denn da mitgebracht?«

Alle Augen richteten sich auf Lisa, deren Gesicht bei den Blicken so vieler Männer sofort rot wurde. »Das ist unsere Praktikantin, Fräulein Menne. Sie hat heute erst ihren zweiten Tag bei uns, also benehmt euch anständig.«

»Damen werden bei uns doch immer mit ausgesuchter Höflichkeit behandelt, stimmt's, Terze?« Manfred zwinkerte den beiden Frauen zu und deutete dann mit dem Kinn auf die Stoffbahn, die Gunhild unterm Arm trug. »Sollen wir euch neue Jeanshosen schneidern? Da seid ihr bei uns aber falsch – wir können leider nur Autositze!«

Die ganze Belegschaft prustete los, Gunhild und Lisa stimmten lachend mit ein: »Nee, Manfred, das mit den Hosen lass mal lieber, ihr habt hier ja keine Umkleidekabinen für Damen. Wir nehmen die Sitze!«

»Dann wollen wir doch mal schauen, was wir da für euch machen können. Witzige Idee übrigens, Jeansstoff als Bezug für die Käfer-Sitze. Muss man auch erst mal draufkommen.« Manfred nahm Gunhild den Stoffballen ab und rollte die Bahn auf einem langen Tisch aus. »Bis wann? Wie immer am liebsten bis vorgestern?«

Gunhild nickte besorgt: »Wenn das für euch in Ordnung ist, Manfred?«

»Natürlich – für dich machen wir immer Unmögliches

möglich, weißte doch.«

Auf dem Rückweg zum Büro wagte Lisa nach kurzem Zögern eine Frage, die ihr schon die ganze Zeit durch den Kopf ging: »Fräulein Terzenbach, in dieser Werkstatt da eben …«

»Du meinst die Polsterei im sogenannten Versuchsbau?«

»Ja, in dieser Abteilung – da arbeiten nur Männer, oder?«

»Stimmt. Und wenn wir morgen in die Lackiererei gehen, wirst du sehen, dass dort auch nur Männer arbeiten.«

»Aber wie ist denn das für Sie, als Frau …?« Lisa hoffte, dass ihre neugierige Frage nicht zu persönlich war.

»Wie das für mich ist?« Gunhild schaute ihre Praktikantin erstaunt an. »Was meinst du damit?«

»Na ja, ich frage mich, wie die Zusammenarbeit klappt, wenn Sie die einzige Frau bei so vielen männlichen Kollegen sind. Gibt das nicht hin und wieder Probleme?«

»Probleme? Nein, wieso denn? Du hast es doch gerade selbst erlebt: Die Kollegen sind alle sehr nett und hilfsbereit. Wir haben einen guten Draht zueinander.«

»Aber kommt es da nicht auch mal zu unangenehmen Situationen?«

»Nein. Im Gegenteil: Ich arbeite sehr gerne mit Männern zusammen. Das liegt vielleicht auch daran, dass ich mit vier Brüdern aufgewachsen bin und es daher gewohnt bin, mich zu behaupten. Im Grunde ist es ganz einfach: Wenn ich zu ihnen nett bin, sind sie auch nett zu mir.«

»Sind Sie wirklich noch nie mit einem der Herren aneinandergeraten, seitdem Sie hier arbeiten?« Lisa konnte es kaum glauben.

»Doch, einmal hat es fürchterlich zwischen dem Chef der Lackiererei und mir gekracht«, erinnerte Gunhild sich schmunzelnd. »Da hatten wir fachlich völlig verschiedene

Meinungen und haben uns richtig gestritten.«

»Wirklich? Und dann …?« Lisa hing an ihren Lippen.

»Na ja, keiner von uns hat nachgegeben, wir fühlten uns beide im Recht. Zu allem Überfluss lief in der Lackiererei gerade so ein riesengroßer, unglaublich lauter Ventilator, da mussten wir auch noch gegen den Krach von diesem Ding anbrüllen. Ich hatte am Ende gar keine Stimme mehr.«

»Und wie ist die Sache ausgegangen?«

Gunhild zwinkerte Lisa zu: »Am Ende hab' ich mich natürlich doch durchgesetzt.«

»Lisa, haben Sie schon mal was von der sogenannten Metamerie gehört?«

»Nein, nie gehört. Klingt wie ein französischer Weichkäse«, kicherte Lisa, während sie ihren Stuhl näher an den Schreibtisch heranzog.

»Schön wär's! Dann wäre es nämlich was Leckeres und damit Gutes. Aber leider sorgt die Metamerie eher für Probleme. Mich hat dieses Phänomen hier im Autobau jedenfalls schon jede Menge Nerven gekostet.«

»Warum das denn?«

»Schauen Sie mal, Lisa: Ich mische hier gerade ein richtig knalliges Gelb für unseren Jeans-Käfer. Das könnte doch gut passen: Drinnen das Jeansblau der Sitze und draußen ein strahlendes Gelb - da bekommt man doch schon vom Hinsehen gute Laune, oder?«

»Ja, unbedingt! Das Gelb ist total schön!« Lisa deutete auf Gunhilds Farbtopf: »Aber was hat unser Gelb jetzt mit dieser komischen Metamerie zu tun?«

»Da wir hier am Fenster sitzen, betrachten wir beide unsere Lackfarbe bei Tageslicht. Die große Halle, in der wir unsere Muster-Autos den Chefs präsentieren, damit die über unseren Entwurf entscheiden, ist jedoch ein riesiger weißer Raum mit Kunstlicht. Durch diese unterschiedlichen Lichtfarben entsteht unser Metamerie-Problem: Bei Tageslicht wie jetzt sieht unser Gelb etwas anders aus als später in der Vorführ-Halle. Diese Halle nennen wir übrigens alle nur Walhalla.«

»Oh! Das heißt, dass ein und dieselbe Farbe hier und in der Walhalla anders aussieht?« Lisa runzelte nachdenklich die Stirn.

»Ja, die Wirkung ist etwas anders. An den Stellen, wo die Farben von Schalttafel und Türverkleidung zusammenkommen, den sogenannten Anbindungen, kann das zu einem richtigen Problem werden. Außen- und Innenfarbe müssen natürlich miteinander harmonieren. Deswegen müssen wir das bei unseren Musterautos für die Präsentationen bei Kunstlicht entsprechend einkalkulieren und tricksen ein bisschen, indem wir ein farbliches Zwischending herstellen. Aber psssst, nicht verraten! Das ist unser kleines Geheimnis …«

Ein Golfball als Schaltknauf

Im Jahr 1974 war die Stimmung im VW-Werk gedrückt: Der Käfer, der fast drei Jahrzehnte lang das Erfolgskonzept des Autobauers war, schwächelte. Der Absatz war seit längerer Zeit rückläufig und es war klar, dass sich etwas ändern musste. In der Belegschaft herrschten Unzufriedenheit und Verunsicherung: Wie würde es weitergehen? Ging es überhaupt weiter oder drohte eine Welle von Kündigungen?

Hinter verschlossenen Türen wurde fieberhaft an einem angeblich völlig veränderten Auto-Konzept gefeilt, das den Autobauer aus der Krise führen sollte. Auch Gunhild war an der Entwicklung des Neulings beteiligt und machte sich Gedanken über die geplante Schalttafel. Gemeinsam diskutierten sie in der Styling-Abteilung die mutigen Entwürfen dieses neuen Autotyps, die alles Gewohnte über Bord warfen. Anstelle der runden Form wie beim Käfer war das Erscheinungsbild eckig, statt des luftgekühlten Heckmotors sollte ein wassergekühlter Frontmotor VW in die Zukunft fahren. ›Golf‹ sollte der Wagen heißen – und die Erwartungen an ihn waren genau so groß wie die Angst zu scheitern: Schaffte es dieser Golf, VW zu retten? Würden die Kundinnen und Kunden das Fahrzeug, das nicht weniger als einen Paradigmenwechsel für VW bedeutete, akzeptieren?

Als er ein Jahr später vom Band lief, fiel die Antwort der Käuferinnen und Käufer eindeutig aus: Der neue Golf eroberte die Herzen der Autofahrerinnen und Autofahrer im Sturm, die Absatzzahlen stiegen und im gleichen Maße hob sich die Stimmung im Werk.

Kurz darauf arbeiteten die VW-Strategen, beflügelt vom Erfolg des neuen Wagens, bereits an dessen Optimierung, die auch die Styling-Abteilung herausforderte.

Schon wieder eine Konferenz, missmutig blätterte Gunhild in ihrem Terminkalender. Um 14.30 Uhr war das Treffen wegen des neuen ›Sport-Golfs‹ mit den Kollegen bei Schelling angesetzt, wie sie das Projekt intern nannten. Das würde sicher wieder eine schreckliche ‚Hach-was-sind-wir-alle-wahnsinnig-wichtig-Männer-Runde'. Meistens hielt sich Gunhild in solchen Besprechungen zurück, da sie keine Lust auf die Machtspielchen und das eitle Gockel-Gehabe hatte. Sollten sich die Männer doch alle ganz toll vorkommen und sich stundenlang gegenseitig auf die Schultern klopfen, Hauptsache, sie konnte in Ruhe ihre Arbeit machen.

»Liebe Kollegen, wir hatten ja bereits mehrfach darüber gesprochen: Der Vertrieb möchte, dass wir uns über den geplanten sportlichen Golf intensiv Gedanken machen. Er wird auf der IAA erstmals der Weltöffentlichkeit präsentiert, die Markteinführung ist für 1976 geplant, wahrscheinlich unter dem Namen Golf GTI. Unsere Abteilung hat bislang leider noch keine bahnbrechenden Designentwürfe vorgelegt, obwohl das Projekt Priorität Eins im Unternehmen hat. Ich erwarte deshalb heute, dass Sie in unserer Runde Vollgas geben!« Hubert Schelling schaute um sich, doch selbst sein finsterer Blick änderte nichts daran, dass die Ideenfindung ausgesprochen schleppend lief. Man murmelte halblaut dies und das, kaute nachdenklich auf Bleistiften, goss sich Kaffee nach, aber zündende Ideen blieben aus.

Als das betretene Schweigen begann, unangenehm zu werden, schoss Gunhild plötzlich ein Geistesblitz durch den Kopf: »Wie wäre es mit einem Schaltknauf in Form eines Golfballs?«, fragte sie in die Runde und dachte im gleichen Augenblick: Was für eine blöde Idee. Ein Golfball für den sportlichen Golf – das ist ja so naheliegend, dass es schon peinlich ist. Hätte sie doch bloß den Mund gehalten. Aber zu Gunhilds Überraschung schauten die Kollegen sie anerkennend an und nickten eifrig: »Gute Idee, Terze!«

Hubert Schelling, der ohnehin gereizt war, da sie seit Wochen in diesen Runden nicht vorangekommen waren, sagte mit schiefem Grinsen: »Schau mal einer an: Die Terzenbach trägt auch mal eine Idee bei. Ich notiere fürs Protokoll: Golfball als Schaltknauf. Da hätte ich als Golfspieler auch selbst draufkommen können. Hat sonst noch jemand Vorschläge?«

»Die Sportsitze würde ich mit einem schicken Schottenkaromuster beziehen, in lebhaften, kräftigen Farbtönen«, legte Gunhild nach, die sich über die Bemerkung ihres Chefs ärgerte.

»Mensch, Fräulein Terzenbach, Sie retten ja heute unsere Runde! Das notiere ich ebenfalls gleich: Karomuster für die Sportsitze.« Schelling warf seiner Mitarbeiterin einen undefinierbaren Blick zu, in dem sowohl ein Funke Bewunderung als auch irgendetwas anderes mitschwang. War das Neid? Sie hatte den Eindruck, dass eine seltsame Hass-Liebe sie mit dem Chef verband.

Gunhild beschloss, für heute genug Vorschläge eingebracht zu haben. Wenn sie den Karostoff bei dem neuen Sport-Golf einsetzen konnte, wäre das prima. Diesen Bezugsstoff hatte sie vor ein paar Monaten von der London-Reise mit Bo mitgebracht: Bei Harrods und Burberrys war ihr das interessante Schottenkaro schon bei den letzten Reisen aufgefallen. Außer den Stoffmustern hatte sie sich einen karierten Kilt gekauft. Bei dem Gedanken musste sie schmunzeln. Sie hatte bei der Anprobe vergeblich versucht, Bo einen Kilt anzudrehen, aber der hatte sich mit Händen und Füßen dagegen gewehrt.

»Sag mal, wie kommst du bloß immer auf solche ausgefallenen Ideen: Golfball als Schaltknauf!« Einer ihrer Kollegen hatte sie auf dem Rückweg in ihr Büro eingeholt.

»Keine Ahnung«, gestand Gunhild ratlos, aber wahrheitsgetreu, »das ist mir plötzlich eingefallen.«

Skeptisch musterte der Kollege sie von der Seite. Doch es gab kein Geheimnis, Gunhild konnte sich weder selbst noch anderen erklären, warum und wie sie auf ihre ausgefallenen Ideen kam.

5. GLÜCK IN DER LIEBE UND AN DER STAFFELEI

Zwei Kähne auf einem Küchenbrett

»Da machst du mit.« Bo drückte Gunhild, die nach ihrem schönen, aber eiskalten Sonntags-Spaziergang am Mittellandkanal eingekuschelt in eine warme Decke auf dem Sofa lag, die Dezember-Ausgabe des Magazins ›Stern‹ in die Hand. In den vergangenen Monaten hatte er die kleine Mansardenwohnung ordentlich auf Vordermann gebracht. Erst zogen ein Kühlschrank und ein richtiger Herd ein, dann elektrische Heizkörper und sogar eine Spülmaschine.

»Bobby, du sprichst in Rätseln. Wo soll ich mitmachen?« Zerstreut blickte Gunhild auf die Titelseite der Zeitschrift. ›Werden wir 1972 mehr verdienen?‹, stand groß auf dem Titelblatt. Was hatte das mit ihr oder gar mit Mitmachen zu tun?

»Ich meine den Aufmacher direkt unter dem Titel!«

»Da steht: Wer malt, hat mehr vom Sonntag. Hohe Preise für Laienmaler.«

»Ja, genau das. Lies den Artikel im Innenteil, und dann machst du da mit.«

Ein Mal-Wettbewerb? Skeptisch blätterte Gunhild bis zu dem Text und las:

Angenommen, Sie wissen mit Ihrer Freizeit nichts anzufangen. Dann versuchen Sie doch einmal, Bilder zu malen. Hunderttausende haben bereits Spaß an diesem Hobby, und viele verdienen sogar damit viel Geld. Angenommen, Sie sind bereits ein Sonntagsmaler oder Sie sind gerade dabei, einer zu werden – malen Sie doch einmal Schiffe, Seeleute und Häfen. Sie können sich dann an dem großen Laienmaler-Wettbewerb beteiligen, den das Altonaer Museum, der Stern und die Westbank AG in Hamburg veranstalten. Mehr darüber auf den folgenden Seiten.

Während Bo in der Küche Tee kochte und darauf wartete, dass das Wasser heiß wurde, beobachtete er Gunhild aus dem Augenwinkel. Begeistert schien sie nicht. Als sie schließlich aufblickte, sah sie ihn ratlos an: »Da soll ich mitmachen? Aber ich habe doch gar keine Chance, ich kann doch gar nicht malen, ich kritzle nur so für mich herum. Da blamiere ich mich nur.«

»Mensch, Gunhild! Das hast du damals auch gesagt, als dein Vater dir die Stellenanzeige von VW gezeigt hat. Und was ist daraus geworden? Siehst du. Du könntest es doch wenigstens versuchen, du hast doch nichts zu verlieren. Da machen doch sowieso nur Laien mit.«

In Gedanken versunken nippte Gunhild an dem heißen Tee. Bo hatte schon recht, mehr als etwas Farbe und Zeit riskierte sie nicht. Sie schaute sich die Ausschreibung noch einmal genauer an. Das Thema war ›Schiffe und Häfen‹, was sollte sie dazu denn malen? Sie wohnte in Fallersleben und nicht am Meer oder an einem großen Fluss. Dann fiel ihr ein, dass sie bei ihrem Spaziergang am Kanal an einem Lastkahn vorbeigekommen waren, der im Eis eingefroren war. Der könnte ein geeignetes Motiv für den Wettbewerb sein. Sie musste gleich noch einmal los und sich diesen Kahn genauer anschauen.

Schneller als Bo schauen konnte, warf Gunhild die Decke zur Seite, zog Schuhe, Mütze und Mantel an, griff sich Notizblock und Stift und stürzte zur Tür hinaus. »Ich bin gleich wieder da!«, rief sie, während die Tür hinter ihr ins Schloss fiel.

Als sie zurückkam, ging sie zuerst in den Keller und suchte das alte Regalbrett aus der Küche. Nach einer Weile entdeckte sie es in einer der hintersten Ecken, es hatte genau das richtige Format für den eingefrorenen Lastkahn.

»Wo warst du denn? Und was willst du mit dem alten Brett?«, wunderte sich Bo, manchmal war ihm seine Freundin ein Rätsel.

Gunhild durchwühlte das Sideboard.

»Kann ich dir irgendwie helfen, meine Liebste?«

»Ja! Ich hatte doch irgendwo Ölfarben. Wo sind die bloß?«

»Ach, sieh mal einer an: Du willst doch nicht etwa jetzt sofort anfangen zu malen?«

»Doch! Jetzt hilf mir doch mal beim Suchen!«

Während er den Schreibtisch nach den Farben durchsuchte, fiel sein Blick auf ihren Notizblock. Schlagartig wurde ihm alles klar: Natürlich – der Lastkahn! Mangels einer Leinwand wollte Gunhild auf das Küchenbrett malen. Anscheinend hatte sie doch Feuer gefangen.

»Ich hab' sie!« Triumphierend hielt Bo die Ölfarben hoch, die er in der untersten Schublade gefunden hatte.

Keine zehn Minuten später saß Gunhild versunken am Küchentisch. Die Tischplatte hatten sie mit Zeitungspapier abgedeckt und das Regalbrett daraufgelegt. Auf der improvisierten Leinwand waren bereits mit zarten Bleistiftstrichen die Umrisse des eingefrorenen Lastkahns zu erkennen.

»Du weißt aber schon, dass du noch ein bisschen Zeit hast, oder? Einsendeschluss ist erst in einigen Wochen.«

»Hmmm.« Gunhild reagierte gar nicht auf Bos Worte. Konzentriert versuchte sie, den langen Kahn gut auf dem Brett zu positionieren und ärgerte sich: Sie hatte nicht genau genug hingeschaut vorhin. Morgen musste sie noch einmal hingehen, sich mehr Notizen machen und besser beobachten, wie der da im Eis festlag.

»Also ich gehe schon mal schlafen. Gute Nacht.« Bo drückte ihr einen Kuss auf den Nacken.

»Ich male noch ein bisschen weiter. Gute Nacht, Bobby.«

In den kommenden Tagen lief Gunhild mehrfach zu dem im Mittellandkanal eingefrorenen Lastkahn. Irgendwann fiel dem Binnenschiffer die Frau auf, die immer eine halbe Ewigkeit in der Kälte am Ufer herumstand und auf ihrem Block herumkritzelte. »Was machen Sie eigentlich da?«, rief er eines Tages hinüber.

»Ich male Ihren Kahn! Das wird ein Bild! Ist das in Ordnung?«, antwortete sie.

»Ein Bild? Sie malen meinen Kahn? Na, dann viel Erfolg! Ich geh' wieder rein, ist mir zu kalt hier draußen.«

Als sie ihr unfertiges Werk einige Tage später ansah, stellte Gunhild verärgert fest, dass sie das Bild ungeschickt angelegt hatte. Der größte Teil bis zum unteren Rand wurde von dem eingefrorenen Kahn beherrscht, oben zeigte sich ein Stück Himmel. »Das harmoniert nicht, das ist nicht stimmig.« Nachdem sie es lange betrachtet hatte, kam ihr die rettende Idee: Sie malte einen zweiten Kahn dazu und tauschte die ›Beladung‹ der beiden Schiffe. Der untere Teil des Bildes zeigte einen Kahn im Sommer mit einer Ladung Schrott und einer Frau beim Wäsche Aufhängen, der obere den eingefrorenen Kahn mit einer Ladung Kohlen. Sie gab ihm den Titel ›Winter und Sommer am Mittellandkanal‹. Nun stimmte die Symmetrie des Bildes und sie stellte ihr Werk in einem Rutsch fertig. Dann verpackte sie es und schickte es auf die Reise nach Hamburg. Große Hoffnungen machte sie sich jedoch nicht, wer wollte schon zwei alte Lastenkähne auf einem langweiligen Kanal sehen.

Sehr geehrtes Fräulein Terzenbach,
vielen Dank für Ihre Teilnahme an unserem Sonntagsmaler-Wettbewerb! Mehr als 11.000 Hobbymaler haben uns ihre wunderbaren Werke zugeschickt. Über diese unglaubliche Resonanz auf unsere Ausschreibung freuen wir uns sehr. Aber ganz besonders freuen wir uns darüber, dass Ihr Bild ›Winter und Sommer am Mittellandkanal‹ es unter die ersten 20 Plätze geschafft hat. Herzlichen Glückwunsch!
Hiermit laden wir Sie sehr herzlich zur Ausstellungseröffnung in Hamburg ein, wo wir alle Siegerbilder der Öffentlichkeit präsentieren und die Künstler entsprechend würdigen werden.
Mit freundlichen Grüßen
die Jury der Sonntagsmaler

»Bobby, mein Bild ist unter den ersten 20 besten von über 11.000 Werken!« Gunhild flog ihrem Freund in die Arme, kaum dass er abends bei ihr zur Wohnungstür hereinkam.

»Das ist ja großartig! Herzlichen Glückwunsch! Das müssen wir feiern! Wie gut, dass ich auf dem Heimweg Tiefkühl-Pizza und ein paar frische Champignons eingekauft habe. Die Pizza werde ich gleich veredeln und dann gibt es zur Feier des Tages einen guten Wein dazu.« Bo verschwand mit den Einkäufen in die Küche und machte sich ans Werk. »Hach, ich koche ja sooo gerne!«, flötete er übermütig, während er die Pizza auspackte und die Pilze klein schnitt.

Gunhild stand lachend in der Tür, den Brief aus Hamburg noch immer in der Hand: »Na, du toller Meisterkoch? Wart es nur ab: Zu Weihnachten schenke ich dir so eine hohe Kochmütze und dazu eine weiße Schürze!«

»Bin ich nicht ge-ni-al?! So eine großartige, fantastische, umwerfende Pizza bekommst du nicht einmal in Italien, Bella! Die ist etwas ganz Besonderes: Exquisiter Haute-Cuisine-Genuss á la Chefkoch Bobby!«

Lachend lagen die beiden sich in den Armen und tanzten durch die kleine Küche. Gunhild war glücklich: Sie hatte den tollsten Mann der Welt, dessen Charme und wunderbarer Humor sie immer wieder verblüfften. Sie hatte einen Job, der ihr Spaß machte und obendrein anständig bezahlt war, und sie hatte ein Bild gemalt, das ein paar Leute anscheinend ziemlich gut fanden. Mehr Glück ging nicht.

Zur Vernissage der Sonntagsmaler-Ausstellung fuhren sie gemeinsam nach Hamburg. Da Bo am Steuer des himmelblauen Käfers saß, schaute Gunhild entspannt aus dem Fenster und hing ihren Gedanken nach. Eigentlich war es doch verrückt: Die bedeutsamsten Schritte ihres Lebens verdankte sie den beiden wichtigsten Männern ihres Lebens: Die Meisterschule und die Stelle bei VW ihrem Vater Willy – auf beides hätte sie sich von sich aus garantiert nie beworben. Heute fuhr sie zu der Vernissage des Malwettbewerbs, von dem sie ohne Bo nichts mitbekommen hätte. Das Bild war eine ordentliche Herausforderung gewesen. Aufgrund des starken Querformats hatte sie sehr zu kämpfen gehabt, eine ausgewogene Symmetrie zu schaffen und ihr Zeichenlehrer von der Meisterschule hätte mit Blick auf ihren Malstil gesagt, sie solle endlich mehr ›Salz und Pfeffer‹ an ihre Arbeit geben. Aber das war nun mal ihr Stil, große, weit ausholende Pinselstriche mochte sie nicht, sie liebte dieses Feine, Zarte. Gleichzeitig hatte sie das Malen bei aller Anstrengung als intensiv und berauschend erlebt. Am Ende hatte sie es beinahe schade gefunden, dass das Bild fertig war. Diese Leidenschaft und Hingabe, die sie empfunden hatte, hatte sie mit stiller Freude erfüllt.

»Aufwachen, wir sind gleich da!« Bo stupste Gunhild zärtlich in die Seite und suchte ihren Blick: »Ist alles in Ordnung?«

»Aber ja – alles gut. Wieso?«

»Ich dachte schon, dir ginge es vielleicht nicht gut. Du warst so still.«

»Du hast doch auch nichts gesagt, oder?«

»Stimmt. Schlimm?«

»Kein bisschen! Wir können eben nicht nur zusammen lachen, sondern auch wunderbar zusammen schweigen.«

»Zum Glück. Ich fürchte aber, mit dem Schweigen ist es

gleich vorbei: Da warten vermutlich ziemlich viele Menschen und noch mehr Reden auf uns«, prophezeite Bo.

Er sollte Recht behalten: Die Preisverleihung entpuppte sich als Großveranstaltung. Nachdem sich die beiden in der langen Schlange am Einlass bis nach vorne durchgestanden und ihre Namenskärtchen bekommen hatten, wollten sie entspannt herumschlendern und sich die anderen Bilder anschauen. Doch daraus wurde nichts: »Entschuldigen Sie bitte, sind Sie Fräulein Terzenbach? Die Künstlerin, die das Bild ›Winter und Sommer am Mittellandkanal‹ gemalt hat?« Ein freundlicher Herr kam mit seiner Gattin mitten im Gedränge auf die beiden zu.

»Ja, die bin ich«, strahlte Gunhild den Fremden freundlich und erstaunt an. Sie waren noch keine zwei Minuten hier und schon sprach man sie auf ihr Bild an. Hatte der Mann tatsächlich ›Künstlerin‹ zu ihr gesagt?

»Guten Tag, Fräulein Terzenbach! Gestatten Sie, dass wir uns vorstellen: Mein Name ist Werner Zimmer und das ist meine Frau Elke. Wir führen die Galerie Zimmer in Düsseldorf. Meine Frau und ich sind völlig begeistert von Ihrem Bild – herzlichen Glückwunsch! Bitte entschuldigen Sie, dass wir so mit der Tür ins Haus fallen, aber wir möchten Ihnen anbieten, eine Einzelausstellung mit Ihren Bildern zu organisieren. Hätten Sie daran Interesse?«

»Eine Einzelausstellung? Das klingt hervorragend, vielen Dank! Aber ehrlich gesagt: Ich habe gar keine weiteren Bilder! Das Bild mit den beiden Kähnen ist mein erstes und auch einziges Bild.«

»Oh! Das wussten wir nicht. Aber Sie haben doch sicher vor, weiter zu malen? Sie haben großes Talent! Sie müssen unbedingt weitermachen!«

»Wirklich? Meinen Sie?« Gunhild fühlte sich geschmeichelt, aber wer wusste schon, was diese Galeristen für Leute waren? Sie kannte sich in dieser Branche mit ihren Regeln und Fallstricken gar nicht aus. Wenn sie ehrlich war, freute sie sich einfach über diesen so unerwarteten Erfolg und hatte dabei überhaupt nicht an weitere Bilder gedacht.

»Wir verstehen selbstverständlich, dass das alles für Sie jetzt sehr überraschend kommt. Bitte lassen Sie sich unser Angebot in Ruhe durch den Kopf gehen und genießen Sie heute erst einmal Ihren Erfolg. Wir hätten jedoch eine Bitte: Sollten Sie sich entschließen, weiter zu malen – und wir beide hoffen das sehr –, melden Sie sich bei uns. Wir möchten sehr gerne die Galeristen Ihres Vertrauens sein und Ihre zukünftigen Werke bei uns ausstellen. Wir glauben an Ihr großes Talent und es wäre uns eine Ehre, Sie fördern, begleiten und unterstützen zu dürfen.« Bei diesen Worten zückte Werner Zimmer eine Visitenkarte und hielt sie Gunhild hin.

»Das ist ausgesprochen freundlich von Ihnen, Herr Zimmer, ich weiß Ihr Interesse zu schätzen.« Gunhild konnte es kaum fassen, ein Angebot für eine Einzelausstellung in den Händen zu halten, mit Bildern, die es gar nicht gab. Sie brauchte dringend einen Sekt und machte sich auf die Suche nach Bo. Sie entdeckte ihren Lebensgefährten vor einem der anderen Bilder und berichtete ihm aufgeregt von ihrem Gespräch.

»Dann hast du bald viel zu tun, wenn du dort eine Einzelausstellung machen sollst. Hoffentlich bekomme ich dich dann überhaupt noch zu Gesicht! Aber jetzt hole ich uns erst mal einen Sekt. Wartest du hier auf mich? Ich bin gleich wieder da.«

Als Bo mit den beiden Sektgläsern durch die Menge balanciert kam, erwartete Gunhild ihn mit roten Wangen und strahlenden Augen: »Bobby – du glaubst nicht, was eben passiert ist! Während du weg warst, haben mich noch zwei weitere Galeristen angesprochen!«

»Nein!« Bo schaute sie verwundert an. »Das ist ja unglaublich! Du kommst noch ganz groß raus, wart's nur ab! Aber jetzt Prost! Auf dich und dein schönes Bild!«

»Und auf dich, Bobby. Ohne dich hätte ich das Bild nie gemalt und ohne das Bild wären wir beide heute nicht hier.«

Ein Gong ertönte und gemeinsam mit den anderen Gästen betraten sie den großen Saal. Auf der Bühne hatte sich die Jury eingefunden und die Reden zur offiziellen Preisverleihung begannen.

»Ich wusste gar nicht, dass es eine eigene Kunstrichtung mit der Bezeichnung ›Naive Malerei‹ gibt und dass du mit deiner Art zu malen dazugehörst«, flüsterte Bo ihr erstaunt und ein bisschen ehrfürchtig zu, nachdem ihr Bild vorgestellt und mit einem Preis ausgezeichnet worden war.

»Das hättest du dir aber eigentlich denken können, so naiv wie ich immer bin. Ich habe doch von nichts richtig Ahnung, schon gar nicht von Malerei.«

Die beiden prusteten los und ernteten sofort »Psst« und mahnende Blicke von allen Seiten.

Nach der Preisverleihung rissen sich die Galeristen förmlich um Gunhild, alle wollten mit ihr zusammenarbeiten. Als sie später zufällig dem Ehepaar Zimmer erneut über den Weg lief, sagte sie in ihrer Hochstimmung zu, weitere Bilder zu malen, exklusiv für eine Einzelausstellung der Galerie. Mit einem Handschlag besiegelten sie das Versprechen und man konnte nicht sagen, wer sich mehr freute: die Künstlerin oder ihre Galeristen.

Im Laufe des Abends schenkte sie ihr Bild spontan dem Altonaer Museum für Kunst und Kulturgeschichte, nachdem irgendjemand sie gefragt hatte, ob und zu welchem Preis sie es verkaufen würde. Woher sollte sie wissen, was ein angemessener Preis dafür gewesen wäre? Für Zahlen hatte sie sich noch nie sonderlich interessiert.

Als sie spät am Abend nach Hause fuhren, rauchte Gunhild der Kopf von den vielen Eindrücken und Gesprächen. Was für ein unglaublicher Tag! Sie war jetzt eine richtige Malerin, mit einer fest geplanten Einzelausstellung in einer renommierten Galerie in Düsseldorf. Mit Bildern, die zwar noch zu malen waren, wobei sie jedoch spürte, dass die Ideen für Motive bereits wie Schmetterlinge um sie herumflatterten und sie diese nur fangen und auf Leinwand bannen musste. Sie atmete tief durch und Bo strich ihr zärtlich über die Wange.

Nachtschichten an der Staffelei

»Du liebe Güte! Bei dir sieht's ja aus wie in einem Atelier!« Evi schlug die Hände über dem Kopf zusammen, als sie eines Sonntagnachmittags Gunhild besuchte. Überall in der kleinen Mansardenwohnung standen angefangene Bilder herum, in der Spüle lagen Pinsel zum Trocknen. Der Tisch war übersät von Tuben mit Ölfarben, für den mitgebrachten Kuchen war kaum Platz.

»Schieb einfach alles beiseite, ich komme gleich!«, rief Gunhild aus dem Bad, wo sie sich die farbbekleckststen

Hände wusch. Schon seit Wochen stand sie in jeder freien Minute an ihrer Staffelei. Sie hatte dem Ehepaar Zimmer 30 Bilder versprochen und das wollte sie halten, auch wenn das bedeutete, dass sie Tag und Nacht malen musste.

»Ist das alles nicht gerade ein bisschen viel für dich?«, fragte Evi besorgt. Im VW-Werk kamen sie gar nicht mehr dazu, in Ruhe einen Kaffee zusammen zu trinken, da Gunhild auf ihre Pausen verzichtete, um ihr Arbeitspensum zu schaffen und rechtzeitig nach Hause an ihre Staffelei zu kommen.

»Viel ist es schon«, gestand sie ihrer Freundin, »aber du weißt doch: Das ist für mich eine riesige Chance! In der Kunstszene bin ich ein Niemand, da kann ich mir dieses Angebot einer Einzelausstellung unmöglich entgehen lassen. Immer wenn ich ein Bild fertig habe, schicke ich es gleich nach Düsseldorf. Vier habe ich schon geschafft. Aber natürlich dauert das alles – du kennst ja meinen pingeligen Malstil. Aber es kommt noch besser!«

»Noch besser? Wollen du und Bo heiraten?«, überlegte Evi laut und sah ihre Freundin dabei erwartungsvoll an.

»Nein. Du weißt doch, dass uns das nicht so wichtig ist«, schüttelte Gunhild ungeduldig den Kopf. »Evi, stell dir vor: Ich habe jetzt sogar einen ersten richtigen Auftrag!«

»Aber du hast doch schon einen – den von der Galerie für deine Einzelausstellung!«

»Ja. Nein. Also, neulich klingelte mein Telefon und es war eine große Werbeagentur dran. Der Herr sagte, er hätte von der Galerie Zimmer erfahren, dass ich ganz tolle Bilder male und daher wollte er mich fragen, ob ich mir vorstellen könnte, zwölf Illustrationen zum Thema ›Bodenrechtsreform‹ zu zeichnen. Die Bilder würden dann in einer Ausstellung beim kommenden SPD-Parteitag in Hannover zu sehen sein und anschließend als Wanderausstellung kreuz und quer durch Deutschland reisen. Außerdem erscheinen sie in der SPD-Broschüre ‚argumente'. Die soll ›Warum Bodenrechtsreform?‹ oder so ähnlich heißen.«

»Das ist ja großartig! Glückwunsch! Na, dann hast du ja richtig zu tun. Ich habe allerdings keinen blassen Schimmer, um was es bei dieser Bodenrechtsreform überhaupt geht.«

»Ja, der Auftrag ist großartig, und das Thema ist mir eigentlich egal: Die haben mir die Überschriften gegeben und ich soll mir dazu was einfallen lassen. Der Witz ist: Mir ist tatsächlich sofort zu jedem Thema eine Idee gekommen. Aber weißt du, was der Haken an der Sache ist? Dieser SPD-Parteitag, auf dem die Bilder gezeigt werden sollen, ist schon in 13 Tagen …«

»Bitte?! Du sollst in 13 Tagen zwölf Bilder malen?!« Evi starrte ihre Freundin entsetzt an. Kein Wunder, dass Gunhild so dunkle Augenringe hatte.

»Genau, und das bei meinem Mal-Stil. Aber dieses Feine, Detail-Verliebte wollen die haben.«

»Und du hast zugesagt?« Evi konnte es kaum fassen.

»Ja – hab' ich.«

»Um Himmels Willen, Gunhild! Bist du wahnsinnig? Wieso hast du denn nicht unser Treffen abgesagt? Du hast doch dafür jetzt überhaupt keine Zeit!«

»Weil du mir helfen könntest.«

»Ich? Dir helfen? Wie denn? Ich habe noch nie im Leben einen Pinsel in der Hand gehabt!«

»Du sollst ja auch nicht malen«, lachte Gunhild, »sondern mir dabei helfen, die ersten beiden fertigen Bilder ordentlich zu verpacken. Vielleicht könntest du die morgen für mich zur Post bringen? Dann hat die Agentur schon mal was in der Hand.«

Evi, sonst nie um einen flotten Spruch verlegen, war sprachlos. Da hatte sich ihre Freundin aber auf was eingelassen, ihr wurde bereits vom Zuhören ganz anders. »Dann lass uns loslegen. Wo ist das Verpackungsmaterial und welche von diesen Bodenrechtsreformbildern hast du schon fertig? Hast du eigentlich noch was im Kühlschrank? Dann koche ich dir ein Abendessen für später.«

Eine gute Woche darauf fuhren sie zum SPD-Parteitag nach Hannover. Bo saß am Steuer des Käfers und Gunhild versuchte, sich nach diesem Mal-Marathon ein wenig zu entspannen. Sie hatte es tatsächlich geschafft und die zwölf Bilder rechtzeitig auf die Leinwand gebracht. Keine Frage, die Nachtschichten an der Staffelei waren anstrengend gewesen und ihr tat das rechte Handgelenk vom vielen Malen weh. Vor lauter Schlafmangel und Stress war sie zwar erschöpft, aber gleichzeitig platzte sie fast vor Stolz: Ihr erster bezahlter Auftrag - und dann gleich so ein großes Ding für die SPD! Und das alles nur, weil sie vor einigen Monaten zwei Lastkähne auf ein altes Küchenbrett gemalt hatte.

Als sie in Hannover ankamen und den Veranstaltungssaal betraten, wurden sie von einem Herrn im schwarzen Anzug begrüßt, der ein Klemmbrett mit unzähligen Blättern darauf trug. »Fräulein Terzenbach, Herr Liljequist, wenn Sie mir bitte folgen würden? Ich bin der Protokollchef für diesen Abend und bringe Sie jetzt an Ihren reservierten Tisch.« Während sie durch die riesige Halle zu ihrem Tisch liefen, erklärte er ihnen den weiteren Ablauf:

»Nach den Begrüßungsreden und einer fachlichen Einführung in die Thematik der Bodenrechtsreform werden Sie zusammen mit Bundeskanzler Willy Brandt eine Runde an den Ausstellungswänden mit Ihren Bildern drehen. Dabei sollten Sie ihm sowie Herrn Hans-Jochen Vogel in seiner Funktion als Bundesminister für Raumordnung, Bauwesen und Städtebau sowie weiteren Interessierten wie Herrn Brandts Berater Günter Guillaume die Motive sowie Ihre persönlichen Inspirationen und Ideen dazu erläutern. Lassen Sie sich nicht davon stören, dass die sehr zahlreich anwesende Presse Sie dabei begleiten wird.«

Gunhild klammerte sich an Bos Arm fest. Sie hatte zwar gewusst, dass die ganzen SPD-Größen hier versammelt sein würden, aber dass sie dem Bundeskanzler höchstpersönlich ihre Bilder erläutern sollte, damit hatte sie nicht gerechnet. »Ach du Schreck! Ich dachte, die erwähnen mich nur und dann muss ich vielleicht kurz aufstehen und huldvoll winken«, wisperte sie Bo ins Ohr.

»Der Brandt ist auch nur ein Mensch, Gunhild. Wetten, dass du sowieso kaum zu bremsen sein wirst, wenn du erst mal loslegst?« Liebevoll drückte er Gunhild einen aufmunternden Kuss auf die Wange.

Eine knappe Stunde später hatten sie die Begrüßungsreden und den sterbenslangweiligen Vortrag über die Reform des Bodenrechts endlich überstanden. Der Protokollchef kam an Gunhilds Tisch: »Jetzt geht's los! Kommen Sie bitte mit.«

Bo drückte ihr fest die Hand, bevor sie ihrem Begleiter hinterher eilte und in Richtung Podium entschwand.

Die darauffolgende halbe Stunde erlebte Gunhild wie in einem surrealen, intensiven Traum. Während sie nach vorne ging, entdeckte sie Hans-Jochen Vogel. Auf ein freundliches Nicken des Protokollchefs hin marschierte sie schnurstracks auf ihn zu, stellte sich höflich vor, hängte sich mit entwaffnender Natürlichkeit bei dem verblüfften SPD-Mann ein und zog ihn munter plaudernd zu den Ausstellungswänden. Aus dem Augenwinkel sah sie Willy Brandt von der anderen Seite kommend ebenfalls darauf zusteuern. Irgendjemand aus dem Tross stellte sie dem Bundeskanzler vor, sie begrüßten sich per Handschlag und schlenderten an den ausgestellten Bildern entlang. Gunhild plauderte charmant und unbekümmert drauflos. Sie schilderte, wie sie auf die Ideen für die einzelnen Motive gekommen war, dass dieses Feine und Genaue zu ihrem Malstil gehöre, der Fluch und Segen zugleich sei. Außerdem erzählte von ihrem allerersten Bild, das sie ausgerechnet auf ein ausrangiertes Küchenbrett gemalt hatte und mit dem sie beim Sonntagsmaler-Wettbewerb des Stern-Magazins unter den ersten 20 gelandet war. Das Blitzlichtgewitter der Fotografen begleitete jeden ihrer Schritte, ein Reporter hielt ihr ständig sein Mikro unter die Nase. Verblüfft stellte sie fest, dass es ihr inmitten dieses Trubels gelang es, ganz sie selbst zu sein. Wie von Zauberhand waren jede Aufregung, Unsicherheit und Müdigkeit wie weggeblasen. Nur eins irritierte sie: Der Bundeskanzler hörte ihr zwar aufmerksam zu, sagte aber kein Wort, sondern nickte nur freundlich und schaute sich ihre Bilder interessiert an.

Irgendwann waren sie am letzten Bild angekommen. Freundlich bedankten sich die Politiker bei ihr für die interessante Führung, schüttelten noch einmal die Hände, murmelten Verabschiedungsfloskeln und schauten verstohlen auf ihre Uhren. Schon war der Protokollchef an ihrer Seite und geleitete Gunhild zurück an ihren Platz. Erst als sie wieder neben Bo saß und ein halbes Glas Wasser getrunken hatte, kam sie auch innerlich am Tisch an. Mit großen Augen und einem tiefen Seufzer wendete sie sich fragend ihrem Partner zu: »War's das jetzt, Bobby? Hab' ich's geschafft?«

»Ja, ich glaube schon - und nach dem, was ich von hier aus sehen konnte, hast du das ganz hervorragend gemacht! Man könnte meinen, du würdest den lieben langen Tag nichts anderes machen als Bundeskanzler oder andere Prominente durch deine Ausstellung zu begleiten. Die Herren waren jedenfalls alle ganz hingerissen von dir! Ich bin fast ein bisschen eifersüchtig geworden.«

»Wieso nur ein bisschen?«, grinste Gunhild und in dem gemeinsamen Lachen mit Bo löste sich ihre seit Tagen angestaute Anspannung auf wie Frühnebel im strahlenden Sonnenschein.

Von den folgenden Reden bekam Gunhild nicht mehr viel mit. Während sich die Redner auf dem Podium weiter über die Bodenrechtsreform ausließen, flüsterte Bo ihr ins Ohr: »Während du unterwegs warst, hat der Protokollchef mir diesen Entwurf für die geplante Broschüre auf den Tisch gelegt. Die wollen dich als Illustratorin darin vorstellen und du sollst Bescheid sagen, ob du Änderungswünsche hast oder einverstanden bist. Ich glaub', die haben sich von deiner Galerie in Düsseldorf ein paar Informationen über deine neuesten Bilder geben lassen. Schau es dir mal an. Ach, übrigens: Ich wusste gar nicht, dass du verlobt bist …!«

»Oh – ich auch nicht!«

Als der STERN 1972 die Sonntagsmaler zu einem Wettbewerb aufruft, wagte Gunhild Terzenbach einen Versuch, sanft, aber nachdrücklich von ihrem Verlobten dazu gedrängt. Sie erhielt einen der ersten Preise. Seitdem malt Gunhild Terzenbach in ihrer Freizeit: meist Bilder üppiger Natur und fantastischer Thematik. Wunderschöne Idyllen, paradiesische Landschaften, naiv gemalt und doch niemals naiv, immer durch ein Moment der Irritation gebrochen: Ein Wortwitz wird zum Bild; ein Bild macht seinen Titel zweideutig. Der Vorstand der Sozialdemokratischen Partei und die ARE in Düsseldorf haben Gunhild Terzenbach gebeten, mitzuhelfen, die verwickelten und dennoch schlichten Probleme unseres überkommenen Bodenrechts deutlich zu machen. Spontan ergab sich eine erfreuliche Zusammenarbeit. Das Ergebnis liegt nun vor: eine Broschüre zur Reform des Bodenrechts mit Illustrationen von Gunhild Terzenbach. Dazu eine Ausstellung der Originale; sie wird nacheinander an verschiedenen Orten der Bundesrepublik gezeigt werden. Gunhild Terzenbachs Bilder sollen keine bloßen Kopien unserer Wirklichkeit sein. Sie sind künstlerischer Standpunkt. Und sie helfen auf eine in der politischen Kommunikation unserer Tage durchaus neue Weise, uns die Augen zu öffnen für die drängenden Probleme einer überkommenen Bodenordnung in unserem Land.

Ein neuer Stern am Kunsthimmel

Als der erste Golf im März 1974 bei VW vom Band rollte, markierte das eine Zäsur in der Firmengeschichte. Dieses berufliche Ereignis fiel fast auf den Tag genau mit einem Einschnitt in Gunhilds privatem Leben als Künstlerin zusammen: Am 12. März 1974 wurde ihre erste Einzelausstellung in der Galerie Zimmer in Düsseldorf eröffnet.

Insgesamt 30 Bilder hatte sie - wie damals in Hamburg verabredet - in den vergangenen Monaten gemalt. Mit dem letzten Bild, bei dem die Farbe noch feucht war, fuhren Gunhild und Bo zur Vernissage nach Düsseldorf. Als die beiden in der Galerie Zimmer ankamen, verschlug es ihnen fast die Sprache: Was für ein Anblick! Alle 29 Bilder hingen perfekt beleuchtet an den Wänden samt kleinen Karten mit dem jeweiligen Titel.

»Herzlich willkommen!« Elke und Werner Zimmer eilten ihren beiden Gästen freudig entgegen und nahmen Gunhild vorsichtig das letzte Bild ab. »Na, wie gefällt es Ihnen?«

Gunhild und Bo redeten vor Aufregung wild durcheinander: »Wunderbar!« - »Großartig!« - »Das sieht toll aus!«

Bei genauerer Betrachtung entdeckten die beiden auf den Schildchen zu den Bildern rote Punkte, die störend wirkten. Nachdem sie keine Erklärung entdeckten, fasste Bo sich ein Herz und fragte: »Was haben denn diese roten Punkte überall zu bedeuten? Könnten wir die vielleicht noch rasch entfernen, bevor die Gäste kommen?«

Das Ehepaar Zimmer schaute Bo so entsetzt an, als hätte er vorgeschlagen, sämtliche Bilder in den Schredder zu stecken. Dann meinte Werner Zimmer lächelnd: »Herr Liljequist, diese roten Punkte mögen Sie auf den ersten Blick stören, doch Fräulein Terzenbach und Sie werden sie mit anderen Augen betrachten, wenn ich Ihnen verrate, dass jeder dieser roten Punkte bedeutet, dass das jeweilige Bild bereits verkauft wurde - und zwar schon vor der Vernissage. Ach ja: Und wie Sie sehen, haben bereits alle einen roten Punkt.«

Gunhild und Bo ließen ihre Blicke ungläubig über die Bilder schweifen. Tatsächlich: Jedes Bild hatte einen roten

Punkt! Jubelnd fielen sich die beiden in die Arme. Gunhild weinte und lachte gleichzeitig vor Freude: »Das ist ja nicht zu fassen!«

»Nun, damit Sie uns auch glauben, was wir sagen«, schmunzelte Werner Zimmer und nestelte einen dicken Briefumschlag aus der Tasche seines Jacketts. »Bitte schön: 10.000 Mark in bar. Der Erlös Ihrer ersten Ausstellung, Fräulein Terzenbach.«

Ein paar Stunden später waren Gunhild und Bo mit ihrem Käfer auf dem Weg nach Paris. Nach der fulminanten Vernissage konnten sie unmöglich direkt zurück nach Fallersleben fahren, dieser unglaubliche Erfolg musste gefeiert werden! Spontan hatten sie alle Pläne über den Haufen geworfen, jetzt war Zeit für Übermut, lang gehegte Träume und ein bisschen Luxus!

»Jetzt wird nicht einfach nur ein schnöder Kakao im Café de la Paix getrunken, weil wir uns mehr nicht leisten können! Jetzt gehen wir direkt zu Cartier!« Bo hielt den Stadtplan von Paris in der Hand und marschierte zielstrebig los, dicht gefolgt von Gunhild, die mit dem Regenschirm kämpfte, der einfach nicht aufgehen wollte: Was war das für ein Mistwetter in der Stadt der Liebe!

»Cartier?«, rief sie hinter ihm her und stopfte den Schirm genervt in den nächstbesten Mülleimer. »Was willst du denn ausgerechnet bei Cartier, Bobby?«

»Ringe kaufen natürlich! Verlobungsringe! Da wir ja anscheinend bereits verlobt sind, wird das höchste Zeit!« Bo legte Gunhild seinen Arm um die Schultern und im Gleichschritt spazierten sie durch den strömenden Regen.

»Das mit dem ›Verlobten‹ in dem Text der Broschüre muss ich dir jetzt endlich erklären«, stotterte Gunhild verlegen. »In dem Telefonat mit der Werbeagentur damals hatte ich es irgendwann satt, immer von meinem ›Freund‹ oder meinem ›Lebensgefährten‹ zu sprechen. Da ist mir das mit dem Verlobten einfach rausgerutscht«, gestand sie und schielte dabei zu Bo hinüber, der plötzlich stehen blieb.

»Ich wollte dich schon längst gefragt haben – aber irgendwie war nie der geeignete Zeitpunkt«, antwortete er zu Gunhilds Überraschung, »und deshalb hole ich es hier und jetzt nach: Wollen wir uns endlich verloben, Gunhild?«

»Ich bin dabei!«, strahlte Gunhild glücklich und beide küssten sich leidenschaftlich mitten auf dem Trottoir, Sturm und Regen zum Trotz. Die vorbeilaufenden Passanten machten – wie es sich für die Stadt der Liebe gehört – einen höflichen kleinen Bogen um das Paar und lächelten ihnen im Vorübergehen freundlich zu.

Als sie Arm in Arm auf den Eingang von Cartier zusteuerten, verengten sich die Augen des Türstehers schlagartig zu zwei misstrauischen Schlitzen. Diese zwei sturmzerzausten, tropfnassen Gestalten wollten doch wohl nicht etwa in dieses exquisite Juweliergeschäft?

»Bonjour!«, schmetterte Bo dem Uniformierten bestens gelaunt entgegen, und Gunhild wagte sich an ein keckes »Salut, Monsieur!«. Prompt kapitulierte der Pförtner vor ihrem Charme und riss schwungvoll die Tür auf. Die beiden schwebten wie auf Wolken in den vornehmen Laden, dicht gefolgt von dem Sicherheitsmann, der das seltsame Paar vorsichtshalber nicht eine Sekunde aus den Augen ließ.

Während Gunhild sich staunend von Vitrine zu Vitrine treiben ließ und die kostbaren Schmuckstücke bewunderte, steuerte Bo die nächste Verkäuferin an. Der Herr

Ingenieur hatte längst eine sehr konkrete Vorstellung davon, wie die Ringe auszusehen hatten: schmale Platinringe, genauso, wie die Bardot sie trug. Obwohl seine Sprachkenntnisse eher dürftig waren und er keine Ahnung hatte, was ›Ring‹ oder ›Platin‹ auf Französisch hieß, verstand die Verkäuferin sofort, was er wollte: Die beiden Stichworte ›Brigitte Bardot‹ sowie ›Platin‹ in Kombination mit dem eifrigem Zeigen auf diverse Ringe machten jedes Rätseln über seine Wünsche überflüssig. Insgeheim fragte sie sich jedoch, ob dieses seltsame Paar nicht nur neugierig gucken, sondern auch bezahlen konnte.

Ihre Sorge sollte sich als unbegründet herausstellen. Nachdem sie sich rasch handelseinig geworden waren, wurden die Ringe angepasst und Bo zog einen dicken Umschlag hervor. Weltmännisch zählte er die vorher umgetauschten Francs Schein für Schein auf die Ladentheke. Man sollte die Menschen niemals nach ihrem Äußeren bewerten, dachte sich die Verkäuferin kopfschüttelnd, während Gunhild und Bo mit einem kleinen, roten Schächtelchen aus Leder in der Tasche zur Tür hinaus in den Regen verschwanden.

Nachdem sie sich in dem schicken Hotel, in das sie sich einquartiert hatten, mit einer heißen Dusche aufgewärmt hatten, bestellten Gunhild und Bo an der Rezeption eine Flasche Champagner aufs Zimmer. Sie kuschelten sich ins Bett, köpften den Schampus und stießen auf ihre Liebe, die Verlobung und Gunhilds grandiosen Erfolg an.

Als Bo eingedöst war, blätterte Gunhild noch ein wenig in dem kleinen Katalog, den die Galerie Zimmer anlässlich ihrer ersten Ausstellung herausgebracht hatte. Es war, als müsste sie sich durch das Anfassen des Papiers der

Tatsache vergewissern, dass sie das alles nicht nur träumte. Aber es war kein Traum, da drüben auf dem Schreibtisch lag das kleine rote Schächtelchen von Cartier und auf dem Katalog stand mit großen Buchstaben ›Gunhild Terzenbach‹. Elke Zimmer hatte den Text verfasst, nach einem Rückblick auf den Sonntagsmaler-Wettbewerb hieß es dort:

Es wurde eines der originellsten Bilder, die zum STERN-Wettbewerb eingereicht wurden. Gunhild Terzenbach erhielt dafür einen der ersten Preise. (…) Dieses ‚Schiffe- und Häfen'-Motiv lag Gunhild Terzenbach eigentlich gar nicht so sehr. Es reizte sie erst, als eine Beziehung zu dem Schiffer auf dem Kahn hergestellt war und die Idee der Gegenüberstellung von »Winter und Sommer« geboren war. Die Idee ist das Wesentliche an Gunhild Terzenbachs Bildern und bildet den Ausgangspunkt zum Malen. Die Komposition ist nicht skizziert oder festgelegt, sondern entsteht aus der zentralen Idee und entwickelt sich aus dem Zusammen- und Hinzufügen der einzelnen Bildelemente beim Malvorgang. Die Idee ist in vielen Fällen auch der Bildtitel und verdeutlicht somit den Einfall. Die Bildidee entsteht oft aus einer ‚Sprachidee', aus der Doppelbedeutung von Sprichwörtern, aus abgewandelten Sprichwörtern, Redensarten und Begriffen. Nicht selten zeugen die Bilder von Ironie und sanftem Humor. (…) Die Bilder Gunhild Terzenbachs sind erfüllt von der sehnsuchtsvollen Naturverbundenheit eines Großstadtmenschen, der sich einen Gegenpol zu seinem täglichen Einerlei in einer einseitigen Zivilisation schafft. Die Bilder sind vielfältig in Ideen, Farben, Formaten. Nichts ist schematisiert, nichts aus Zwang entstanden. Die Ideen sind frisch und ohne Umwege zu Bildern verarbeitet. Poetische Äußerungen einer Malerin mit einer eigenen Bild- und Ideenwelt.

Gunhild ließ die Broschüre sinken und lehnte sich in die weichen Kissen zurück. ›Poetische Äußerungen einer Malerin‹ stand da. Nicht einmal in ihren kühnsten Träumen hatte sie sich vorstellen können, eines Tages mit ihrem Gekritzel, wie sie es nannte, so erfolgreich zu sein. Und jetzt lag sie hier in einem schicken Hotel mitten in Paris neben Bo, frisch verlobt und sehr verliebt, mit einem schmalen Platinring am Finger. Verrückt, mit welch wunderbaren Überraschungen das Leben immer wieder aufwartete!

Malen macht glücklich

»Dörthe! Hier bin ich!« Gunhild stand an Bahnsteig 2 des Wolfsburger Bahnhofs und schwenkte aufgeregt ihr rotes Halstuch über ihrem Kopf.

»Gunhild!« Dörthe hatte ihre Freundin im Gewühl entdeckt und kämpfte sich mit ihrem kleinen Koffer zu ihr durch.

»Wie schön, dass du da bist!«

»Wir haben uns so lange nicht gesehen! Lass dich anschauen: Du siehst großartig aus!«

Die Freundinnen fielen einander in die Arme. Beide sahen den nächsten 48 Stunden mit gemischten Gefühlen entgegen: Die Kinderzeit in Berlin als engste Freundinnen, die miteinander geteilten Erfahrungen des letzten Kriegsjahres und die Abenteuer in der Schule lagen lange hinter ihnen. Seitdem hatte das Leben sie unterschiedliche Wege geführt und sie hatten sich all die Jahre nicht gesehen. Sie fragten sich, ob sie sich dennoch heute etwas zu sagen hatten oder ob nur das Echo längst vergangener

Zeit in ihren Gesprächen widerhallen würde. Gleichzeitig empfanden sie es als Geschenk, einander so lange zu kennen und hatten sich nie ganz aus den Augen verloren. Ab und an kam ein Brief oder eine Postkarte, später auch mal ein Anruf.

»Komm, wir fahren erst mal zu mir nach Fallersleben, dann kannst du dich frisch machen und deinen Koffer auspacken. Wenn du Lust hast, könnten wir anschließend einen Spaziergang am Mittellandkanal machen. Was hältst du davon?«

Gunhild lotste ihre Freundin aus dem vollen, lauten Bahnhofsgebäude und steuerte auf den Parkplatz zu, wo ihr Käfer wartete. Ihren himmelblauen hatte sie inzwischen gegen ein moderneres Exemplar eingetauscht: Selbstverständlich fuhr sie als VW-Mitarbeiterin den Weltmeister-Käfer in ›ihrem‹ Marathon Metallic.

»Klingt prima!«, freute sich Dörthe und atmete erleichtert auf: Die ersten Momente mit ihrer langjährigen Freundin waren seltsam vertraut und schön.

Zwei Stunden später schlenderten die beiden Frauen den Fußweg am Kanal entlang. Das Wetter war herrlich: Die Sonne schien vom strahlend blauen Himmel, ab und an wehte ein sanftes Lüftchen, die Vögel zwitscherten.

»Jetzt erzähl' aber mal: Wie geht es dir? Was ist bei dir gerade so los?«, fragte Dörthe und hängte sich bei ihrer Freundin ein.

»Oh, ich weiß gar nicht, wo ich da anfangen soll«, gestand Gunhild, »ich glaube, so viel wie derzeit war selten los bei mir. Irgendwie passiert gerade alles auf einmal.«

»In deinem letzten Brief hattest du mir von deiner ersten Ausstellung berichtet. Wo war das noch mal?«

»In Düsseldorf, in der Galerie des Ehepaars Zimmer. Die beiden hat mir wirklich der Himmel geschickt – sie sind nicht nur unglaublich freundlich, sondern vermitteln mir auch ganz viele Aufträge«, berichtete Gunhild.

»Was für Aufträge denn?«, hakte Dörthe nach.

»Tja, das ist schon ein recht bunter Mix. Neben den Illustrationen für die Broschüre für die SPD zur Bodenrechtsreform, von der ich dir geschrieben hatte, hat mir die Galerie noch zahlreiche weitere Aufträge vermittelt. Auf ihr Anraten hin habe ich bei einem Wettbewerb eines großen Joghurtherstellers mitgemacht und demnächst wird mein Bild mit einem Huhn und einem Gartenstuhl auf Joghurtbechern zu sehen sein. Außerdem hat Tchibo drei Bilder von mir für die Bilderrahmen gekauft, die sie derzeit im Sortiment haben. Diese Bilder hatte ich sowieso schon fertig, das hat also keine Extra-Arbeit bedeutet. Viel Aufwand war hingegen die Broschüre für den DGB, die ich bebildert habe. Und wenn alles mit den Verhandlungen klappt, werde ich im kommenden Jahr eine Broschüre der ÖTV illustrieren.«

»Das ist ja unglaublich, ich freue mich riesig für dich, Gunhild. Wer hätte gedacht, dass aus dir so eine erfolgreiche Malerin wird! Ich finde es jedoch schade, dass du gar nicht mehr Porzellan bemalst. Damals hast du gesagt, dass dir die Porzellanmalerei viel Spaß macht.«

»Auch da gibt's Neuigkeiten, Dörthe. Halt dich fest: Ich mache nebenbei Porzellanmalerei für Fürstenberg.«

Dörthe war abrupt stehengeblieben und starrte ihre Freundin mit aufgerissenen Augen an: »Nebenbei?! Mein Gott, Gunhild, hat dein Tag 37 Stunden statt 24 oder wie schaffst du das?«

Kurze Zeit später saßen die beiden in einem hübschen

Café mit Blick auf den Kanal, und Gunhild erklärte: »Irgendwann ist mir eine Anzeige von Fürstenberg über den Weg gelaufen, dass sie Porzellanmaler suchen. Nachdem dort stand, dass man sich die Zeit frei einteilen kann, habe ich mich beworben und bemale seitdem Medaillons mit den Tierkreiszeichen und vor allem Wandteller mit den Motiven der vier Jahreszeiten und eine Serie mit dem Titel ›Paradies‹. Die gehen wohl ganz gut weg, ich musste mir jedenfalls schon wieder neue Motive dafür einfallen lassen.« Gunhild steckte sich genüsslich ein Stück Erdbeertorte in den Mund.

Einen Augenblick lang saßen sich beide schweigend in Gedanken versunken gegenüber. Gunhild schämte sich plötzlich, dass sie den ganzen Weg hierher nur von sich erzählt hatte. Sie musste jetzt unbedingt Dörthe fragen, wie es ihr ging – sonst sah das ja aus, als sei sie völlig egoistisch geworden.

Gleichzeitig überlegte Dörthe, was sie auf Gunhilds unvermeidliche Frage nach ihrem Berliner Leben antworten sollte. Was hatte sie schon zu erzählen? Sie hatte zwei entzückende Jungs, ihren Job als Verkäuferin in einer kleinen Boutique hatte sie seit der Geburt der Kinder nicht wieder aufgenommen. Wie langweilig das klang: Sie war Hausfrau und Mutter. Da führte ihre Freundin ein viel aufregenderes Leben. Unwillkürlich ertappte sie sich dabei, dass sie ein bisschen neidisch auf sie war. Schnell schüttelte sie den Gedanken wieder ab, bestimmt hatte Gunhild ihre eigenen Sorgen. Ob Bo und sie wirklich keine Kinder wollten? Durfte sie so etwas Persönliches überhaupt fragen? Und hatte Gunhild vorhin nicht von Bo als ihrem Verlobten gesprochen?

Nachdem sie bezahlt hatten und sich auf den Rückweg machten, forderte Gunhild: »Jetzt musst du mir aber unbedingt von dir erzählen!« Gleichzeitig fragte Dörthe: »Sind Bo und du jetzt wirklich verlobt?« Lachend wollten sie einander den Vortritt lassen.

»Ich habe schon die ganze Zeit von mir erzählt – jetzt bist ganz eindeutig du dran. Keine Widerrede!« Gunhild stupste ihrer Freundin mit dem Zeigefinger gegen die Brust.

»Bei mir gibt es ehrlich gesagt gar nicht so viel zu erzählen. Meine beiden Jungs wachsen und gedeihen prächtig und sind unser ganzer Stolz. Der Große hat gerade seine Liebe zum Fußball entdeckt, deswegen verbringe ich viel Zeit auf Fußballplätzen, wo er mit seiner Kindermannschaft trainiert. Der Kleine wird Ende des Sommers eingeschult und läuft deswegen schon seit Wochen mit seinem neuen Schulranzen herum. Herbert arbeitet nach wie vor bei der Bank, und wenn nicht gerade einer der Jungs krank im Bett liegt, gehen wir es sogar hin und wieder donnerstags zum Tanzen. Aber sonst …« Dörthe zuckte mit den Schultern, nachdem sie ihr Leben in wenigen kurzen Sätzen geschildert hatte. Musste sie sich jetzt dafür schämen? Nein, ihr gefiel es, auch wenn es weit entfernt war von dem, wie Gunhild lebte.

»Hauptsache, du bist glücklich, Dörthe, oder?«

»Ja, das bin ich. Ich weiß, es klingt in deinen Ohren vielleicht langweilig. Nach außen hin passiert natürlich nichts Aufregendes, aber im Kleinen gibt es täglich so viele Wunder zu bestaunen. Ich finde es zwar anstrengend, die Jungs zu erziehen, aber es ist auch wunderbar, sie dabei zu beobachten, wie sie sich entwickeln und jeden Tag ein kleines bisschen eigenständiger werden.«

»Aber nein, es klingt alles überhaupt nicht langweilig. Es ist nur ganz anders als bei mir, was natürlich auch daran liegt, dass wir keine Kinder haben. Aber da waren Bo und ich uns von Anfang an einig, für mich sind in gewisser Weise meine Bilder meine Kinder, verstehst du?«

»Das hast du ja schön gesagt! Wie entstehen eigentlich deine Bilder? Woher nimmst du die ganzen Ideen?«

»Oh nein, jetzt sind wir schon wieder bei mir«, stöhnte Gunhild mit gespieltem Ernst, doch Dörthes Frage fand sie spannend – auch deswegen, weil sie gar nicht wusste, was sie darauf antworten sollte. Wie konnte sie Dörthe diesen Prozess beschreiben?

»Das ist schwer zu erklären, aber ich versuche es mal: Ich sehe ein Bild fertig im Kopf, ich habe meistens eine klare Vorstellung davon, die ich versuche, auf die Leinwand zu übertragen. Während des Malens kommt es jedoch vor, dass sich das Bild ganz anders entwickelt, als ich das ursprünglich geplant hatte. Oft steht am Anfang eines Bildes auch eine kleine Geschichte. Erinnerst du dich an das Bild, das gerade auf meiner Staffelei steht? Es soll ›Das kann der Hund nicht leiden‹ heißen. Die Idee dazu kam mir im Kino, wo ich eine Schauspielerin mit einer Stola in einer Filmszene sah, deren besondere Körperhaltung mir nicht aus dem Kopf ging. Diese Frau habe ich zunächst auf ein Landschaftsbild gemalt. Dann ging die Geschichte bei mir im Kopf weiter und ich habe neben sie eine Schaukel mit einem Kind darauf gemalt. Dann erschien vor meinem geistigen Auge neben ihr ein kleiner Hund, der aufgeregt bellte. Als Gegenpart zu diesem kläffenden Hund kam als nächstes ein Stuhl mit einer darauf schlafenden Katze dazu, die wieder Ruhe in das Bild bringt. Solche verrückten Dinge passieren beim

Malen in meinem Kopf.«

Dörthe hörte Gunhild mit wachsendem Erstaunen zu: »Das ist ja spannend! Erzähl' weiter!«

»Ich finde besonders Tiermotive und auch Stillleben interessant, außerdem macht es mir Freude, Sprichwörter in meine eigene Bildsprache zu übersetzen. Tiermotive finde ich reizvoll, weil ich sehr gerne Federn und Fell male. Ich liebe es, wenn es mir gelingt, diese feinen Strukturen gut hinzukriegen. Für mich ist dieses feine, pingelige Malen ein Merkmal von Qualität. Neulich waren Bo und ich in Barcelona und haben eine Picasso-Ausstellung besucht. Was habe ich mich da aufgeregt über den Kerl: Picasso hat ganz dicke Farbknoten auf seinen Bildern!«

»Gunhild! Du wirst doch nicht auf den großen Picasso schimpfen!«, entfuhr es Dörthe.

»Doch, und wie ich das kann!« Gunhild war nicht zu bremsen: »Die dicken Farbknoten waren nicht mal alles, es waren sogar Pinselhaare auf den Bildern! Unmöglich finde ich das! Also für mich ist das einfach nur frech hingerotzt, da war ich wirklich enttäuscht.«

»Gunhild!«

»Ach, ist doch wahr. Aber versteh' mich nicht falsch: Sein Stil ist unglaublich – ich verehre ihn, genauso wie zum Beispiel Cézanne, van Gogh oder auch Degas. Ich kann mir auch die Bilder von Paul Klee und Pieter Brueghel stundenlang angucken und entdecke jedes Mal wieder etwas Neues darin, das finde ich sehr beeindruckend. Mit Andy Warhol, für den viele heute schwärmen, kann ich hingegen nicht so viel anfangen. Das Malen von Porträts und Händen überlasse ich übrigens lieber den alten Meistern, meine Versuche diesbezüglich sahen bisher immer furchtbar aus.«

»Macht das Malen dich glücklich, Gunhild?«

Überrascht wandte sie sich ihrer Freundin zu, über diese Frage hatte sie noch nie nachgedacht. Dann spürte sie die Antwort aus den Tiefen ihrer Seele wie eine sprudelnde Champagnerperle emporsteigen – glitzernd, prickelnd und verheißungsvoll: »Ja!« Es war ein Ja voller Leidenschaft und Freude.

Mühen des Hand-Signierens

Die Fragen, wie ihre Bilder entstanden und sie ihre Motive fand, gingen Gunhild in den Wochen nach Dörthes Abreise nicht mehr aus dem Kopf. Nach der Arbeit malte sie an den Bildern für ihre zweite Ausstellung in der Galerie Zimmer. Da es ihr schwer fiel, diesen kreativen Prozess zu verstehen oder gar zu beschreiben, staunte Gunhild über den Textentwurf von Elke und Werner Zimmer für den nächsten Ausstellungskatalog: Wie kamen die beiden auf diese schlauen Formulierungen und Gedanken? Ob bei den Galeristen beim Schreiben das Gleiche passierte wie bei ihr beim Malen?

Fast 1,5 Jahre ist es her, dass wir die Bilder Gunhild Terzenbachs in einer Einzelausstellung vorstellten. Nach dem großen Erfolg dieser Ausstellung stellen wir in der zweiten Einzelausstellung die inzwischen gemalten Bilder vor. Dieses Mal herrschen Motive aus der Pflanzen- und Tierwelt vor. Bis in die tiefsten Urwälder Afrikas führen uns die Bilder. Es ist allerdings ein entmystifizierter Urwald, der uns da aufgezeigt wird. Mit äußerster Sorgfalt und Genauigkeit schildert Gunhild Terzenbach uns zunächst die abwechslungsreichen Pflanzen-

und Blumenformen. Im Dickicht des tropischen Buschwerks – da gibt es sie noch: die wilden, freien, schönen Tiere. Zu gern würden wir uns den Träumen vom ›Paradies‹ hingeben, bis wir – fast wären wir diesen Träumen verfallen – feststellen müssen, dass es so gar nicht gemeint ist: Weint das Krokodil da nicht die Krokodilstränen? Gleicht der Löwe nicht eher seinem steinernen Standbild an der Eingangstüre eines hiesigen Zoos? Träumt der Leopard nicht seinerseits von dem ‚verlorenen grünen Paradies'? Es wären nicht die Bilder Gunhild Terzenbachs, wenn es anders gemeint wäre. Zu sehr hat sie Spaß an der Satire, was auch diesmal nicht zuletzt durch die Bildtitel belegt wird.

Gunhild hatte das Gefühl, dass die Galeristen fast besser als sie selbst verstanden, wie ihre Bilder ›gesehen‹ werden sollten. In letzter Zeit war ihr Kontakt immer enger und persönlicher geworden, sie hatten sich gegenseitig besucht, Postkarten und Telefonate gingen hin und her. Durch ihre Anstöße hatte ihre Zweit-Karriere als Malerin an Fahrt gewonnen. Durch die Vermittlung der Zimmers hatte der Bertelsmann Buchclub ihr Bild ›Majestät im Orchideenwald‹, das Teil ihrer ersten Ausstellung war, als gerahmte Reproduktion in sein Sortiment aufgenommen. Jedes Exemplar dieser Exklusiv-Serie mit einer Auflage von 1000 Exemplaren wurde mit einem von ihr signierten Zertifikat verkauft. Den Begleittext auf dem Zertifikat hatte das Ehepaar Zimmer entworfen. Darin hieß es unter anderem:

Heute ist die Künstlerin Mitarbeiter im Design-Bereich einer großen Automobilfirma und zusätzlich – also mehr als nur nebenher – malt sie ebenso liebenswürdige wie leicht irritierende Bilder im ›naiven‹ Stil. Bilder, die erfüllt sind von der sehnsuchtsvollen Naturverbundenheit eines Großstadtmenschen. Vielfältig in Farbe, Format und Idee, die oft aus einer sprachlichen Doppeldeutigkeit von Redensarten und Begriffen entsteht und durch den Bildtitel verdeutlicht wird. Poetische Äußerungen einer Malerin mit unverwechselbar eigener Bild- und Ideenwelt.

Am meisten freute sich Gunhild über das Foto, das die Zimmers für das Zertifikat ausgewählt hatten. Es war ein Bild von ihr mit einem niedlichen Affen auf dem Arm, das bei ihrem Verlobungstrip nach Paris entstanden war. Im Kaufhaus Lafayette hatte ein Fotograf mit dem Äffchen gestanden und Fotos gemeinsam mit dem Tier angeboten. Sie hatte gleich an den kleinen Affen im Berliner Zoo denken müssen, der damals ihre Monatskarte geklaut hatte. Dass sie sich mit diesem Affen fotografieren lassen musste, stand außer Frage.

Hochzeit für 4,50 Mark

Gunhild fühlte sich wie in einem Traum. Vor vier Tagen war sie mit Bo in Bangkok gelandet, und seitdem waren sie in einer anderen Welt unterwegs. Natürlich hatte sie vor der Reise in dem Thailand-Reiseführer geblättert, doch was sie sah, überstieg all ihre Vorstellungen.

In den ersten Tagen hatten sie den riesigen liegenden Buddha bestaunt, waren im großen Palast und im Lumphini Park gewesen und über den Chatuchak Markt spaziert. Mit Begeisterung hatten sie sich durch sämtliche Gerichte des Landes probiert, vom Nationalgericht Pad Thai über die Garnelensuppe Tom Yum Goong bis zu diesem köstlichen Papayasalat Som Tum mit Chili, Limette und Erdnüssen. Diese Vielfalt der Aromen war einfach unglaublich! Interessiert hatten sie sich nach den Rezepten erkundigt, damit sie die Gerichte zu Hause nachkochen konnten.

Als Gunhild am Morgen des 29. Dezembers 1975 vom Zähneputzen aus dem Bad kam, fiel ihr der merkwürdige Blick auf, mit dem Bo sie seit dem Aufstehen anschaute.

»Was guckst du denn so, Bobby?«

»Och – ich gucke, wie du aussiehst.«

»Na ja, so wie immer, oder?«

»Ja, schon – aber wo wir doch heute heiraten ...«

»Wie bitte? Hast du gerade heiraten gesagt?!«

»Ja, hab' ich mir so gedacht.«

Jetzt fiel ihr wieder ein, dass er vor ein paar Wochen nebenbei fallen gelassen hatte, dass sie in Bangkok heiraten könnten. Sie hatte das für einen seiner üblichen Scherze gehalten und nicht weiter ernst genommen. Als sie jetzt sein jungenhaft-freches Grinsen sah, musste sie lächeln: »Moment mal! Wenn wir tatsächlich heute heiraten, dann ziehe ich mein neues Kleid aus rosafarbener Wildseide an, das ich mir gestern habe nähen lassen!«

Keine fünf Minuten später stand Gunhild vor ihm: »Ich bin startklar, und wo und wie heiraten wir jetzt?«

Vor dem Hotel stiegen sie in ein Taxi und Bo reichte dem Fahrer einen Zettel mit einer Adresse. Der Taxifahrer nickte und gab Gas. Einige Zeit später fuhren sie durch eine Art Verwaltungsviertel, Gunhild erspähte einige Pfahlbauten und hatte den Eindruck, dass sie sich schon fast auf dem Land befanden. Schließlich hielt das Taxi vor einem dieser Stelzenhäuser an und ihr Fahrer deutete freundlich lächelnd auf das Gebäude.

»No problem!«, beteuerte der dortige Standesbeamte, als sie ihm ihr Anliegen vortrugen, und ließ sich ihre Reisepässe geben. Gunhild und Bo mussten sich zusammenreißen, um nicht loszuprusten, als er mühsam versuchte, ihre für thailändische Zungen unglaublich schwierigen Namen unfallfrei über die Lippen bekommen:

Gunhild Gertrud Terzenbach
und Bo Ingver Olof Liljequist

Beim Ausfüllen der für die Hochzeit notwendigen Unterlagen tauchte plötzlich doch ein kleines Problem auf: Sie brauchten zwei Trauzeugen. Wo sollten sie die jetzt so schnell herzaubern?

»No problem!«, beteuerte der Standesbeamte erneut und lief hinaus auf die Straße, wo er wild gestikulierend auf zwei zufällig vorbeikommende Mädchen einredete. Die jungen Damen lächelten scheu, folgten ihm aber kichernd ins Standesamt, wo sie von Bo diskret ein unverhofftes Taschengeld als Dankeschön überreicht bekamen. Dann stand der kleinen Zeremonie nichts mehr im Wege und die Liljequists verließen nach der kurzen, nüchternen Amtshandlung mit einer großen, bunten Urkunde als frischgebackenes Ehepaar das Amt.

»Weißt du, was uns das jetzt gekostet hat?« Bos Augen glitzerten vor Begeisterung, als er mit der knallbunten Urkunde fröhlich in der warmen Luft herum wedelte. »Umgerechnet 4,50 Mark! Unglaublich, oder? Und stell' dir vor: Eine Scheidung würde genau das gleiche kosten!«

»So so! Da hast du dich also auch gleich erkundigt?«, grinste Gunhild. Bo zuckte mit keiner Wimper, sondern antwortete mit größter Selbstverständlichkeit: »Natürlich!«

»Gunhild Liljequist« meldete sich Gunhild nach ihrer Rückkehr stolz, wenn bei ihr im Büro das Telefon klingelte. Ihre Kolleginnen und Kollegen bei VW konnten es am Anfang kaum glauben: »Ihr habt in Thailand geheiratet?!« Erst nachdem sie sich von ihrer Überraschung erholt hatten, gratulierten sie der frisch vermählten Gunhild zur Hochzeit.

Einige Tage nach ihrer Rückkehr sah Evi ihre Kollegin betrübt in der Kantine sitzen und gesellte sich mit einem Kaffee zu ihr. »Was hast du denn?«, wollte sie wissen.

Gunhild seufzte auf: »Weißt du, eigentlich haben wir hier doch alle ein gutes Verhältnis unter den Kollegen und wenn jemand etwas zu feiern hat, schenkt man sich eine Kleinigkeit. Doch jetzt, wo ich geheiratet habe, habe ich nicht einmal einen einzigen Blumenstrauß bekommen. Es kamen nur ein paar lauwarme Worte, mehr nicht.«

Evi, die in den letzten Tagen einige Gespräche der Kollegen beim Essen mitbekommen hatte, meinte: »Ach, mach‘ dir keine Gedanken, Gunhild. Irgendwer hat doch immer irgendwas zu meckern.«

»Aber was gibt es denn wegen meiner Hochzeit zu meckern? Das ist doch etwas Schönes! Ich jedenfalls gebe mir immer große Mühe, allen Kollegen zum Geburtstag, zum Betriebsjubiläum oder eben zur Hochzeit etwas Hübsches zu schenken.«

»Ach, Gunhild, so bist du – aber so sind eben nicht alle. Viele meinen, dass du ja nicht ausgerechnet im Urlaub irgendwo weit weg hättest heiraten müssen«, versuchte Evi vorsichtig zu erklären. Als sie sah, wie fassungslos Gunhild war, nahm sie ihre Freundin in den Arm und drückte sie fest. Zum Glück konnte Gunhild schon wieder lächeln. Mit einem verwegenen Grinsen gestand sie ihrer Freundin: »Weißt du, was ich richtig gut finde am Verheiratet-Sein? Dass mich jetzt endlich niemand mehr mit ›Fräulein‹ anspricht – das ist mir ja so was von auf die Nerven gegangen! Mensch, ich bin schließlich 39 Jahre alt, da bin ich doch kein ›Fräulein‹ mehr!«

Champagner!

Heute musste es Champagner sein: Gunhild und Bo hatten nach langer Suche ihr Traumhaus gefunden. Nachdem die Umzugskisten endlich ausgepackt waren und sie für fast alles einen Platz gefunden hatten, wollten sie ihr neues Heim ordentlich begießen. Bo hatte seine alberne Kochmütze und die Schürze bereitgelegt – beides Gunhilds Geschenke für den meisterlich tricksenden Sternekoch. Zur Feier des Tages würde er höchst persönlich kochen und nicht lediglich eine schnelle Pizza frisieren. Es sollte Coq au vin geben – ihr Festessen für besondere Anlässe.

›Waldesruh‹ lautete ihre neue Adresse – und der Name war Programm: Ihr Heim lag mitten in einem Wald bei Gifhorn, mit großen Fenstern, durch die das Licht hereinflutete. Bei der Einrichtung hatten sie sich vom Bauhaus-Stil inspirieren lassen. Im Haus war nicht nur Platz für ein kleines Atelier oben unterm Dach, sie hatten auch einen großen Garten und vor allem Ruhe. Statt Verkehrslärm gab es Vogelgezwitscher, jede Menge niedliche Eichhörnchen, und ansonsten viel nichts, genauso, wie sie es gesucht hatten.

»Waldesruh klingt wie Friedhof«, hatte Bo zwar trocken kommentiert, als sie das erste Mal hier rausgefahren waren, um das Haus zu besichtigen, aber das idyllische Anwesen hatte sie mit seinem Charme und der ruhigen Lage sofort verzaubert.

Als Gunhild und Bo einige Tage nach ihrem Einzug vom Einkaufen zurückkamen, trafen sie ihre neuen Nachbarn im Garten und stellten sich vor. Bevor sie sich verabschiedeten, vereinbarten sie mit Jutta und Siegfried Glöckner einen Termin für ein Einweihungsfest in 14 Tagen.

Eine Woche später saß Jutta Glöckner beim Friseur und blätterte durch die neueste Ausgabe der ›Quick‹, da fiel ihr vor Überraschung fast die Zeitschrift aus der Hand: In der Rubrik ›Kunst‹ hatte sie ihre neue Nachbarin entdeckt. Staunend las sie, dass Frau Liljequist nicht nur bei VW arbeitete, sondern obendrein unter ihrem Mädchennamen Terzenbach auch eine bekannte Malerin zu sein schien. Bei ihrem Treffen neulich hatte Frau Liljequist zwar erwähnt, dass sie nebenbei ein bisschen male, aber wer nur so ›nebenbei‹ malte, landete bestimmt nicht in der ›Quick‹. Die Zeitschrift hatte immerhin eine Auflage von weit mehr als eine Million Exemplaren. Neugierig studierte Jutta Glöckner das Foto und den Text dazu:

Schon als sie ein kleines Mädchen war, ›beschmierten ihre Narrenhände Tisch und Wände‹ mit Buntstiften und Wasserfarben. Jedenfalls hatte die 1936 in Berlin geborene Gunhild Terzenbach als Schulkind manchen Verweis ihrer Lehrer einzustecken. Mit bunten Farben hatte sie schon immer gern zu tun. Aber dass sie deswegen ›hauptberuflich malen würde‹ – das kann sie sich auch heute noch nicht vorstellen: »Dann würde es sicher nicht mehr klappen.« So aber, da sie nur aus Freude an der Sache zum Pinsel greift, klappt es sehr gut. Gunhild

Terzenbach, die 1972 ihr erstes Ölbild auf ein Küchenregalbrett malte und dafür bei einem großen Laienmaler-Wettbewerb gleich den ersten Preis gewann, arbeitet im Hauptberuf als Farb-Designerin bei VW in Wolfsburg. Mit ihrem Mann, einem Schweden, lebt sie seit kurzem in einem Haus mitten im Wald bei Gifhorn. Für ihr Bild ›Witwe im Park‹ hat sie vier Wochen benötigt – und sich dafür etwas überwinden müssen. Denn eigentlich hat sie ›Angst, Menschen zu malen‹.

Bei ihrem ersten Besuch bekamen die Glöckners eine Vorstellung davon, was Gunhild in fürchterlicher Untertreibung als ›Ich male nebenbei auch ein bisschen‹ bezeichnet hatte. An allen Wänden hingen von ihr gemalte Bilder. Staunend betrachteten Jutta und Siegfried die Werke, während Bo in der Küche hantierte und Gunhild eine kleine Hausführung für die neuen Nachbarn anbot. Ein lautes ›Plopp‹ lockte alle zurück ins Esszimmer, um mit Champagner auf das Haus und die zukünftige Nachbarschaft anzustoßen.

Es war ein netter Abend, beide Paare spürten schon nach wenigen Stunden des Plauderns und Lachens, dass sie nicht nur neue Nachbarn, sondern auch neue Freunde gefunden hatten. Obwohl die Glöckners einige Jahre jünger als die Liljequists waren, konnten sie alle vier über Gott und die Welt diskutieren. Als die Männer sich später mit einem Cognac vor den Kamin setzten, füllte Gunhild ihrer neuen Freundin Jutta noch einmal Champagner nach.

»Hast du eigentlich schon öfter mit deiner Malerei in der Zeitung gestanden oder war das in der Quick das erste Mal?«, fragte Jutta und statt einer Antwort zog Gunhild einen Ordner aus dem Regal.

»Nach meiner ersten Einzelausstellung wurde das erste Mal über mich als Malerin berichtet«, erzählte Gunhild und zeigte ihr den ersten Artikel, der über sie erschienen war. Er stammte aus der WAZ vom 13. März 1974:

Märchenhaft und skurril – Gunhild Terzenbach
Die naive Malerei ist daher etwas in Misskredit geraten, dass viele Künstler der Routine anheimfielen. Umso erfreuter registriert man das Erscheinen einer originären Begabung. Gunhild Terzenbach zeigt in der Galerie Zimmer ihre erste Einzelausstellung. Ihre bevorzugten Motive sind märchenhaft und skurril. Sie malt einen baumumstandenen Teich, in dessen Vordergrund das Spiegelbild einer Eule sichtbar wird, und nennt das Werk ›Der große Eulenspiegel‹. Ein Leopard spaziert über die berühmte Chinesische Mauer (›Die chinesischen Mauerblümchen‹), eine diebische Elster blickt auf ein majestätisch im Gras liegendes Einhorn herab. Man kann Frau Terzenbach nur wünschen, dass sie ihre mit liebenswerter Sorgfalt ausgeführten Öle auch weiterhin ohne Anfälligkeit für Perfektion malt.

Jutta war begeistert: »Liebenswerte Sorgfalt – genau das habe ich auch gedacht, als du uns vorhin deine Bilder gezeigt hast! Du hattest doch aber noch mehr Ausstellungen in Düsseldorf, oder?«

»Ja, die zweite war im Herbst 1975 und die letzte im November 1976«, berichtete Gunhild.

»Und wann kommt die vierte …?« neckte Jutta – doch Gunhild winkte ab: »Erst mal nicht. So eine Einzelausstellung macht ganz schön viel Arbeit – nicht nur das Malen, sondern auch organisatorisch. Aber ein paar Bilder von mir sind demnächst auf einer Ausstellung in der Schweiz zu sehen, und kommendes Jahr ist geplant, dass Bilder von mir zu einer Ausstellung nach Frankreich gehen. Das klingt jetzt natürlich alles wahnsinnig aufregend, aber wenn ich ehrlich bin, bedeutet es mir nicht besonders viel. Natürlich ist diese mediale Aufmerksamkeit nett und ermöglicht mir auch eine andere Preisgestaltung für meine Bilder, das sagt jedenfalls meine Galerie. Mich interessiert das nicht sonderlich, eigentlich möchte ich nur in aller Ruhe malen. Deswegen freue ich mich, dass wir dieses schöne Haus hier gefunden haben. Hier habe ich Platz und kann endlich ungestört an meinen Bildern arbeiten. Wenn ich male, dann vergesse ich alles um mich herum, da bin ich wie in einer anderen Welt. Das ist wunderbar. Aber ich muss natürlich auch dazusagen: Dass ich so ungestört malen kann, verdanke ich Bobby. Er hält mir den Rücken frei, geht einkaufen und kocht oft abends für uns. Ohne ihn … Na, du verstehst schon.«

»Bo kocht immer? Nicht nur an solchen besonderen Tagen wie heute?« Jutta schaute Gunhild überrascht an und linste unauffällig zu den beiden Männern am Kamin hinüber. Ein Mann am Herd - das war keine Selbstverständlichkeit.

»Ja, Bo und ich führen eine gleichberechtigte Ehe«, bestätigte Gunhild, »und ich weiß, dass er im Vergleich zu manch anderen Männern eine echte Ausnahme ist. Das ist einer der vielen Gründen, warum ich bis heute in ihn so verliebt bin wie am ersten Tag.«

Die beiden Frauen lächelten sich an und stießen auf ihre Männer und auf das Glück, das sie mit ihnen hatten, an.

Müde und angeschickert kehrten die Glöckners spät in der Nacht in ihr Zuhause zurück. In beiden klang die Begegnung mit den intensiven Gesprächen nach.

»Das sind ja wirklich zwei ganz besondere und sehr interessante Menschen«, sagte Siegfried nachdenklich, während er in seinen Schlafanzug schlüpfte, und Jutta ergänzte: »Ja, das stimmt – und sie passen auch ausgesprochen gut zusammen! Ich glaube, dass Bo in dieser Ehe der ruhende Pol ist, während Gunhild die Lebhaftere von beiden ist. Mir scheint, sie versteckt ihren weichen Kern unter einer rauen Schale. Vielleicht, weil sie bei VW schon so lange in einer typischen Männerwelt arbeitet.«

»Sie ergänzen sich gerade durch ihre Gegensätzlichkeit«, bestätigte Siegfried.

»Was für ein Glück, dass wir so tolle Nachbarn bekommen haben, das hätte auch anders kommen können. Hilfst du Bo bald mal beim Anlegen des neuen Komposthaufens? Ich glaube, du hast da etwas mehr Erfahrung als die beiden«, fragte Jutta ihren Mann, doch statt einer Antwort hörte sie nur ein leises Schnarchen.

6. INSPIRATIONEN

Kamillentee für Colani

»Guten Morgen, Gunhild! Kommst du nachher auch zu der Werksschau von Colani in der Walhalla?«

»Hallo Evi! Na klar, bin dabei.« Nachdem sie sich für kurz vor halb drei vor der Vorführhalle verabredet hatten, legte Gunhild den Telefonhörer auf und schaute auf die Uhr. Bis zu Luigi Colanis Werksschau war noch eine knappe Stunde Zeit. Schon den ganzen Morgen herrschte im VW-Werk hektische Betriebsamkeit. Lieselotte aus dem Büro gegenüber hatte sicher wieder eine Flasche Sekt kaltgestellt. Sie war eine große Verehrerin von Colani und versuchte jedes Mal, ihm zufällig über den Weg zu laufen, wenn der international Furore machende Star-Designer im VW-Werk unterwegs war. Angeblich war Colani neulich sogar in der Werkskantine gewesen und hatte den verdutzten Angestellten Trinkgeld gegeben.

Gunhild fand seine Designideen, deren Formensprache von der Natur inspiriert sein sollten, interessant. Mit seinem ›Biodesign‹, wie Colani es nannte, hob er die Grenzen der bisherigen Gestaltungsformen auf, kein Objekt war vor seiner Umgestaltung sicher. Das VW-Werk kooperierte bereits einige Zeit mit dem Designer, ohne bisher ein konkretes Projekt zu verfolgen. An den Werkschauen, bei denen Colani seine neuesten Designideen vorstellte, reizte Gunhild besonders, diesem kreativen Geist über die Schulter zu schauen und einen Einblick in seine Gedankenwelt zu bekommen.

»Schau mal: Colani ist wieder mit seinem Bentley gekommen!« Evi stupste Gunhild an und deutete auf den Parkplatz vor der Vorführhalle, wo das mintfarbene Edelauto stand. Die beiden Kolleginnen nickten sich vielsagend zu und suchten sich in der Walhalla einen guten Platz, um die von Colani aufgebauten Exponate bestaunen zu können.

»Also nee, wie der wieder aussieht! Hat der nichts anderes als den dicken weißen Pulli im Schrank?« Gunhild deutete hinüber zu Colani, der mit den VW-Chefs die Halle betrat. Im Nu richteten sich alle Augen auf den Maestro. Im lockeren Plauderton führte Luigi Colani seine Werke vor, begleitet von staunenden Ohs und Ahs. Als er vor einem undefinierbaren Ding stehenblieb und jeder rätselte, was das sein könnte, fiel sein Blick auf Gunhild: »Kommen Sie doch bitte mal her«, sagte Colani lächelnd und winkte sie zu sich. »Was Sie hier sehen, ist ein neu gestalteter Gebetshocker. Frau Liljequist wird uns jetzt vorführen, wie man diesen Gebetshocker benutzt. Wären Sie bitte so freundlich und würden sich hier in diese Mulden hineinknien? Ja, genau: Gehen Sie einfach ein wenig in die Hocke und dann knien Sie sich in diese Aussparungen. Genau so, wunderbar. Sehen Sie?«

Colani hatte Gunhild charmant, aber bestimmt am Oberarm gegriffen und in die richtige Haltung auf dem Gebetshocker bugsiert. Stolz demonstrierte er seine Erfindung, während Gunhild Blut und Wasser schwitzte. Dieses Ungetüm mochte designtechnisch ein Wunderwerk sein, aber durch diese Aktion war ihr Rock hochgerutscht und gab ihren Kolleginnen und Kollegen freie Sicht auf ihre Wollunterhose.

»Sie können sich wieder erheben, Frau Liljequist, vielen Dank.« Colani nickte ihr freundlich zu und schlenderte weiter zum nächsten Designobjekt. Doch das mit dem Aufstehen war leichter gesagt als getan, Gunhild hing in dem Gebetshocker fest und kam nicht wieder heraus.

»Herr Colani? Entschuldigen Sie, aber könnten Sie vielleicht …«, rief Gunhild so leise wie möglich und streckte ihm hilfesuchend die Hand entgegen.

Der Meister lachte dröhnend: »Der Gebetshocker möchte wohl, dass Sie noch eine Weile in ihm verweilen! Na gut, dann wollen wir Sie mal erlösen.« Er ergriff ihre Hand und zog sie mit Schwung nach oben. Gunhild strich ihrerseits so schnell wie möglich ihren Rock wieder nach unten, mit hochrotem Kopf gesellte sie sich wieder zu Evi, die sich auf die Lippen biss, um nicht laut loszulachen.

»Wehe, du sagst jetzt etwas«, knurrte Gunhild mit zusammengebissenen Zähnen und warf ihrer Kollegin einen warnenden Blick zu.

»Woher kannte denn der deinen Namen?«, wollte Evi nach der Veranstaltung wissen, als sie wieder auf dem Rückweg in ihre Büros waren.

»Colani war ein paar Mal bei uns in der Design-Abteilung, da haben wir uns kennengelernt. Es ist unglaublich, der präsentiert neue Skizzen, Ideen und Entwürfe im Minutentakt. Ein sehr interessanter und inspirierender Mensch!«

»Du hast dich mit ihm schon mal unterhalten?« Evi schaute ihre Kollegin überrascht an.

»Ja, wir haben uns über alles Mögliche unterhalten. Er hat mich sogar gefragt, ob ich nicht Lust hätte, für ihn zu arbeiten! Ich sollte für ihn Entwürfe für Porzellanobjekte machen, da er unter anderem mit Villeroy & Boch kooperiert. Aber da habe ich Nein gesagt, weil mir das dann doch zu viel wird. Ich habe ja neben meinen Bildern auch noch Fürstenberg.«

»Gunhild! Du hast allen Ernstes ein Angebot von Colani abgelehnt?!« Evi starrte ihre Freundin verblüfft an.

»Ja, vielleicht war das ein Fehler, ich weiß es nicht …«, gestand Gunhild. Um vom Thema abzulenken, sagte sie: »Hast du schon mitbekommen, dass Lieselotte wieder Sekt für Colani kaltgestellt hat? Die findet ihn wohl ganz toll.«

»Ja, davon hab‘ ich auch schon gehört«, kicherte Evi und fragte grinsend: »Und, hast du bei eurem Gespräch damals auch Sekt mit ihm geschlürft?«

»Nee. Ich habe Colani Kamillentee gekocht.«

»Kamillentee?!«

»Ja, der hat’s doch so mit dem Magen, der arme Kerl.«

»Liebe Kolleginnen und Kollegen, vielen Dank, dass Sie gekommen sind. Ich möchte Ihnen unsere neue Kollegin vorstellen: Frau Birgitta Pankalla, sie verstärkt ab heute unser Team. Da auch die Dokumentation unserer Arbeit zu ihrem Aufgabengebiet gehört, möchte ich Sie bitten, dass Sie in den nächsten Tagen Einzeltermine mit ihr abstimmen, um Frau Pankalla Ihre jeweiligen Aufgabenbereiche vorzustellen.«

Hubert Schelling lächelte in die Runde, dann ergriff die »Neue« das Wort: »Hallo und vielen Dank für den freundlichen Empfang! Ich freue mich sehr auf die Zusammenarbeit mit Ihnen. Bitte wundern Sie sich nicht über meinen Akzent: Ich komme aus Schweden.«

Gunhild freute sich auf die neue Kollegin, nachdem ihre Freundin Evi mit ihrem Mann nach Stuttgart gezogen war. Sie wirkte ausgesprochen sympathisch, und da Bo ebenfalls aus Schweden stammte, war das bestimmt ein guter Anknüpfungspunkt. Spontan hob sie die Hand: »Herzlich willkommen bei uns, Frau Pankalla! Mein Name ist Gunhild Liljequist und ich möchte vorschlagen, dass Sie als Erstes mit zu mir kommen, dann kann ich Ihnen unser Büro zeigen und Sie mit meiner Arbeit vertraut machen.«

Birgitta Pankalla stimmte sofort zu: »Sehr gerne, Frau Liljequist, vielen Dank für Ihr nettes Angebot. Dann gehe ich doch einfach gleich mit Ihnen mit.«

Die beiden Frauen lächelten sich an und nachdem die Begrüßungsrunde offiziell beendet war, führte Gunhild sie zu ihrem Büro.

»Kommen Sie auch aus Schweden, Frau Liljequist?«, fragte Birgitta Pankalla ihre neue Kollegin.

»Nein, ich komme ursprünglich aus Berlin. Aber mein Mann Bo ist Schwede. Er arbeitet übrigens auch hier bei VW«, erläuterte Gunhild, während sie die Tür zu ihrem Büro öffnete. »Da sind wir schon – hier ist mein Arbeitsplatz.«

»Oh! Was ist denn das? Das sieht ja schön aus!« Birgitta Pankalla betrachtete fasziniert die Wand mit den vielen bunten Lackblechen und Gunhild musste schmunzeln: Wer hätte das gedacht, dass diese Farbenwand bei jedem Besucher so viel Eindruck machte. Wie lange war ihr Einstieg jetzt her? Bald 15 Jahre! Nicht zu fassen, wie die Zeit verging.

»Farben waren schon immer meine Leidenschaft«, gestand sie, bevor sie der neuen Kollegin die Geschichte mit den Lackblechen erzählte. Eine halbe Stunde später saßen die beiden an ihrem Schreibtisch, blätterten durch die Ausstattungskarten und Gunhild erläuterte Birgitta die Abläufe, Hintergründe und Arbeitsweisen der Styling-Abteilung.

»Das sind ja interessante Namen für die Farben«, bemerkte Birgitta, während sie auf die Ausstattungskarte eines 1303-er Käfers aus dem Jahr 1974 mit dem Farbton ›Lofotengrün‹ deutete.

Gunhild lachte: »Stimmt! In den vergangenen Jahren ging der Trend zu starken, kräftigen Farben, denen wir sehr wohlklingende Namen verpasst haben. Das macht zwar eigentlich der Vertrieb, aber da wir uns hier in der Styling-Abteilung auch um die Auswahl der passenden Farben für alle neuen Modelle kümmern, liefern wir häufig auch Namensvorschläge mit. Die Idee mit dem Lofotengrün stammt übrigens von mir«, gestand Gunhild.

»Von Ihnen? Wie sind Sie denn darauf gekommen?«

»Wir entwickeln hier ständig so viele neue Farben, da ist es manchmal gar nicht leicht, sich neue Namen dafür einfallen zu lassen. Bei dieser Farbe habe ich damals in einen Atlas nachgesehen, wo es auf der Welt grün ist, dabei bin ich zufällig auf Norwegen gestoßen. Bei einem genaueren Blick auf die Karte las ich plötzlich ›Lofoten‹ und dachte spontan: Das ist es! Also habe ich mich beim Vertrieb gemeldet und Lofotengrün vorgeschlagen. Dass dieser Name dann auch tatsächlich genommen wurde, hätte ich nie für möglich gehalten. Ich wusste ja gar nicht, ob es da wirklich grün ist. Ich war da ja noch nie!«

Die beiden Frauen lachten über die lustige Geschichte.

»Sind Senegalrot, Miami Blau und Ceylon Beige auch so entstanden?«, zwinkerte Birgitta amüsiert beim weiteren Blättern durch die Ausstattungskarten

Gunhild grinste: »Kein Kommentar. Ich hole uns jetzt erst mal einen rabenschwarzen Kaffee, einverstanden?«

Eine Stunde später waren die beiden Kolleginnen beim vertraulichen ›Du‹ angekommen. Birgitta hatte sich viele Notizen zu Gunhilds Arbeit gemacht, aber eine Frage brannte ihr noch auf den Nägeln: »Gunhild, woher weißt du, ob die jeweilige neue Farbe überhaupt zu dem Auto passt?«

»Dem Käfer steht jede Farbe. Dem kannst du alles anziehen«, lächelte Gunhild. »Ich bin zwar persönlich eher ein Fan der klassischen Farben, aber beim Käfer kann man eigentlich gar nichts verkehrt machen, deswegen gibt es so viele verschiedene Farbtöne in unserer Modellpalette. Insbesondere bei den Sondermodellen, mit denen wir versuchen, den Absatz anzukurbeln und neue Käufergruppen anzusprechen, ist die Farbauswahl von entscheidender Bedeutung.«

»Erfindest du diese Farben für die Serienmodelle und Sondermodelle selbst oder greifst du auf Farbtöne von Farbenherstellern zurück?«, wollte Birgitta wissen und sah sofort die Entrüstung in Gunhilds Augen: »Aber nein, ich würde niemals aus irgendeiner fertigen Farbpalette einfach irgendeine Farbe auswählen. Für mich ist es Ehrensache, jede einzelne neue Farbe selbst zu entwickeln. Ich mische in der Versuchslackiererei Auftrag für Auftrag jede einzelne Lackfarbe von Hand an. Nach meinen ganz persönlichen Vorstellungen entsteht so schließlich ein individuelles Lackmuster. Dann ist es Aufgabe der Farbenhersteller, diesen speziellen Ton für VW in Großauflage herzustellen.«

Birgitta schaute sie beeindruckt an.

»Meistens klappt das auch sehr gut, aber leider nicht immer«, verriet Gunhild. »Es ist mir schon passiert, dass ein Farbentwurf im ersten Anlauf nicht richtig deckte. Das gibt dann Ärger mit der Prozessabteilung, denn die Grundierung des ›rohen‹ Autos darf natürlich auf gar keinen Fall durch die Lackierung durchschimmern.«

»Ich habe mal irgendwo gehört, dass es am Anfang Probleme mit den Metallicfarben gab. Wie habt ihr das hier gemacht?«, fragte Birgitta weiter.

»Metallicfarben konnte man in den Anfängen eigentlich gar nicht selber mischen, aber ich war ehrgeizig und wollte unbedingt meine eigene Metallic-Lackierung. Nachdem ich viel herumexperimentiert hatte, ist es mir wirklich gelungen, eigene Lackmuster zu erstellen. Nachdem ich die Farbe gemischt hatte, habe ich sie auf eine Klarsichtfolie gegossen. Dann habe ich die Folie vorsichtig geschwenkt, um die Farbe zu verteilen, und anschließend zum Trocknen hingelegt. Während des Trocknens sind die winzigen Metallplättchen in der Farbe, die diesen Glanz-Effekt erzeugen, alle nach unten abgesunken und als ich die Folie anschließend vorsichtig umgedreht habe, hatte ich ein Lackmuster mit dem herrlichen Metallic-Effekt.« Gunhild war sichtlich stolz auf ihre erfolgreiche Lösung, die zu den Geschichten gehörte, denen sie ihren guten Ruf im VW-Werk verdankte.

7. AUTOMOBILE KUNSTWERKE

VIP-Autos mit gewissen Extras

Gunhild war nun schon mehr als 15 Jahre bei VW und gehörte längst zu den erfahrenen Mitarbeitern, sie kannte die Eigenheiten der verwendeten Materialien ebenso wie die Bedeutung der Details. Aufgrund ihrer Kreativität und Vielseitigkeit vertraute man ihr zunehmend Aufträge an, bei denen sie Sondermodelle auf speziellen Wunsch für Prominente entwickeln sollte. Zu ihren ersten Projekten gehörte der Golf GTI in Noisettebraun-metallic für den Moderator und Journalisten Carlo von Tiedemann, kurz darauf entwarf sie für die Gattin ihres obersten VW-Chefs einen Polo inklusive farblich passender Hundedecke für den Vierbeiner der Familie.

»Seine Frau ist nicht nur sympathisch, sie hat auch einen guten Geschmack«, vertraute Gunhild ihrer Kollegin Birgitta Pankalla bei einem ihrer Mittags-Spaziergänge an. Birgitta wusste, dass dieses Lob aus berufenem Munde kam. Wenn Gunhild mit Prominenten über die Farbauswahl ihres fahrbaren Untersatzes sprach, erforderte es oft viel Fingerspitzengefühl, um die schlimmsten geschmacklichen Verirrungen ihrer Kunden zu verhindern.

Guten Geschmack hingegen bewies die Tagesschausprecherin Dagmar Berghoff, die sich für einen Apricot-Ton metallic bei ihrem neuen Golf entschied. Der schöne Farbton hatte nur einen Haken: Bei den ersten Tests in der Versuchslackiererei stellten die Mitarbeiter mit Entsetzen fest, dass die Farbe nicht richtig deckte. Damit die Grundierung nicht durchschimmerte, musste das Sondermodell für Dagmar Berghoff sage und schreibe acht Mal lackiert werden – ein Albtraum für die Lackierer. Am Ende war vor lauter Lackschichten die Karosserienummer kaum mehr zu sehen.

Gunhilds bislang prominentester VIP-Kunde kam aus Spanien: Niemand Geringeres als König Juan Carlos I höchstpersönlich wünschte sich ein Käfer-Cabrio zum Hochzeitstag.

»Lassen Sie sich was Schönes für den König und sein Cabrio einfallen«, hatte ihr Chef Hubert Schelling zu ihr gesagt, als er sie mit der Umsetzung der königlichen Wünsche beauftragte. Gunhild kaute gedankenverloren auf ihrem Bleistift herum. Welche Farbe passte am besten zu einem spanischen König? Was war standesgemäß, klassisch und schön? Da kam ihr eine Idee: Wie wäre es mit einem edlen Hellblau-metallic als Außenfarbe und für die Innenausstattung ein hellblaues Leder, das eine Nuance dunkler war als die Lackfarbe außen? Schnell skizzierte sie ihre Idee auf Papier und schickte den Entwurf nach Madrid. Nur wenige Tage später kam grünes Licht aus dem spanischen Königshaus.

Nun hätte die Produktion eigentlich beginnen können, doch plötzlich stand das Team vor einem neuen Problem: Im gesamten Osnabrücker Karman-Werk, wo die Cabrios gebaut worden waren, gab es keine Karosserie. Am 10. Januar 1980 war das letzte von mehr als 330.000 Käfer-Cabrios hier vom Band gelaufen – seitdem waren die Lager leer. Nach einer langen, fieberhaften Suche fanden sie doch noch ein geeignetes Exemplar, das in Windeseile für den König neu aufgebaut wurde.

Als das Cabrio fertig war, stand Gunhild begeistert davor, besonders das Nahtmuster der handgenähten Türverkleidungen sah fantastisch aus. Kurz bevor das Cabrio das Werk verließ, fiel einem Kollegen ein, dass der Wagen noch den berühmt-berüchtigten ›Klappertest‹ bestehen musste, bei dem überprüft wurde, dass es keine lockeren Teile gab. Damit nahm das Unglück seinen Lauf: Als das Auto zur technischen Kontrolle in die Werkstatt gefahren wurde, klapperte etwas irgendwo an den Tür- und Seitenverkleidungen. Da sie wussten, dass die Zeit drängte, jagten die Mechaniker kurzerhand ein paar Schrauben in die Leder-Verkleidungen. ›Klappertest bestanden!‹, erfuhr Gunhild und atmete erleichtert auf. Beschwingt spazierte sie in die Halle, wo das Cabrio für den Transport vorbereitet wurde, um einen letzten Blick auf das Auto zu werfen. Dort traf sie fast der Schlag: Das kunstvolle Nahtbild war durch mehrere Schrauben zerstört, die ehemals elegante Optik hatte ihren Glanz verloren.

»Um Gottes Willen, wie sieht das denn aus?! Der Wagen kann so unmöglich ausgeliefert werden!« Entsetzt deutete Gunhild auf die Schrauben. Keine Frage, die gesamten Seitenverkleidungen mussten erneuert werden. Doch da tauchte bereits das nächste Problem auf: Erschreckt stellte sie fest, dass von dem Leder nur noch wenige Reste vorhanden waren. Es glich einem Wunder, dass sie es mit vereinten Kräften in letzter Minute schafften, den Wagen rechtzeitig auf die Reise zu schicken.

Im Team für ›Käfer-Aktionsmodelle‹

Liebe Evi,

vielen Dank für deinen Brief!
Wie geht es euch im Schwabenland? Hast du inzwischen eine neue Anstellung gefunden – vielleicht sogar bei Mercedes? Sag mal: Müsst ihr eigentlich auch die berühmt-berüchtigte schwäbische Kehrwoche machen? Bist du schon Profi in Sachen Spätzle? Und sprichst du bereits ein bisschen schwäbisch?
Was mich angeht: Ich vermisse dich immer noch.

Bei VW ist – fast – alles beim Alten. Es läuft alles rund, ich kann mich nicht beklagen. Was ich sehr schade finde, ist, dass meine schwedische Kollegin Birgitta, von der ich dir so freudig berichtet hatte, VW leider verlassen wird. Sie geht zurück nach Schweden, zu Saab. Ist das nicht furchtbar: Alle netten Frauen, mit denen ich gerne zusammenarbeite, ziehen weg.

Seit einiger Zeit gehöre ich im Werk dem Team ›Käfer Aktionsmodelle‹ an, das die Aktivitäten des Vertriebs rund um unseren Fast-schon-Oldtimer, das Käferchen, bündeln soll. Bevor die Produktion im mexikanischen Puebla eines Tages ganz eingestellt wird, sollen noch ein paar besonders attraktive Modelle auf den Markt kommen. Ich habe beispielsweise gerade einen ziemlich ungewöhnlichen Käfer designt: den Aubergine-Käfer. Du kennst ja meine Vorliebe, Autos farblich Ton in Ton zu gestalten, und natürlich mische ich nach wie vor alle Farben selbst von Hand an. Aber dieser Aubergine-Käfer war eine echte Herausforderung. Du weißt ja, dass Violett-Töne im Allgemeinen schwierig sind und eher als Frauenfarben gelten. Ich habe bei diesem Sondermodell den Braun-Anteil vorsichtig erhöht, wodurch das ganze Erscheinungsbild solider, ungefährlicher und weniger feminin geworden ist. Diese neu entstandene Farbe gefällt mir sehr. Da die Farbe der Innenausstattung eine gelungene Abwandlung der Außenfarbe ist, ist auch dieser Käfer wie aus einem Guss. Das Design lag zum Glück komplett in meiner Hand, so konnte niemand im wahrsten Sinne des Wortes ›mitmischen‹. Schau mal, ob du unsere Aubergine demnächst durch Stuttgart knattern siehst, und sag mir, wie dir die Farbe gefällt.

Wegen der Neugründung des Aktionsmodelle-Teams bin ich vor ein paar Monaten vom sechsten in den achten Stock umgezogen, mit meinem großen, schweren Schreibtisch mit der scheußlich grünen Linoleumplatte. Du kennst das Ding ja. Nachdem mir als Stress-Raucherin (ja, ich verspreche dir: irgendwann schaffe ich das mit dem Aufhören!) häufiger mal Asche runterfällt, ist die Beschichtung übersät mit Brandflecken. Obwohl er mittlerweile richtig grässlich aussieht, liebe ich seine Größe, und deshalb musste ich ihn einfach mitnehmen. Als die Umzugshelfer ihn herschleppten, sah ich mit Entsetzen, dass vom Lastenfahrstuhl bis in mein Büro eine grüne Spur führte und eine Flüssigkeit aus dem Schreibtisch tropfte. Der Möbelpacker meinte spöttisch: »Haben Sie da eine tote Katze drin?« Ich hatte einen knallroten Kopf und wäre am liebsten im Boden versunken. Als ich, nachdem sie gegangen waren, meinem Rollcontainer untersuchte und dabei lauter Glasscherben fand, fiel mir siedend heiß ein, dass ich bei einer unserer Wichtel-Weihnachtsfeiern mal auf einem Glas Grünkohl sitzen geblieben war und das ›erst mal‹ in den Schreibtisch verfrachtete hatte. Nachdem ich den Grünkohl völlig vergessen hatte, muss das blöde Glas irgendwann explodiert sein. Du kannst dir nicht vorstellen, wie das stank.

Tja, liebe Evi, solche schlimmen Sachen passieren hier, wenn du nicht da bist und auf mich aufpasst. Wollt ihr nicht doch wieder zurückkommen …?

Lass es dir gut gehen, und weiterhin alles Gute!
Viele liebe Grüße
Gunhild

Nostalgie in Samtrot

Wie so oft musste es mal wieder schnell gehen. Gunhild stöhnte innerlich auf, als sie an einem Freitagvormittag den neuesten Auftrag vom Vertrieb mit dem unterstrichenen Vermerk ›Eilt!‹ in ihrem Dienst-Postfach entdeckte. Sie hasste diese Schnellschüsse, rasch überflog sie die ersten Zeilen. ›Nostalgie-Käfer‹ lautete der Arbeitstitel für das neue Sondermodell. Der Begriff ›Nostalgie‹ klang in ihr nach und zauberte ihr ein Lächeln ins Gesicht: Damit ließ sich bestimmt etwas Ausgefallenes gestalten. ›Geplant sind etwa 3.000 Exemplare. Wenn möglich mit einer Bemalung oder Zeichnung verzieren‹, schrieben die Kollegen. Gunhild stutzte, das waren ja ganz neue Töne aus dem Vertrieb! Sie heftete das Schreiben ab, schon beim Zuklappen des Auftrags-Ordners fiel ihr der rote Veloursstoff mit den blauen Streifen ein, den sie vor einiger Zeit entworfen und gleich hatte produzieren lassen. Seitdem wartete sie darauf, dass er zum Einsatz kam. Bisher war seine Stunde noch nicht gekommen, doch der ›Nostalgie-Käfer‹ war DIE Gelegenheit für Rot. Rot war Leben, und Samtrot war ebenso stilvoll wie nostalgisch.

Sie lief in ihr Stofflager und strich liebevoll mit den Händen über das samtweiche Velours. Dem Sondermodell würde sie außerdem ein samtrotes Blechkleid anziehen, damit die Innen- und Außenfarbe harmonisch aufeinander abgestimmt waren. Vor ihrem geistigen Auge nahm der Käfer weiter Gestalt an. Den Fußraum würde sie mit einem blauen Teppich auslegen und die Türverkleidungen sollten aus Leder in Mauritius-Blau sein. Um das Blau auch außen wieder aufzunehmen, würde sie dem Käferchen unter den blitzenden Chrom-Zierleisten feine blaue Zierstreifen verpassen. Sie war sich sicher, dass er großartig aussehen würde.

Nachdem sie ein klares Bild von der farblichen Gestaltung hatte, fiel ihr ein, dass im Auftrag etwas von ›Bemalung oder Zeichnung‹ gestanden hatte. »Jetzt bin ich einfach mal frech und mach‘ Porzellanmalerei: Wie wär's mit einem zierlichen Blumendekor auf den Flanken, natürlich ebenfalls in Blau«, dachte sie sich und begann, erste Ideen auf einem Papier zu skizzieren. Als sie den Entwurf fast fertig hatte, ging sie mit dem befriedigenden Gefühl ins Wochenende, dass ihr ein ausgesprochen schönes Design gelungen war.

Am darauffolgenden Montag staunten die Kollegen des Vertriebs: Sie hatten doch erst am Freitag den Eilauftrag an Frau Liljequist gegeben und bereits am Montagabend lagen ihnen die fertigen Entwürfe für den neuen Nostalgie-Käfer vor.

»Sie sind aber fix!« Bernhard Winkelmann hatte spontan zum Hörer gegriffen. Der Vertriebsleiter war von dem Entwurf seiner Kollegin aus der Styling-Abteilung begeistert: »Dieses Samtrot sieht ausgesprochen gut aus!

Und Ihre Idee mit dem Blattmotiv ist ja etwas ganz Ausgefallenes! Sagen Sie mal: Wie machen Sie das denn bloß so schnell?«

»Ach, Herr Winkelmann. Ich bin ja schon einige Jahre hier, ich kenne den gesamten Aufbau und sämtliche Maße der Käfer in- und auswendig: Bodengruppe, Anschlüsse, Schalttafel, Verkleidungen. Mir macht es Spaß, ihn immer wieder in ein neues Gewand zu stecken. Und ganz unter uns, lieber Herr Winkelmann: Für meine jüngeren Kolleginnen und Kollegen ist der Käfer inzwischen ja schon fast ein Oldtimer.«

»Aber der schönste Oldtimer der Welt, oder, Frau Liljequist?«

»Absolut! Ich finde den Käfer designtechnisch nach wie vor rundum gelungen. Übrigens im wahrsten Sinne des Wortes ›RUNDum‹. Seine charakteristische Form ist inzwischen geradezu ikonisch. Und das Samtrot verleiht unserem neuesten Sondermodell sicherlich ein sehr stilvolles Auftreten.«

»Apropos samtrot, Frau Liljequist: Was halten Sie davon, wenn wir den Wagen statt Nostalgie-Käfer den Samtroten Sonderkäfer nennen? Ich finde, das klingt vielversprechend und würde gleichzeitig gut passen.«

»Wie Sie meinen, Herr Winkelmann. Vertrieb ist Ihr Fachgebiet. Ich kenne mich nur ein bisschen mit Farben und Stoffen aus.«

»Nun stellen Sie Ihr Licht mal nicht so unter den Scheffel! Übrigens: Ich wollte die Gelegenheit gleich nutzen und Sie schon mal vorwarnen. Unser Oldtimer feiert nächstes Jahr seinen 50. Geburtstag. Zu diesem besonderen Anlass bringen wir selbstverständlich auch ein neues Sondermodell auf den Markt und das muss richtig was her machen. 50 Jahre Käfer – das werden wir groß feiern. Hubert Schelling und ich sind einer Meinung bezüglich der Frage, wer uns das schönste Sondermodell auf die Reifen stellt: nämlich Sie, liebe Frau Liljequist!«

»Danke für die Blumen, Herr Winkelmann. 50 Jahre Käfer – meine Güte, wie die Zeit vergeht. Na, dann werde ich mir etwas ganz Besonderes für unseren Jubilar einfallen lassen.«

Während sie rund ein Jahr später zu Hause auf die Redakteurin der Zeitschrift ›frau aktuell‹ wartete, die mit ihr als erfolgreiche VW-Designerin eine ›Homestory‹ machen wollte, fiel ihr Blick auf das Foto mit dem Jubiläumskäfer, das auf dem Sideboard stand. Das Auto hatte sie richtig gut hinbekommen: Außen glänzte er in einem edlen Zinngrau-metallic, innen bestimmten graue Sitzbezüge mit schwarz-roten Doppelstreifen das Erscheinungsbild. Eine Plakette mit ›50 Jahre Käfer‹, die sie ebenfalls gestaltet hatte und die außen angebracht war, verwies auf das besondere Ereignis. Damit konnte VW sich sehen lassen und angemessen das halbe Jahrhundert Käfer feiern. Aber um ihren Jubi-Käfer würde es in dem Gespräch nur am Rande gehen, bei der geplanten ›Homestory‹ sollte es ›menscheln‹, wie die Journalistin angekündigt hatte. Garantiert würde auch sie irgendwann die Frage stellen, die ihr fast alle Journalisten und Journalistinnen in den vergangenen Jahren gestellt hatten: »Wie ist das denn so für Sie als eine Frau in der Männerwelt VW?«

Vor einiger Zeit hatte sie mit Birgitta darüber am Telefon gesprochen und das Gespräch hatte sie nachdenklich gestimmt.

»Was wollen die wissen?«, hatte Birgitta irritiert gefragt,

»Wir hatten doch nie irgendwelche Probleme! Wir sind immer ausgesprochen gut mit unseren Kollegen zurechtgekommen, vor allem mit den Männern, und haben uns akzeptiert und respektiert gefühlt.«

»Mein Reden!«, hatte Gunhild zugestimmt, »Ich habe es sogar als Vorteil empfunden, eine Frau zu sein, und genau das auch gesagt. Aber die Journalisten glauben mir das nie!«

Nach dem Telefonat hatte sie lange darüber nachgedacht, ob sie ihre berufliche Situation all die Jahre zu unkritisch hingenommen und ihre Rolle sowie ihre Aufstiegschancen zu wenig hinterfragt hatte. Es war schon auffallend, dass zumindest in den Chefetagen von VW wie auch in anderen Unternehmen weit und breit keine Frau zu finden war. Sollte da doch etwas dran sein an dieser viel zitierten ›gläsernen Decke‹, von der die Frauenbewegung seit neuestem redete?

Nie wieder weißer Teppich

Das war ihr schon lange nicht mehr passiert. Kopfschüttelnd stand Gunhild vor ihrem Stofflager, doch sie wusste, dass der Stoff, den sie suchte, nicht da war. Obwohl sie dieses Lager über die Jahre kontinuierlich ausgebaut hatte und es eine umfangreiche Sammlung an Stoffen und Stoffmustern enthielt, gab es dort keinen weißen Teppich, den sie für den Fußraum des Sondermodells ›Golf Match‹ im Sinn hatte. Auch für die Karosserie hatte sie an eine weiße Lackierung gedacht.

Als sie die Auftragsbeschreibung gelesen hatte, waren ihr sofort Boris Becker und Steffi Graf eingefallen.

Diese Götter in Weiß waren in den letzten Monaten kometenhaft aufgestiegen und sie kannte kaum jemanden, der sich nicht für Tennis interessierte. Ihr persönlich war dieser neue Trendsport egal, sie verstand nicht, wie man seine Erfüllung darin finden konnte, im kurzen Röckchen kleinen Bällen hinterherzujagen. Sie fand ihr Glück an ihrer Staffelei, und dieses Jahr hatte ihre Malerei sie schon sehr glücklich gemacht: Der diesjährige Kunstkalender, erschienen bei ›edition cicero‹ aus Hamburg, war komplett mit ihren Motiven gestaltet. Das an sich war schon ein großer Erfolg, doch es freute sie besonders, dass VW ›ihren‹ Kalender als Geschenk an wichtige Kunden und Partner des Werks verschenkt hatte.

Sie schob ihre Gedanken beiseite, es wurde höchste Zeit, sich um den neuen Golf zu kümmern. Nachdem der Auftrag von dem Vertrieb mit dem ›Eilt‹-Vermerk versehen war, musste sie schleunigst einen Stoff für den Innenraum entwerfen und bei ihrem Stoffproduzenten in Auftrag geben. Sie griff zum Telefon und bestellte bei Herrn Sander, ihrem langjährigen Lieferanten, außer dem weißen Teppich einen Stoff, dessen Muster aus drei Zentimeter breiten Streifen in den Farben Weiß, Hellgrau und Schwarz bestand. Wenige Tage später traf die Lieferung per Express bei ihr ein.

Als der Wagen auf den Markt kam, war das Sondermodell ein großer Erfolg. Das Design traf den Nerv der Zeit und auch den persönlichen Geschmack von Gunhild, die ebenfalls stolze Besitzerin eines Golf Match wurde.

Nur wenige Wochen später stand Gunhild vor ihrem neuen Wagen und konnte es nicht fassen, dass ausgerechnet ihr so ein Fauxpas passiert war: Was hatte sie sich nur dabei gedacht, weißen Teppich zu verwenden? Schon nach wenigen Fahrten sah der Fußraum ihres Autos schmuddelig und unansehnlich aus. Hätte sie sich doch bloß den schicken neuen Polo Fox gekauft, zum Beispiel in Türkisblau oder Saimagrün, dessen Chintzbezüge und Teppiche weniger schmutzempfindlich waren - doch auch einer erfahrenen Designerin wie ihr unterlief mal ein Schnitzer.

Sieben Seiten in der ›Cosmopolitan‹

»Bo, du ahnst nicht, wer vorhin bei mir im Büro angerufen hat!« Atemlos stürmte Gunhild in die Küche, wo er das Abendessen vorbereitete.

»Keine Ahnung! Wünscht sich der Weihnachtsmann einen schicken Schlitten von dir?«

»Nein, aber der könnte durchaus mal ein neues Modell vertragen. Es war eine Redakteurin. Und jetzt rate mal, von welcher Zeitschrift!«

»Hoffentlich nicht schon wieder eine Frauenzeitschrift, die hast du doch alle so langsam durch, oder?«, witzelte Bo und legte die Topflappen beiseite. So wie Gunhild strahlte, musste es etwas Besonderes sein.

»Die Cosmopolitan!«

»Was?! Glückwunsch!« Stürmisch umarmte Bo seine Frau; die international erscheinende Zeitschrift war tatsächlich eine große Nummer.

»Wird das wieder so eine Homestory? Soll ich wieder mein Angeber-Coq-au-vin kochen?« Bo schwang den Kochlöffel wie einen Dirigentenstab und Gunhild lachte:

»Ich weiß noch nicht, ob die Redakteurin zum Essen

bleibt, sie und der Fotograf wollen auf jeden Fall meine Bilder sehen. Vorher besuchen sie mich im VW-Werk, weil sie mich an meinem Arbeitsplatz zeigen wollen. Das gibt garantiert wieder Stress, weil unsere Design-Abteilung zum Top-Secret-Bereich gehört.«

»Für die Cosmopolitan wird VW bestimmt gerne Tür und Tor öffnen.«

»Das macht dann 5 Mark und 50 Pfennige«, sagte der Kioskverkäufer und mit zittrigen Händen fingerte Gunhild das Geld aus ihrem Portemonnaie. Schon beim ersten Blick auf das Cover der Januar-Ausgabe 1986 der Cosmopolitan hatte sie oben rechts den Ankündigungstext entdeckt: ›Beruf – Auto-Designerin: Auf ihre Farben fahren Sie ab‹ stand da, vor Aufregung war ihr fast die Handtasche heruntergefallen. Sie stellte sich in den Windschatten des Kiosks und blätterte die Zeitschrift bis zu dem Text über sich durch, das Foto von ihr füllte fast die gesamte Doppelseite. Sie blätterte weiter, und mit jeder Seite, die sie umschlug, ging ihr Atem schneller: Der Artikel umfasste insgesamt sieben Seiten, sie konnte es kaum fassen.

Die Innenausstattung des Volkswagens ist Gunhild Liljequists Metier. Sie ›komponiert‹ Farben und Stoffe.
Edith Geus besuchte die Designerin in Wolfsburg.

Rasch überflog Gunhild den Vorspann, am liebsten hätte sie weitergelesen, aber sie hatte Bo versprochen, dass sie sich dieses Vergnügen heute Abend gemeinsam gönnen würden. Zur Feier des Tages hatte er nebulös eine ›große Überraschung‹ angekündigt. Sie schlug die Zeitschrift wieder zu und stopfte sie in ihre Handtasche.

Zu Hause empfing Bo sie mit einem Glas Bordeaux und einem Teller mit Käsewürfeln. Kaum hatte sie im Flur die Schuhe ausgezogen, grinste er sie mit seinem hinreißenden Jungen-Lächeln an: »Ich habe eine Überraschung für dich – Augen zu!«

Gehorsam schloss Gunhild die Augen, doch Bo band ihr vorsichtshalber eines ihrer Halstücher um den Kopf, damit sie nicht schummeln konnte. Dann fasste er sie behutsam am Arm und geleitete sie in Richtung Wohnzimmer.

»Ich bin so gespannt! Hast du Champagner vorbereitet und Fertigpizza frisiert?«, kicherte Gunhild, als sie den Wohnzimmerteppich unter ihren Füßen spürte.

»Viel besser …! Jetzt darfst du dir deine Augenbinde abnehmen«, verkündete Bo.

Ungeduldig riss sie sich das Halstuch vom Kopf und traute ihren Augen kaum: Auf dem Sofa saß Birgitta! Jubelnd flogen die Frauen sich in die Arme, während Bo zufrieden über die gelungene Überraschung strahlte. Nachdem sie angestoßen und ein wenig geplaudert hatten, erlöste Birgitta Gunhild von ihrer Neugier: »Los, zeig' mal: Was hat die Cosmopolitan über dich geschrieben?«

Einträchtig saßen sie nebeneinander auf dem Sofa und lasen den Artikel: Bildreich beschrieb die Journalistin Gunhilds Fahrt mit ihrem alten Brezel-Käfer zum Vorstellungsgespräch bei VW im Jahr 1964, ihre Aufregung, als die ersten von ihr designten Käfer auf Deutschlands Straßen auftauchten, ihre spätere Spezialisierung auf das Design von Sondermodellen, die Abläufe innerhalb des Werks von der ersten Idee bis zur Präsentation in der ›Walhalla‹. Als sie zum Thema ›Frauen bei VW‹ kamen, wurde es richtig spannend:

Was indes wundert: In den Entscheidungsgremien ist keine einzige Frau zu finden. »Das sollte eigentlich selbstverständlich sein, ist es aber immer noch nicht«, sagt die Designerin. »Eine Frau im Vorstand werde ich wohl nicht mehr erleben.« Und ihre eigene Stellung? Wie schwer ist es, sich als Frau in dieser Männerwelt zu behaupten? Wenn sie von ihrem Konzept voll überzeugt ist, kämpft Gunhild Liljequist wie eine Löwin. »Ich habe mir beispielsweise eine graue Innenausstattung ausgedacht. Alles ist harmonisch aufeinander abgestimmt: Und der Clou, der das Ganze erst rund macht, ist ein roter Teppich. Und nun kommt einer daher und sagt: ›Alles sehr schön, aber der rote Teppich muss weg.‹ Dann ist doch die ganze Idee kaputt.«

»Auf deine wunderbaren Ideen! Prost!« Bo erhob sein Glas auf Gunhild und Birgitta meinte: »Prost auch auf deinen hervorragenden Hinweis auf die fehlenden Frauen im Vorstand! Super, dass du dieses Manko so mutig und ehrlich angesprochen hast und die das auch gedruckt haben!«

»Ja, das musste einfach sein. Ich habe seit unserem Telefonat viel nachgedacht und bewusst darauf geachtet, wie das eigentlich bei uns im Werk mit der Gleichberechtigung und den Frauen in Führungspositionen so aussieht. Das Ergebnis ist in der Tat niederschmetternd«, antwortete Gunhild.

Da sie viel zu neugierig waren, was die Journalistin sonst geschrieben hatte, vertieften sie das Frauenthema nicht weiter. Die zweite Textseite beschäftigte sich mit den von Gunhild entworfenen VIP-Autos und der Frage, wie Gunhilds persönliches Traumauto aussehen würde:

»Es wäre ein bordeauxroter Golf mit feinem Perlmuttglanz. Der hätte innen weiche weiße Ziegen-Nappaleder-Polster. So richtig soft verarbeitet, nicht so glatt gezogen wie 'ne Trommel. Und natürlich dürften diverse Extras nicht fehlen.« Für die wären dann die Männer zuständig. Denn in der Abteilung Innen-Design herrscht die alte Rollenverteilung: Die Frau ist für die Farbe zuständig – der Mann für die Technik. Aber großen Ehrgeiz, mehr in die Technik vorzudringen, hat Gunhild Liljequist nicht. Unbekümmert bekennt sie: »Ich weiß, wo der Motor sitzt, und das reicht mir vollkommen.« Ist sie nicht ein bisschen gekränkt, wenn's heißt: Technik, davon verstehen Frauen doch nichts? »Nein, überhaupt nicht, im Gegenteil, ich bin froh darüber. Männer können ja stundenlang über Vergaser und solche Sachen reden. Dafür ist mir die Zeit zu schade.«

Die drei mussten lachen und stießen miteinander an, bevor sie das Zitat eines Kollegen von Gunhild lasen:

Es geht in diesem Geschäft nicht ohne Frauen. Sie reagieren auf Farben und Stoffe sensibler, intuitiver. Das wird ja auch durch die Mode gefördert. Aber die Technik ist nun mal nicht die Domäne der Frau, dafür sind wir Männer schließlich da.

»Hat der das wirklich so gesagt?!« Ungläubig nahm Bo seine Lesebrille ab und sah Gunhild fragend an.

»Hat er«, antwortete sie mit schiefem Grinsen und die drei tauschten kritische Blicke, bevor sie weiterlasen. Als es ein paar Absätze später um Gunhilds Liebe zur Malerei ging, wurde es wieder spannend:

Die Malerei als Ausgleich zum Beruf? Sie wird ernst. »Für mich sind meine Bilder lebensnotwendig. Da kann mir keiner reinreden, da lege ich alles allein fest.« Ihre Bilder sind voller Sehnsucht nach Wärme und Geborgenheit. Mit unendlicher

Sorgfalt und Liebe zum Detail. Zum Beispiel das Bild mit der alten Kommode: ›Urlaubserinnerung 1983‹ heißt es und zeigt eine geöffnete Flasche kostbaren Bordeaux und zwei halb volle Gläser auf der Kommode. An der Wand das Bild eines Weinguts. Auf dem Boden schnurrend eine Katze. Naive Malerei also? Da mag sie sich nicht eingeordnet wissen, weil ihr der Begriff zu abgegriffen ist. »Es gab eine Zeit, da nahm jede Hausfrau einen Pinsel in die Hand, und was rauskam, war naiv. In Frankreich«, sagt sie, »hat die naive Malerei einen ganz anderen Stellenwert. Sie ist anspruchsvoller und hat dadurch auch ein höheres Ansehen.
In Frankreich auch, genauer in der Provence, möchte sie am liebsten leben. Nicht zuletzt wegen der guten Küche und der edlen Bordeaux-Weine.

Dieses Mal griffen Gunhild und Bo gleichzeitig zu ihren Gläsern und stießen lachend mit Birgitta an: Auf den Bordeaux!

Wenn ich einen schwierigen Auftrag habe, entwerfe ich in meinen Träumen am laufenden Band Autos. Morgens bin ich dann wie gerädert. So, als hätte ich den Acht-Stunden-Tag schon hinter mir. Ich bin schrecklich nervös. Deshalb achte ich bei meinen Innenausstattungen immer auf ein ruhiges Umfeld. Die Farben müssen mich heiter stimmen. Wenn meine Augen beleidigt werden, kriege ich schlechte Laune.

»Das ist doch alles ganz anständig, oder?« Zufrieden lehnte Bo sich zurück. In seinen Armen atmete Gunhild tief durch, ihre ganze Lebensgeschichte steckte in diesen Seiten. Damit hätte sie vor 22 Jahren nie gerechnet, als sie zum ersten Mal mit ihrem Käfer von Berlin nach Wolfsburg fuhr.

Nur wenige Monate nach der großen Berichterstattung befragte die Cosmopolitan ihre Leserinnen im Rahmen eines Gewinnspiels nach ihren Wünschen bei der Gestaltung und Ausstattung ihres Traumautos. Mehr als 37.000 Frauen beteiligten sich an der Umfrage, die Ergebnisse verblüfften vor allem die Männer: Die Damen standen auf gut motorisierte Autos mit ordentlich PS unter der Haube und wollten keine rollende Einkaufstasche mit mickriger Leistung. Bei der Farbwahl entschieden sich die Frauen mehrheitlich für ein ästhetisches Weiß.

Unter Gunhilds Aufsicht wurde bei VW für die Gewinnerin des Preisausschreibens, eine 29-jährige Lehrerin aus Augsburg, das Frauen-Traum-Auto schlechthin gebaut: ein Golf Cabrio, 95 PS, mit Katalysator, tiefer gelegtem Sport-Fahrwerk, außen in Weiß, akzentuiert durch silberne Zier- und Schutzleisten, sowie die Sitze, Kühlergrill und Verdeck in Wagenfarbe, aber ohne weißen Teppich! Das Armaturenbrett war mit Rindsleder überzogen und von Hand verarbeitet, so wie die gesamte Innenausstattung des Unikats. Als das fertige Cabrio im Rahmen einer großen Feier übergeben wurde, beglückwünschte Gunhild persönlich als Vertreterin von VW und verantwortliche Designerin die Gewinnerin.

Armband als Quelle der Inspiration

»Na, dann mach mal!« Mit einem liebevollen Augenzwinkern verschwand ihr Kollege von der Marketingabteilung aus ihrem Büro und ließ Gunhild mit einem Stapel Unterlagen zurück. Nachdenklich blätterte sie in den Papieren zu dem neuen Auftrag: Im Rahmen einer Kooperation von VW mit dem Luxuslabel sollte ein sportlich-elegantes Golf-Cabrio ›Etienne Aigner‹ Deutschlands Straßen erobern. ›Alles nur vom Feinsten‹ lautete die interne Devise, passend zur exklusiven Marke des Leder- und Modedesigners mit Firmensitz in München.

Gunhild spürte ein leises Kribbeln der Vorfreude, das entsprach ganz ihrer Leidenschaft für formvollendete Eleganz. Keine Frage, es musste eine klassische, eher gedeckte Farbgebung sein - elegant, schlicht und zeitlos - nur welche? Beim Griff nach ihrer Kaffeetasse fiel ihr Blick zufällig auf ihr Armband. Es war ein schmales Goldarmband, in das rundherum kleine Edelsteine eingearbeitet waren – Smaragd, Saphir und Rubin, immer abwechselnd, nicht auffällig oder gar protzig, sondern klein und fein. In diesem Augenblick durchzuckte sie ein Geistesblitz: Eine dieser drei Farben sollte das Aigner-Cabrio zieren, doch warum eigentlich nur eine? Sie entschied sich, alle drei Farben vorzuschlagen. Ein Strahlen huschte über ihr Gesicht, Bo hatte ihr dieses Armband bei einer Reise durch Dubai geschenkt. Im Vorbeigehen hatte sie es zufällig im Schaufenster eines Juweliergeschäftes entdeckt und war sofort verliebt gewesen. Bo war auf der Stelle in das Geschäft hineinspaziert und hatte es ihr gekauft. Es war ein schöner Moment gewesen, so innig und voller Vertrautheit.

Sie wischte ihre sentimentalen Gefühle beiseite und dachte wieder über das Cabrio nach. Das Aigner-Logo in Hufeisen-Form musste dezent, aber angemessen in ihrem Design-Entwurf auftauchen. Nichts einfacher als das, dachte sie, lief schnurstracks in den Versuchsbau und ließ dort einige Logos nach ihren Zeichnungen erstellen. Diese würde sie anschließend verchromen lassen und an dünnen Drähten an den Sitzlehnen befestigen. Nun fehlte nur noch der passende Stoff für die Innenausstattung. Keine zwei Minuten später klingelte bei dem Stoffhersteller das Telefon: »Hallo Herr Sander, hier ist Gunhild Liljequist.«

»Frau Liljequist! Schön, wieder von Ihnen zu hören! Lassen Sie mich raten: Sie brauchen für einen Eil-Auftrag ein neues Muster?«

»Fast, Herr Sander, fast. Dieses Mal habe ich vorab eine Frage: Meinen Sie, es ist möglich, das Logo von Etienne Aigner klein in einen Veloursstoff einzuweben?«

»Ist das nicht so ein hufeisenförmiges Ding?«

»Ja, genau! Was meinen Sie: Bekommen Sie das hin?«

Für einen Augenblick war es still am anderen Ende der Leitung. Dann wagte Gunhilds Gesprächspartner sich zögernd aus der Deckung: »Ehrlich gesagt, Frau Liljequist: Das wird vermutlich nicht ganz einfach, aber wir versuchen das mal. Ich schicke Ihnen so schnell wie möglich die Stoffmuster zu und dann schauen wir uns das gemeinsam an. Einverstanden?«

»So machen wir das, Herr Sander. Vielen Dank und bis bald!« Schon beim Auflegen des Telefonhörers beschlich Gunhild ein seltsames Gefühl: Wenn Herr Sander so zögerte, dann verhieß das nichts Gutes.

Als die Stoffmuster bei Gunhild auf dem Tisch lagen, war sie entsetzt: Das Logo war kaum zu erahnen, so ging das auf keinen Fall. Bei ihrem panischen Anruf versprach Herr Sander zwar, es erneut zu probieren, doch als das zweite Muster in Wolfsburg eintraf, war das Ergebnis keinen Deut besser. Ausgerechnet in dieser Situation kam der Kollege vom Vertrieb und wollte die Entwürfe sehen. Gunhild ließ unauffällig die misslungenen Stoffmuster in ihrer Schreibtischschublade verschwinden und versuchte, ihn zu vertrösten, während es ihr nur mit Mühe gelang, ihre Panik zu unterdrücken.

Nachdem er gegangen war, sank Gunhild stöhnend auf ihren Stuhl und überlegte, was sie tun konnte. Sollte sie Herrn Sander um ein drittes Stoffmuster bitten oder einen anderen Stofflieferanten anrufen? Da durchzuckte sie ein Gedanke: Wieso anderer Stofflieferant? Wieso nicht anderer Stoff?! Sie schlug sich vor die Stirn: Dass sie da nicht früher darauf gekommen war! Statt des üblichen Veloursstoffes könnte sie hochwertigen Jacquard verwenden, immerhin ging es hier um ein Aigner-Cabrio. Das Auto würde dadurch zwar erheblich teurer und sie hatten diesen Stoff bei VW noch nie eingesetzt, aber wenn bei dem Sondermodell das Beste gerade gut genug war, dann sollte das erst recht für die Wahl des passenden Stoffs gelten. Sie griff zum Telefonhörer.

Zwei Tag später stand Gunhilds Vertriebskollege erneut vor ihrem Schreibtisch: »Na, was machen die Stoffmuster?«, fragte er mit finsterer Miene.

»Nein, ich kann Ihnen leider immer noch nichts zeigen, aber in ein paar Tagen habe ich eine Überraschung für Sie.«

»Stoffmuster wären mir jetzt wirklich lieber als irgendwelche Überraschungen … Es eilt wirklich, Frau Liljequist, und Sie haben sicher Verständnis, dass wir …«

Weiter kam er nicht, denn Gunhild fiel ihm resolut ins Wort: »Ich weiß, ich kenne den Zeitplan. Aber Sie haben doch selbst gesagt, dass es für unser Aigner-Cabrio nur das Beste vom Besten sein soll. Stimmt's?«

»Ja, wieso?«, fragte der Kollege misstrauisch. Worauf wollte sie hinaus?

»Ich habe mich deswegen dafür entschieden, dass wir für unsere Entwürfe nicht wie sonst Veloursstoff verwenden, sondern Jacquard. Geben Sie mir noch ein paar Tage Zeit, dann bringe ich Ihnen die Stoffmuster mit den eingewebten Aigner-Logos vorbei. Ich bin davon überzeugt, dass das edel aussehen wird.«

»Und wo ist der Haken an der Sache?« So schnell ließ sich der Kollege nicht abwimmeln.

»Nun, ich würde es vielleicht nicht gerade als Haken bezeichnen«, flötete Gunhild mit Unschuldsmiene, »aber natürlich hat Qualität ihren Preis …«

»Aha. Daher weht also der Wind.«

»Nun seien Sie doch nicht so misstrauisch! Schauen Sie lieber auf das Ergebnis! Ich garantiere Ihnen: Sie werden begeistert sein.«

»Na, wenn Sie's sagen.« Mürrisch verschwand der Kollege aus ihrem Büro und sie atmete erleichtert auf. Gunhild hoffte, dass sie den Mund nicht zu voll genommen hatte.

Die neuen Muster, die zwei Wochen später auf ihrem Schreibtisch Lagen, sahen genauso aus, wie sie sich das vorgestellt hatte. Dezent war das Aigner-Logo wie ein Muster in den Jacquard-Stoff eingewebt. Triumphierend zeigte Gunhild sie ihren Kollegen im Vertrieb, die staunend über den Stoff strichen: Wie edel der aussah und wie gut er sich anfühlte!

»Ich muss zugeben: Sie sind immer für eine Überraschung gut«, gestand der Chef der Vertriebsabteilung anerkennend.

Als der Tag der Vorführung nahte, war Gunhild aufgeregt: Was würden die Herren zu ihren drei Entwürfen sagen, in die sie so viel Herzblut hineingesteckt hatte?

Anderthalb Stunden bevor es losging, schlüpfte sie in die Walhalla, um zu kontrollieren, ob die Prototypen ordentlich aussahen. Nachdem hinter ihr die große Stahltür mit einem leisen Klicken ins Schloss gefallen war, schaute sie sich ihre drei Cabrios in Blau, Rot und Grün an und war zufrieden. Die Entwürfe waren ihr richtig gut gelungen. Der Stress mit dem Stoff hatte sich gelohnt, und die Lackierungen waren alle drei traumhaft schön. Im Marketing hatten sie lange über die Namen der Farben gegrübelt und sich für die wohlklingenden Begriffe ›Bordeaux perleffekt‹, ›Mangrovengrün metallic‹ und ›Midnightblue perleffekt‹ entschieden. Natürlich hatte sie das Armband zur Feier des Tages angelegt.

Langsam trat sie mit einem Lächeln näher und warf einen Blick in den Innenraum des ersten Wagens. Schlagartig verfinsterte sich ihr Gesicht: Dort, wo sie am Abend zuvor das verchromte Logo platziert hatte, baumelten lose Drähte. Kalter Schweiß brach ihr aus, panisch lief sie zu den beiden anderen Musterwagen. Überall war es das gleiche, die hufeisenförmigen Logos waren weg. Einen Moment lang hatte sie das Gefühl, einer Ohnmacht nahe zu sein, doch dann erwachte ihr Kampfgeist. Nachdem sich die fehlenden Logos auf die Schnelle nicht ersetzen ließen, mussten die Wagen ihren Chefs eben ohne die Logos vorgestellt werden.

Wenige Stunden später war alle Aufregung vergessen: Die VW-Chefs waren von allen drei Entwürfen begeistert, auch Etienne Aigner segnete die Entwürfe später ohne eine einzige Änderung ab.

Neben der Freude über diesen Erfolg sollte Gunhild eine lustige Anekdote in Erinnerung bleiben: Als sie mit ihrem Kollegen nach München in die Aigner-Zentrale reiste, überreichte man ihr dort als Dankeschön für die erfolgreiche Zusammenarbeit ein kleines Präsent: Ein hübsches Päckchen, eingeschlagen in knisterndes Seidenpapier mit Aigner-Logo. Ob sich ein schickes Lederhandtäschchen darin versteckte? Als Gunhild das Präsent zu Hause öffnete, erstarrte sie. Statt der erhofften Handtasche enthielt das Geschenk Duschgel.

»Oh nein! Ich hasse Duschgel!«, stöhnte sie, während Bo lauthals lachte. Nachdem die Flasche wochenlang unberührt bei den Liljequists herumgestanden hatte, schenkte Gunhild das Duschgel ihrem Nachbarn, der damit seinen Hund schamponieren konnte. Sie war das Zeug endlich los – und der Hund müffelte nicht mehr. Gute Lösungen konnten so einfach sein.

Abschied und Neubeginn

Eigentlich war es nur eine Unterschrift, nichts weiter als ein Schriftzug. Tausende Male hatte sie ihren Namen irgendwo hingeschrieben, und doch änderte diese Unterschrift alles. Einen Moment zögerte Gunhild, verharrte mit dem Stift wenige Zentimeter über dem Papier: Sobald sie ihren Namen unter dieses Schreiben gesetzt hatte, würde für sie ein Lebensabschnitt enden und ein neuer beginnen. Unglaublich, dass ein bisschen Tinte so viel verändern konnte. Mit dem Ausblick auf das verheißungsvolle ›Danach‹ setzte Gunhild schließlich ihre Unterschrift energisch unter das Schreiben.

VW bot ihr die Möglichkeit, zum 31. Dezember 1991 aus dem aktiven Berufsleben auszusteigen. Dann würde sie frei sein und hätte endlich genug Zeit für das, was ihr so viel Freude bereitete und ihr wahrer Lebensinhalt war: das Malen. Sie merkte, dass es Zeit wurde zu gehen, gesundheitlich war sie schon längere Zeit angeschlagen. Vieles hatte sich in diesen 27 Jahren bei VW verändert, nicht alles davon war ihrer Meinung nach besser geworden. Früher hatte sie es als Vorteil empfunden, eine der wenigen Frauen im Werk zu sein, den vielen ungläubigen Journalistenfragen zum Trotz. Natürlich begrüßte sie es, dass immer mehr Frauen in den angeblich typischen Männer-Berufen Fuß fassten, es wurde höchste Zeit, aber die Zusammenarbeit mit ihnen empfand sie als anstrengend. Selbstverständlich gab es auch viele nette Kolleginnen, aber die Zusammenarbeit mit den Männern kam ihr stets unkomplizierter und entspannter vor. Vielleicht war sie ja selbst schon so etwas wie ein Oldtimer im VW-Werk geworden.

Anfang Januar 1992 stand Gunhild in der Küche ihres Hauses in Gifhorn und kam sich vor wie in einer Großbäckerei. Anlässlich ihrer Abschiedsfeier hatte sie drei Torten versprochen, der Boden für die erste Torte stand schon zum Abkühlen auf dem Esstisch, ein weiterer befand sich im Backofen und die Zutaten des dritten Kuchens rührte sie gerade zusammen.

Den großen Tag der Verabschiedung genoss sie in vollen Zügen. Sie freute sich, ein letztes Mal die Hände ihrer langjährigen Kolleginnen und Kollegen zu schütteln, Gespräche über ihre Pläne – das Malen und die Reisen mit Bo – zu führen und in Erinnerungen an alte Zeiten zu schwelgen. Es war ein guter Zeitpunkt, um zu gehen – alles hatte seine Zeit und nach 27 Jahren war ihre im VW-Werk zu Ende.

»Liebe Gunhild! Genug der Reden – jetzt sollen Taten folgen. Selbstverständlich lassen wir dich nicht ohne ein Abschiedsgeschenk ziehen!«, kündigte einer der Kollegen an. Gespannt schaute Gunhild zu den zwei Kollegen, die mit erwartungsvollem Lächeln auf sie zukamen und irgendetwas Schweres in ihre Richtung wuchteten.

»Auspacken!«, rief die ganze Meute und beherzt beseitigte Gunhild das Geschenkpapier von ihrem Geschenk. Nachdem sie es enthüllt hatte, entglitten ihr fast die Gesichtszüge: Was war denn das für eine Scheußlichkeit? Nach einem ersten Moment der Sprachlosigkeit dämmerte ihr, dass dieses Objekt einen überdimensionalen stilisierten Bilderrahmen darstellte. Das rechteckige Teil war aus schwerem Massivholz und die kleineren Elemente sollten Pinsel sein.

»Haben wir extra für dich im Versuchsbau anfertigen lassen, weil du doch so gerne malst!«, flöteten die Kollegen und platzten fast vor Stolz über ihr originelles Geschenk. Gunhild gab sich Mühe, Begeisterung zu heucheln und die gut gemeinte Geste zu würdigen.

Am späten Nachmittag, als die Feier zu Ende war, verlud sie mit Hilfe ihres Kollegen Manfred das sperrige Teil in ihren Golf. Sie bedankte sich, umarmte ihn zum Abschied, setzte sich ins Auto und dachte an Bo, der zuhause schon mit einer Flasche Champagner auf sie wartete. Als sie den Wagen startete, warf sie einen letzten Blick in den Rückspiegel auf die charakteristische Silhouette des Werkes: Tschüss, VW! Auf in die Zukunft!

Kitche
Kulture

8. ZEIT DER FREIHEIT

Cognac für Champion Jack Dupree

Um den Beginn ihres neuen Lebensabschnitts stilvoll zu beginnen, hatte Bo sich für Gunhild etwas Besonderes einfallen lassen: Er hatte Karten für ein Konzert mit dem berühmten Sänger Champion Jack Dupree gekauft, den sie beide verehrten. Die Blues-Legende stammte zwar aus New Orleans, lebte aber seit einigen Jahren in Hannover und gab häufig in kleinen Klubs in der Umgebung Konzerte.

»Wollen wir uns an den Tisch dort vorne setzen? Dann haben wir einen guten Blick.« Bo deutete auf zwei freie Plätze. Während er an der Bar auf den bestellten Rotwein und die Flasche Wasser wartete, schaute er versonnen zu Gunhild hinüber. Fast 26 Jahre waren sie schon zusammen – und noch immer stockte ihm der Atem, wenn er seine wunderschöne Frau anschaute.

Neulich hatte sie ihm gestanden, dass sie hin und wieder auf ihre frühere Nachbarin Jutta Glöckner ein bisschen eifersüchtig war. Er hatte sie erstaunt angeschaut, es gab doch nicht den geringsten Grund dafür. Aber als er später darüber nachdachte, verstand er Gunhilds Sorge: Jutta und er hatten einen besonderen Draht zueinander. Was hatten sie gelacht, als Jutta und er sich zufällig im Supermarkt bei den Tiefkühltruhen getroffen hatten und fachsimpelten, wie man diese Fertiggerichte am eindrucksvollsten aufmöbelte. Als er Gunhild abends davon erzählt hatte, war er nicht auf die Idee gekommen, dass seine Frau das mit anderen Augen betrachten könnte, doch das war lange her. Nachdem die Glöckners aus beruflichen Gründen fortgezogen waren, lebte der freundschaftliche Kontakt zwischen ihnen über Postkarten, Briefe und Anrufe fort, ohne von Eifersuchtsgedanken überschattet zu werden.

»Bitteschön – Ihr Wein und das Wasser«, riss die Bedienung Bo aus seinen Gedanken. Während er bezahlte und an ihren Tisch zurückging, setzte sich der Künstler ans Klavier und Applaus brandete auf.

»Please – könnten Sie mir bitte einen Cognac rüberreichen?« Champion Jack Dupree beugte sich zu den Liljequist hinüber und deutete vielsagend zum Tresen neben ihnen. Gunhild, die direkt am Tresen saß, reichte ihm das Glas.

Sein erster Song ›Walking the Blues‹ war noch nicht ganz verklungen, da grinste er sie erneut vielsagend an und nickte gen Tresen – noch ein Cognac. Es folgte ›Junker's Blues‹, der Laden tobte – und erneut zwinkerte Champion Jack Dupree gen Gunhild und Tresen – diesmal wünschte er ein Bier und dazu eine Zigarette.

»Meine Güte – der säuft ja ordentlich!«, schüttelte Gunhild ungläubig lachend den Kopf, als sie ihm das Bier reichte und sah, wie die Bedienung den nächsten Cognac eingoss. Doch Alkohol und Zigarettenqualm schienen den Sänger zu beflügeln: Seine kleinen Geschichten und Anekdoten wurden immer humorvoller, Gunhild und Bo amüsierten sich prächtig und bekamen kaum noch Luft vor Lachen.

»Fantastisch!«, japste Bo und einen Augenblick lang wusste er nicht, was er großartiger fand: dieses Konzert mit Champion Jack Dupree oder das herzhafte Lachen seiner Frau.

Das Bild hängt schief …

Dieser Duft! Begeistert hielt Gunhild schnuppernd die Nase über den Topf mit dem Coq au vin, der auf dem Herd vor sich hin blubberte. Es war Freitagnachmittag, in knapp zwei Stunden kam Bo von der Arbeit nach Hause und sie würde ihn mit ihrem Lieblingsgericht überraschen, als leckeren Einstieg ins Wochenende. Außerdem konnte sie ihm ihr neues Bild zeigen, das heute fertig geworden war. Seit sie in Rente war, genoss sie es, in aller Ruhe den Tag an der Staffelei verbringen zu können.

»Ich bin fast wie besessen vom Malen. Am liebsten möchte ich gar nicht mehr aufhören. Die Malerei ist für mich lebenswichtig, es meine Art, mich auszudrücken«, hatte sie ihrer Freundin Gisela neulich am Telefon erzählt.

Gunhild rührte noch einmal das Coq au vin um, legte die Küchenschürze beiseite, ging ins Esszimmer und begann den Tisch zu decken. Dabei entdeckte sie, dass eines der Bilder an der Wand etwas schief hing. Es störte sie schon seit Tagen, aber sie hatte immer wieder vergessen, es geradezurücken. Beherzt schob sie einen Stuhl an die Wand, zog sich vorsorglich die Hausschuhe aus, kletterte auf den Stuhl und rückte das Bild zurecht. Als sie mit etwas Abstand kontrollieren wollte, ob es nun gerade hing, passierte es: Sie verlor das Gleichgewicht, der Stuhl kippte um, und Gunhild fiel mit einem Aufschrei zu Boden. Dabei krachte ihr der Stuhl auf Ferse und Unterschenkel. Mit schmerzverzerrtem Gesicht betastete sie vorsichtig ihren Fuß, ihre Hacke fühlte sich wie ein Beutel mit lauter kleinen Kieselsteinen an. Tränen traten ihr in die Augen, unter starken Schmerzen robbte sie zum Telefon und rief in ihrer Verzweiflung Bo im Büro an. Nachdem sie ihm erzählt hatte, was passiert war, meinte er: »Gunhild, ruf sofort den Arzt an. Ich mach‘ mich gleich auf den Weg und komme nach Hause.«

Nachdem sie ihrem Hausarzt den Unfall geschildert hatte, vermutete der einen Trümmerbruch und alarmierte den Rettungsdienst.

»Das sieht ja furchtbar aus!« Fassungslos stand Bo kurze Zeit später an Gunhilds Krankenhausbett und betrachtete mit schreckgeweiteten Augen ihre Wade und ihren Fuß.

»Das Bild im Esszimmer hängt jetzt wieder gerade, aber dafür hab‘ ich einen Trümmerbruch und das Sprungbein ist kaputt«, berichtete sie von der Diagnose.

Bo war der Erste, der seinen Humor wiederfand. Mit einem schiefen Grinsen blinzelte er Gunhild zu und meinte: »Das ist ja fast wie bei Loriot: Das Bild hing schief … Aber etwas Gutes hat das Ganze auch.«

»Etwas Gutes?! Da bin ich aber gespannt!«

»Ich war zwar nur wenige Minuten zu Hause, aber die haben ausgereicht, um dein Coq au vin zu entdecken. Das roch köstlich! Und das Beste ist: Jetzt habe ich es ganz für mich alleine!«

»Oh! Du bist so gemein«, schimpfte Gunhild und musste unwillkürlich mitlachen.

Es dauerte lange, bis Gunhilds Trümmerbruch geheilt war und sie ohne Krücken laufen konnte. Doch trotz Krankengymnastik und allen Behandlungen fiel ihr fortan oft das Gehen schwer.

Unterwegs im Spieler-Paradies

Endlich war auch Bo Rentner. Schon lange waren sie sich einig, was für diesen neuen Lebensabschnitt – natürlich neben Gunhilds Malerei – im Vordergrund stehen sollte: Reisen. Sie liebten es, fremde Länder zu erkunden, neue Landschaften und Kulturen kennenzulernen und sich von den vielfältigen Farben, Formen, Gerüchen und Speisen inspirieren zu lassen. Bo war für die Planung und Organisation zuständig, begeistert schmökerte er ausgiebig in Reiseführern und suchte interessante Ziele und Routen heraus. Er liebte es, Gunhild die Welt zu zeigen, und war glücklich, dass sie seine Neugier und Abenteuerlust teilte. Mit der ersten großen Reise nach seiner Pensionierung erfüllten die beiden sich einen lang gehegten Traum: Auf nach Amerika! Las Vegas, Florida, die berühmte Route 66, Los Angeles, Hollywood, San Francisco – all das stand genauso wie Malaysia, Dubai oder auch ein Haute-Cuisine-Kochkurs in Paris schon lange auf ihrer Wunschliste.

Im Spieler-Paradies Las Vegas versuchte Gunhild gleich am ersten Abend ihr Glück in einem der zahllosen Casinos. Mit vor Aufregung geröteten Wangen stürzte sie sich auf die blinkenden Spielautomaten, warf Jetons ein, drückte und zog an den Hebeln der einarmigen Banditen. Schon bald verwandelte sich die Röte ihrer Wangen jedoch in Zornesröte: Sie verlor am laufenden Band, nicht ein einziger lumpiger Dollar schepperte als Gewinn aus den Automaten.

»Macht nichts, wir versuchen es morgen noch mal. Wir sollten erst mal vernünftig ausschlafen und dann heißt es ›Neuer Tag – neues Glück‹!«, beruhigte sie Bo.

Am nächsten Morgen fühlte sie sich beim Aufwachen wie neugeboren und sprang tatendurstig aus den Federn: »Los, Bo, steh auf! Lass uns schnell frühstücken gehen und dann probieren wir unser Glück an den Automaten unten in der Hotellobby.«

Bo rieb sich die Augen und schmunzelte geheimnisvoll, er hatte für heute eine besondere Überraschung geplant. Eine Viertelstunde später schlürften sie ihren ersten Kaffee im Hotelrestaurant. »Geh du dein Glück an den Automaten versuchen, ich mache erst mal einen kleinen Spaziergang und schaue mich ein bisschen um.« Bo drückte seiner Frau jede Menge Dollarscheine in die Hand, dann ging er unter dem Vorwand, frische Luft schnappen zu wollen, nach draußen.

Gunhild tauschte das Geld in Jetons und schon kurbelte und drückte sie an den Spielautomaten herum. »Heute zeig‘ ich es euch!«, drohte sie den einarmigen Banditen, eine Drohung, die überraschenderweise Wirkung zeigte: Die Gewinne rappelten und schepperten nur so aus den Automaten heraus.

»Na, alles gut bei dir?« Bo war von seinem Erkundungsgang zurück und schaute seiner Frau über die Schulter.

»Ich habe eine Glückssträhne, Bobby! Schau mal!« Stolz hielt sie ihm ihre Gewinne unter die Nase.

»Sag mal, wollen wir langsam mal losziehen? Wir wollten doch hier in Las Vegas heiraten …«

Gunhild wandte sich um und umarmte ihren Mann. Diesmal war sein ›Heiratsantrag‹ keine Überraschung für sie wie damals in Bangkok, schließlich hatten sie im Vorfeld der Reise darüber gewitzelt, dass sie in Las Vegas noch mal heiraten könnten.

»Wo kann man denn hier heiraten?«, fragte sie, als sie zehn Minuten später vor dem Hotel standen. Dort wartete bereits ein Taxi-Fahrer, der sie zum nächsten sogenannten ›Rathaus‹ chauffierte.

»Guck mal: Die haben hier sogar rund um die Uhr geöffnet.« Bo wies Gunhild auf ein kleines Schild neben der Tür hin, während sie auf ihre Lizenz zum Heiraten warteten. Mit dem Dokument in der Tasche fuhren sie zur nächstgelegenen Hochzeitskapelle, wo sie von einem als Pfarrer verkleideten Schauspieler empfangen wurden.

»Möchten Sie sich noch umziehen?«, fragte er das Paar und deutete auf eine Kleiderstange voller Hochzeitskleider und Anzüge. Prüfend blickte Gunhild an sich herunter: Sie trug einen weißen Hosenanzug und fühlte sich damit passend gekleidet. Aber zwischen den Brautkleidern entdeckte sie einen neckischen Kranz aus künstlichen Blumen, den sie sich auf den Kopf setzte, um noch ein wenig mehr nach Braut auszusehen.

Einige Minuten später war die Zeremonie schon wieder vorüber. Es gab Sekt aus billigen Plastikschalen und zum Abschluss machte der vermeintliche Pfarrer ein Polaroidfoto des frisch zum zweiten Mal verheirateten Paares.

»So eine spontane Hochzeit in Las Vegas kann man sich aus Jux mal gönnen.« Zufrieden küsste Bo seine Frau und Arm in Arm spazierten sie aus der Hochzeitskapelle.

Um sich auch später an die gemeinsamen Reisen erinnern zu können, hielt Gunhild die Erlebnisse in einem Tagebuch fest. Oft war es das Unscheinbare am Wegesrand, das sie beeindruckte und ihr nahe ging, wie zum Beispiel diese kleine Szene während einer Russlandreise: ›Heute zufällig eine alte Frau am Straßenrand gesehen, die einen einzigen Fisch zu verkaufen hatte. Nur einen einzigen Fisch! Könnte noch Stunden später heulen angesichts dieser Armut überall.‹

Rückblick am Jahresende

Am Silvesterabend genoss Gunhild die Ruhe, die seit Weihnachten wie ein flauschiger Teppich über den Tagen lag, während Bo bei einer betagten Nachbarin die Spülmaschine reparierte. Sie fand diese letzten Stunden eines ›alten‹ Jahres seltsam, wo etwas nur aufgrund eines Datums zu Ende ging und schon bald etwas Neues begann. Was würde das neue Jahr im Gepäck haben? Sie erschrak, wurde sie etwa sentimental?

Sie richtete sich auf, höchste Zeit, ein bisschen aufzuräumen und Ordnung zu schaffen – sowohl in ihren Gedanken als auch auf ihrem Schreibtisch. Sie bewunderte Bos Arbeitsplatz, wo es immer so ordentlich aussah, bei ihr hingegen herrschte grundsätzlich Chaos. Sie zog die große Schublade heraus, in die sie stets alles ›erst mal‹ hineinstopfte, und stellte sie auf den Tisch.

»Los geht's!« Voller Tatendrang klatschte sie in die Hände – und erschreckte damit den Kater, der auf Bos Sessel schlief. »Entschuldigung mein Kleiner! Lass dich nicht stören.« Beruhigend streichelte sie die Katze, die schon bald wieder entspannt schnurrte. Dann ging sie hinüber zum Plattenspieler und legte ›Paris Milonga‹ Paolo Conte auf, schließlich ging mit Musik alles besser! Sie kippte den gesamten Inhalt der Schublade auf den Schreibtisch und begann auszumisten. Nach ein paar alten Rechnungen, zerknüllten Notizzetteln und Restaurant-Quittungen fiel ihr ein Brief ihrer Freundin Gisela in die Hände, die sie über den Verkaufs eines ihrer Bilder kennengelernt hatte:

Liebe Gunhild,

wir hoffen, es geht euch gut? Wir bedanken uns ganz herzlich für euren Besuch bei uns im Rheinland – und dass ihr uns dein Bild persönlich überbracht habt! Wir haben die gemeinsamen Stunden mit euch sehr genossen.
Als wir dein Werk zufällig bei einem Stadtbummel in deiner Ausstellung bei Bang & Olufson in Hannover entdeckt haben, waren wir sofort begeistert von diesem wunderschönen Urwald-Gemälde. Es hängt nun in unserem Schlafzimmer und jeden Morgen, wenn die Sonne aufgeht, wandern ihre Strahlen über dein Bild und bringen die vielen bunten Kolibris zum Leuchten. Diese vielen Farbschattierungen und die filigranen Orchideen sind einfach unglaublich. Dein Bild sorgt bei uns jeden Morgen für einen positiven Start in den Tag. Wenn DAS keine Meisterleistung von dir ist, liebe Gunhild.

Wir freuen uns, dass unsere Bekanntschaft – oder dürfen wir Freundschaft sagen? – auch nach eurer ›Bild-Lieferung‹ fortbesteht. In diesem Zusammenhang herzlichen Dank für eure Einladung nach Gifhorn! Wir sind schon gespannt, euer ›Hexenhaus‹ kennenzulernen, von dem ihr so lebendig und begeistert erzählt habt.

Bis dahin alles Gute und bleibt gesund!
Mit herzlichen Grüßen
Gisela Hebebrand

Mit einem Lächeln ließ Gunhild ihre Hand über das Briefpapier gleiten und freute sich auf das Wiedersehen mit Gisela und ihrem Mann im neuen Jahr. Beim weiteren Sortieren entdeckte sie ihre Teilnehmer-Urkunde für den Nähwettbewerb um den Aenne Burda-Preis. Sie hatte nie gedacht, dass sie es mit ihrem lachsfarbenen Kostüm bis in die Präsentationsrunde schaffen würde. War das aufregend gewesen, als sie ihre eigene Kreation höchstpersönlich als Model in eigener Sache auf dem Laufsteg präsentierte. Am Ende hatte es zwar nur für den Trostpreis gereicht - gemeinsam mit den anderen Kandidatinnen hatte sie feierlich eine Zackenschere überreicht bekommen.

Als nächstes fiel ihr das Tierkreiszeichen-Medaillon ›Löwe‹ von Fürstenberg in die Hände. Sie hatte es auf einem Flohmarkt entdeckt und war peinlich berührt gewesen. Kurzentschlossen hatte sie das kleine Medaillon zu einem Spottpreis gekauft, da sie es nicht ertrug, ihr Werk zwischen all dem anderen Kram herumliegen zu sehen. Doch damit nicht genug: Nur wenige Wochen später war ihr erneut etwas Ähnliches passiert, als sie gerade auf einem anderen Flohmarkt in einer Kiste mit Schallplatten wühlte. Am Nachbarstand entdeckte sie einen Mann, der bewundernd ein Bild betrachtete, das ihr vage bekannt vorkam. Bei genauerem Hinsehen erkannte sie es: Es war einer der leinwandgeprägten Kunstdrucke ihres Jahreskalenders der ›edition cicero‹. Spontan trat sie auf den Mann zu und gab sich als Malerin des Bildes zu erkennen. Der Unbekannte war verblüfft: »Sie haben das gemalt? Na, dann kaufe ich dieses Bild jetzt erst recht, wo ich die Künstlerin persönlich kennengelernt habe! Mir gefällt Ihr Bild übrigens unheimlich gut.« Im ersten Moment hatte Gunhild sich über sein Kompliment sehr gefreut. Doch als sie sich verabschiedet hatten und jeder seiner Wege ging, nagten alsbald Zweifel an ihr, die sie bis heute nicht losließen: Musste sie sich Sorgen darüber machen, dass man ihre Kreationen inzwischen auf Flohmärkten verscherbelte?

Nachdenklich wiegte sie den Kopf und angelte den nächsten Zettel aus dem Papierberg. Es war die Liste mit den 14 Ausstellungen, auf denen ihre Werke in den vergangenen Jahren in Deutschland, Holland, Frankreich und der Schweiz präsentiert wurden. Erleichtert atmete sie angesichts dieser beeindruckenden Vielzahl von Galerien und Museen auf und ihre finsteren Gedanken verflüchtigten sich.

„Was machst du denn da?" Bo war wieder daheim und steckte neugierig den Kopf zur Tür herein.

„Ich räume auf!", lächelte Gunhild – wohl wissend, dass ihr Anblick inmitten von Papierstapeln eher nach den Folgen einer Explosion ihres Schreibtisches aussah.

„Ich bringe dir ein Glas Wein zur Motivation und zum Vorglühen für heute Abend", versprach Bo und verschwand in der Küche.

Nachdem sie den leidigen Papierkram geordnet und größtenteils in den Papierkorb entsorgt hatte, fühlte sich Gunhild wie von einer schweren Last befreit. Jetzt konnte sie das neue Jahr unbeschwert willkommen heißen.

Schattenzeiten

»Frau Liljequist? Ist alles in Ordnung? Möchten Sie ein Glas Wasser?« Besorgt berührte die Sprechstundenhilfe der Frauenärztin die Patientin Liljequist an der Schulter. Diese war aschfahl im Gesicht.

»Nein, nein. Vielen Dank, das ist nicht nötig. Es geht bestimmt gleich wieder.« Mühsam rang sich Gunhild ein Lächeln ab. Sie schloss kurz die Augen und atmete tief durch. Das Gespräch mit ihrer Frauenärztin war ihr surreal vorgekommen, kaum war das Wort ›Brustkrebs‹ gefallen, hatte ihr Gehirn abgeschaltet. Freundlich und zugewandt hatte ihr die Ärztin die Diagnose sowie das weitere Vorgehen erläutert – erst Operation, dann Bestrahlung - und Mut zugesprochen. Mechanisch hatte sie genickt, aber der Strom von Worten war nicht mehr bis zu ihr durchgedrungen. ›Brustkrebs‹ – dieses eine Wort wiederholte sich in ihr wie eine Schallplatte, die einen Sprung hatte. Gunhild versuchte, sich zusammenzureißen, so eine Diagnose war schließlich kein Todesurteil. Sie lächelte der Sprechstundenhilfe zu und ging langsam zum Ausgang. Die frische Luft tat ihr gut. Hier draußen war scheinbar alles unverändert, die Welt drehte sich weiter, als wäre nichts geschehen. Nur ihr eigenes Leben hatte sich auf einen Schlag komplett verändert: Sie war krank. Schwer krank sogar. Dabei fühlte sie kein Unwohlsein, kein Fieber, keine Schmerzen.

Als sie Bo von der Diagnose berichtete, brach ihr sonst so souveräner Mann in Tränen aus. Es war das erste Mal in ihrem Leben, dass Gunhild Bo weinen sah. Erst in diesem Augenblick realisierte sie die Tragweite der Nachricht, zum ersten Mal kam ihr das Wort Sterben in den Sinn. Auch ihr rannen Tränen über die Wangen, lange standen sie in inniger Umarmung da, weinten gemeinsam und fürchteten sich vor der Zukunft. Sie fühlten sich hilflos diesem Schicksalsschlag ausgeliefert. Wie eine Bombe krachte die Diagnose in ihr bis dahin so unbeschwertes Rentner-Leben: Sieben Jahre Glück, sieben Jahre ungetrübte Freude – doch auf einem Schlag war alles anders.

Bo war der erste, der sich wieder fasste. Entschlossen wischte er sich die Tränen weg und blickte seiner Frau tief in die Augen: »Wir schaffen das. Gemeinsam. Ich werde dich unterstützen, so gut ich nur irgend kann. Wir lassen uns von dieser Diagnose und diesem verdammten Krebs nicht unser Glück zerstören!«

Die kommenden Monate waren schwer für Gunhild, nach der Operation folgte die Bestrahlung, von der sie oft müde und erschöpft war. Doch Bo hielt Wort, er deckte sie fürsorglich mit einer Decke zu, wenn sie auf dem Sofa lag und döste, kochte Tee, kümmerte sich ums Essen und den Haushalt.

Als der Brustkrebs endlich besiegt war, warf eine weitere Erkrankung Gunhild erneut aus der Bahn: Plötzlich konnte sie ihre Beine nicht mehr richtig anheben. Nach unzähligen Untersuchen diagnostizierten die Ärzte eine Nervenentzündung, die vermutlich durch die vielen Stunden, die sie nach ihrer Genesung an der Staffelei verbracht hatte, ausgelöst wurde. Erneut musste sie sich schonen und sich in Geduld üben, was ihr gar nicht lag.

Nachdem die Entzündung ausgeheilt war, schienen die dunklen Zeiten vorbei zu sein, sogar die eine oder andere kleine Reise wurde wieder möglich. Doch das Glück währte nicht lange.

Eines Tages kam Gunhild schwer bepackt mit Tüten und Taschen aus dem Supermarkt. Auf dem Weg zum Auto stellte sie verwundert fest, dass die Pflastersteine in seltsamen Wellenlinien verliefen. War der Parkplatz neu gepflastert worden?

Als sie zu Hause ankam, war diese Beobachtung schnell vergessen, doch kurze Zeit später tauchten die Wellen erneut auf. Beim Malen am Computer, den sie hin und wieder anstelle der Staffelei nutzte, erschienen plötzlich ebenfalls Wellen anstatt gerader Linien.

Bei ihrem ersten Besuch beim Augenarzt meinte dieser, das Ganze sei eine Alterserscheinung, da könne man nichts machen. Beruhigt fuhr Gunhild nach Hause und berichtete Bo von ihrem Arzttermin. Doch ihr Mann wollte sich nicht damit abfinden, noch am selben Tag vereinbarte er telefonisch einen Termin an der Berliner Charité. Gunhild fand das zwar übertrieben, aber nach einigen Untersuchungen lautete die neue Diagnose der Berliner Ärzte weder ›Alter‹ noch ›Schicksal‹, sondern ›Makuladegeneration, unheilbar‹.

Fassungslos studierten Gunhild und Bo den Arztbrief, unter dem Begriff konnten sie sich nichts vorstellen. Bo begann zu recherchieren, es musste doch etwas geben, um das kostbare Augenlicht seiner Frau zu erhalten. Nach langer Suche machte er in Magdeburg einen Augenarzt ausfindig, der seine Patientinnen und Patienten mit dem Präparat Lucentis behandelte. Er nahm Kontakt mit dem Mediziner auf und erfuhr, dass das Präparat in Deutschland noch nicht zugelassen war, in der Schweiz damit jedoch erste vielversprechende Behandlungserfolge erzielt wurden. Nach einem ersten Besuch in der Praxis des Magdeburger Mediziners bestellte er zwei Augenspritzen in einer Schweizer Apotheke und buchte Zugtickets für die Fahrt in die Schweiz.

Als die Behandlung in der Magdeburger Praxis fortgesetzt wurde, begann der Kampf um Gunhilds Augenlicht und der gegen die Krankenkasse, die zunächst die Kosten nicht übernehmen wollte. Es sollte Bos letzter Kampf für seine Frau werden.

Eines Tages wurde bei ihm Blasenkrebs diagnostiziert. Der Krebs hatte bereits gestreut, zahlreiche andere Organe waren von Metastasen befallen. Als Bo bettlägerig wurde, pflegte Gunhild ihn rund um die Uhr zu Hause. Während er schlief, malte sie unter Tränen ein letztes Bild von ihm. Drei Monate lang kümmerte sie sich ununterbrochen um ihn und versuchte, ihm jeden Wunsch von den Augen abzulesen. Am 23. Juni 2010 starb Bo im Alter von 81 Jahren. Wie er es sich gewünscht hatte, gab es eine Seebestattung auf der Ostsee, vor Travemünde.

Mit dem Tod von Bo wich alle Farbe aus Gunhilds Leben, sie fühlte sich wie gelähmt, auch die Staffelei war kein Rettungsanker. Sie versank in ihrer Trauer, nichts schien mehr Sinn zu haben. Das Alleinleben fühlte sich falsch an - alles fühlte sich falsch an. Trotzdem ging das Leben weiter. Sie entwickelte ihr eigenes Trauerritual:

Wenn sie spazieren ging, hielt sie Ausschau nach glatten Steinen, sie mussten makellos sein, ohne scharfe Kanten und herausgebrochene Ecken. Zu Hause schrieb sie mit schwarzem Filzstift kleine Nachrichten an Bo darauf. ›Du fehlst mir, Bobby‹, war einer der Sätze, der sich besonders oft auf den Steinen fand. Am Ende war es ein großer Beutel voller beschrifteter Steine. Einen Teil davon vergrub sie im Garten, andere Steine warf sie ein paar Jahre später bei einem Besuch in Travemünde in die Ostsee, zu Bo.

Der Einzige, der ein wenig Abwechslung in ihren Alltag brachte, war Kater Johnny. Als eines Tages Birgitta anrief und sich erkundigte, wie es Gunhild ging, spürte sie, als sie von dem Kater erzählte, nach vielen Monaten zum ersten Mal wieder ein wenig Leichtigkeit: »Der Kater ist ein ganz cooler Typ: Ich habe ihn so dressiert, dass er zum Fressen auf unseren Raumteiler in der Küche hochspringen muss. Das hat er in all den Jahren auch gemacht. Doch inzwischen sind wir beide alt und gebrechlich geworden. Jetzt kommt der Kater nicht mehr hoch zum Napf – und ich nicht mehr zu ihm runter!« Gunhild und Birgitta vergaßen beide einen Moment lang die Traurigkeit und lachten so unbeschwert wie früher.

Was für ein Geschenk

›Miguel Lopez‹ stand auf ihrem kleinen Notizzettel, den Gunhild nachdenklich betrachtete. Der gebürtige Spanier lebte halb in seiner alten Heimat, halb in Deutschland und war derzeit beruflich in Hannover. Vor zwei Tagen hatte er bei ihr angerufen und erzählt, dass er ein großer

Bewunderer ihrer Porzellanobjekte sei, die sie vor Jahren für Fürstenberg entworfen hatte. Er würde sie gerne besuchen und seine ›Jahreszeiten‹- und ›Paradies‹-Wandteller von ihr signieren lassen.

Gunhild war so überrascht, dass sie ›Ja‹ gesagt hatte. Als sie den Hörer aufgelegt hatte, kamen ihr Zweifel: Wie konnte sie nur einen wildfremden Mann zu sich nach Hause einladen? Aber sie hatte sich über sein Interesse an ihr und ihren Arbeiten gefreut und seine warme Stimme mit dem leichten spanischen Akzent erzeugte ein diffuses Kribbeln in ihrem Bauch. »Ich bin eine alte Schachtel, verflixt noch mal! Trotzdem bin ich aufgeregt wie ein Backfisch, nur weil dieser - wie hieß er doch gleich? - ach ja: Miguel Lopez - mich besuchen kommen möchte«, schimpfte Gunhild halblaut mit sich selbst, doch dann musste sie loslachen: »Bobby, du wärst stolz auf mich: Ich habe mir seinen Namen notiert! Ich habe zwar vergessen, nach seiner Handynummer zu fragen, aber immerhin weiß ich dieses Mal, wer mich besuchen kommt.«

Was für ein fantastischer Ausblick! Gunhild saß in einem hübschen Café im Treppenviertel von Blankenese und trank genüsslich einen Schluck Kaffee. Dabei schaute sie auf die im Sonnenlicht glitzernde Elbe, auf der ein großer Containerfrachter langsam stromaufwärts fuhr.

»Möchten Sie vielleicht ein Stück unserer selbst gebackenen Kuchen oder Torten zu Ihrem Kaffee?« Die Worte der jungen Kellnerin rissen sie aus ihren Gedanken.

»Welche Ihrer Köstlichkeiten können Sie mir denn besonders empfehlen?«, fragte Gunhild.

»Wie wäre es mit unserer spanischen Vanilletorte? Die haben wir nur selten im Angebot.«

»Einverstanden, die nehme ich.« Gunhilds Stimme klang plötzlich brüchig. Sie räusperte sich, als hätte sie einen Frosch im Hals.

»Sehr gerne.« Die Kellnerin nickte ihr freundlich zu und steuerte den nächsten Tisch mit Ausflüglern an.

Verschämt strich Gunhild sich über die feuchten Augen und setzte ihre Sonnenbrille auf, es musste ja keiner mitbekommen, dass diese zwei Worte ›Spanische Vanilletorte‹ sie aus der Fassung gebracht hatten. Miguel hatte ihr oft von dieser Torte vorgeschwärmt und behauptet, niemand könne sie besser backen als seine Mutter. Schrecklich, wie die Erinnerungen an ihre verflossene Liebe sie immer wieder einholten.

Dabei hatte vor etwa drei Jahren alles so schön angefangen: Bereits bei Miguels zweiten Besuch hatte sie das Gefühl gehabt, als würden sie einander schon seit Ewigkeiten kennen. Sie waren einander so vertraut und ihre Gespräche waren so unkompliziert und tiefgehend gewesen. Bevor er in sein Auto gestiegen war, hatte er sie zum Abschied geküsst und sie war seltsamerweise nicht überrascht gewesen. Damit hatte ihre fast drei Jahre dauernde stürmische Liebe begonnen. Drei Jahre - und nun war alles aus und vorbei. Unwillkürlich rannen Gunhild Tränen über die Wangen.

»Entschuldigen Sie bitte – kann ich Ihnen irgendetwas Gutes tun?« Die Dame am Nebentisch beugte sich vorsichtig zu ihr hinüber und hielt ihr diskret ein Taschentuch hin.

»Oh – vielen Dank«, schluchzte Gunhild, während sie dankbar nach dem Taschentuch griff.

»Wer angesichts des herrlichen Sonnenscheins weint, muss an Herzschmerz leiden, oder plagt Sie ein schnöder Heuschnupfen?«, fragte die Unbekannte lächelnd.

»Herzschmerz trifft es ziemlich gut«, antwortete Gunhild etwas gefasster und putzte sie sich die Nase. Während sie das Taschentuch wegsteckte, schaute sie ihre Tischnachbarin genauer an. Sie sah nett aus und saß genau wie sie alleine an ihrem Tisch. »Wenn Sie mögen, setzen Sie sich doch gerne zu mir.«

»Bitte entschuldigen Sie meine Direktheit. Darf ich Sie fragen, was Sie so traurig macht?«, fragte ihre neue Bekannte, während sie zu ihr an den Tisch wechselte.

Gunhild deutete mit einem Seufzen auf das Stück Torte, das die Bedienung ihr gerade gebracht hatte.

»Wegen der Torte? Ich glaube, das müssen Sie mir erklären …«, zwinkerte die Unbekannte Gunhild zu, die nun selber lachen musste: »Es ist nicht zu fassen, dass diese Spanische Vanilletorte einen zum Heulen bringen kann, oder?«

Dann begann sie zu erzählen: Von Miguels überraschendem Anruf, ihrem ersten Kuss, ihrer innigen Zuneigung, von ihren gemeinsamen Ausflügen und Reisen, von ihrer Liebe und den gemeinsam gekauften und stolz getragenen Freundschaftsringen. Sie verschwieg auch nicht den Altersunterschied von fast 30 Jahren und die Tatsache, dass dieser ihnen beiden völlig egal gewesen war.

»Das hört sich zauberhaft an. Was für ein Geschenk«, sagte ihre Zuhörerin leise, als Gunhild gedankenverloren den Blick über die Elbe schweifen ließ.

»Das war es«, bestätigte Gunhild. »Ich war so glücklich! Ich bin aufgeblüht und wie auf Wolken geschwebt. Der Mann hat mir unheimlich gutgetan, und das ist am Ende doch das Einzige, was zählt, oder?«

»Ich glaube auch, dass es genau das ist, was am Ende wirklich wichtig ist: Dass es uns zumindest manchmal gelingt, in einer tiefen, innigen Verbindung mit anderen Menschen zu sein.«

Eine Weile blickten die beiden Frauen in die Ferne, jede hing ihren eigenen Gedanken nach. Dann nahm die Unbekannte sachte den Faden wieder auf: »Wie ging Ihre Geschichte weiter?«

»Ich war leider nicht seine einzige Freundin, er hatte noch eine andere. Zuerst wusste ich das natürlich nicht, aber irgendwann hatte ich so eine Ahnung, obwohl ich Ihnen gar nicht sagen kann, warum. Er hat das immer abgestritten. Ich habe den Fehler gemacht, ihm zu vertrauen, statt auf meine Intuition zu hören. Als er eines Tages vorschlug, dass ich mein Haus verkaufen und nach Süddeutschland in seine Nähe ziehen solle, fand ich diese Idee gut. Wir verbrachten so viel Zeit miteinander, warum sollten ich nicht in seiner Nähe wohnen? Leider zog sich der Verkauf meines Hauses unerwartet in die Länge. Kaum war ich endlich in meinem neuen Zuhause in Süddeutschland angekommen, stellte ich mit Entsetzen fest, dass er wirklich eine Freundin hatte, die zudem fast bei mir um die Ecke wohnte. Da ich mir ein Leben als Nummer Zwei nicht vorstellen konnte, habe ich mich sofort von ihm getrennt, die neue Wohnung gekündigt und meine ganzen Sachen wieder eingepackt. Seit ein paar Wochen wohne ich hier in Hamburg im Haus meiner Schwester, in dem zufällig eine Wohnung frei war, und erhole mich allmählich von den Strapazen. Aber diese beiden Umzüge innerhalb kürzester Zeit haben mich auch etwas Wichtiges gelehrt: Ich habe viel zu viele Sachen! Ein Wahnsinn ist das, was ich alles mitgeschleppt habe im Laufe der Jahrzehnte. Im nächsten Leben wohne ich im Zelt und hab‘ nur einen Rucksack.«

Die Dame lachte auf. »Ich bewundere Ihren Humor. Vielen Dank, dass Sie mir Ihre Geschichte erzählt haben. Ich wünsche Ihnen von ganzem Herzen, dass Sie hier in Hamburg zur Ruhe kommen. Sie haben es verdient.«

Sie war aufgestanden. Ein letztes Mal lächelten sie sich an. Dann wandte sich die Frau zum Gehen und winkte ihr von der Treppe aus noch einmal zu. Gunhild war erschöpft sitzengeblieben, aber gleichzeitig war ihr überraschend leicht ums Herz. Verträumt wanderte ihr Blick hinab zur Elbe, wo das erste zarte Abendlicht auf den Wellen tanzte.

9. OLDTIMER - EINE LEIDENSCHAFT

Standing Ovation

»Wilgard, schau dir das an: Der ganze Parkplatz ist voller Samtroter!« Aufgeregt blickte Gunhild aus dem Fenster ihres Hotels in Einbeck. Sie konnte kaum fassen, wie viele VW Käfer anlässlich des 35. Geburtstags des Krabblers zum Oldtimer-Museum ›PS.Speicher‹ gekommen waren.

Wilgard war neben sie getreten und blickte ebenfalls fasziniert auf die große Ansammlung von roten Autos, die mit ihren charakteristischen runden Rücken von hier oben wie ein Schwarm Marienkäfer aussah. »Als Designerin dieses Sondermodells bist du heute der Ehrengast dieser Meute.« Liebevoll knuffte sie ihre Schwester in die Seite.

»Unglaublich, dass es überhaupt noch so viele von den Samtroten gibt! Wenn ich mich recht erinnere, sind damals nur knapp 3.000 Exemplare gebaut worden.«

»Dass es so viele werden, damit habe ich auch nicht gerechnet, nachdem der Parkplatz gestern Abend noch fast leer war«, gestand Wilgard, während sie sich ihre Jacke anzog und nach der Handtasche griff. Besorgt beobachtete sie Gunhild aus dem Augenwinkel: Würde ihre Schwester diesen anstrengenden Tag durchstehen? Garantiert wollten alle Oldtimerliebhaber mit ihr fachsimpeln und von ihr Autogramme ergattern. Mittags stand ein Vortrag über die Entstehungsgeschichte des Samtroten Sonderkäfers sowie ein gemeinsames Mittagessen mit den Teilnehmern auf dem Programm. Danach war eine Ausfahrt mit allen Käfern zur Außenstelle des Oldtimer-Museums geplant, wo es nach der Besichtigung Kaffee und Kuchen geben sollte. Erst am Abend würden sie ins Hotel zurückkommen. Hoffentlich übernahm Gunhild sich nicht. Schließlich war bei ihr erst vor kurzem ein Aneurysma entdeckt worden. Sie würde auf jeden Fall ein waches Auge auf ihre Schwester haben.

Dieser Gedanke stimmte Wilgard melancholisch: Wie hatten sich inzwischen ihre Rollen umgekehrt. Als sie ein kleines Mädchen war, hatte Gunhild als 18 Jahre ältere Schwester auf sie aufgepasst. Heute war sie es, die sich um Gunhild kümmerte, für sie einkaufte, sie zum Frisör oder zum Arzt fuhr und auf Reisen wie diese begleitete. Zum Glück hatte sie in Hamburg einen Augenarzt gefunden, der Gunhild regelmäßig mit den Augenspritzen behandelte.

Das Hupkonzert vor ihrem Hotel riss sie aus ihren Gedanken. Jetzt war Schluss mit den Grübeleien, da unten warteten die Menschen auf den Ehrengast ihres Jubiläumstreffens.

»Wo soll ich unterschreiben? Auf dem Deckel des Handschuhfaches?« Gunhild saß in einem der knapp 30 Samtroten Sonderkäfer und griff nach dem silbernen Lackstift, den die Käferfahrerin ihr hinhielt. Unzählige Male hatte sie schon ihren Namen auf Flyer, Fotos, Blechteile mit dem Rankenmuster und sogar auf Fahrzeugscheine geschrieben. Besonders häufig landete ihr Autogramm auf den Deckeln der Handschuhfächer. Ab und zu fing sie in dem fröhlichen Trubel einen besorgten Blick von Wilgard auf: »Alles ok bei dir?« Gunhild nickte unmerklich: Ja, alles bestens. Sie war begeistert, wie sehr die Käferfahrer ihre Oldtimer liebten, hegten und pflegten. Einer sah hübscher aus als der andere: Die Autos glänzten in der Sonne, dass es eine wahre Pracht war. Sie hätte nie gedacht, dass ihr Design, das sie 1984 quasi übers Wochenende entworfen hatte, immer noch so viele Fans hatte.

»Ich liebe Rot. Rot ist Leben. Das passt doch wunderbar zu dem kleenen Wagen«, erzählte sie einem der Journalisten, der sie nach der Kernidee und dem Entstehungsprozess des Samtroten Sonderkäfers fragte und rutschte dabei kurz ins Berlinerische. Klammheimlich beglückwünschte sie sich selbst, sie hatte sich heute dem Anlass entsprechend angemessen gekleidet: rote Hose, roter Pulli, karierte Jacke mit Rot als Grundfarbe. Roter Nagellack und Lippenstift verstanden sich von selbst, genauso wie die rote Handtasche.

Gut gekleidet zu sein war ihr immer wichtig gewesen. Wenn sie manchmal in ihren alten Fotoalben blätterte, schaute sie grundsätzlich genau hin, was sie auf den Bildern trug. In den meisten Fällen war sie bis heute mit ihren oft selbst genähten Outfits einverstanden. Nur diese Mode-Sünde mit den fürchterlichen Schulterpolstern in den 80er Jahren fand sie unverzeihlich. Kaum zu glauben, dass sie diesen Unfug damals mitgemacht hatte!

»Hallo Gunhild! Wir würden gerne mit dem Vortrag über den Samtroten im Saal des PS.Speichers beginnen. Darf ich vorausgehen und dich ankündigen?« Marco Strohmeier hatte den Kopf zu ihr in den Käfer hineingesteckt und strahlte sie erwartungsvoll an. Er war der Organisator dieses Treffens und sie waren schon ein paar Jahre befreundet. Bei seinen Recherchen zur Geschichte seines eigenen Samtroten Sonderkäfers hatte er herausgefunden, dass Gunhild die Designerin dieses Sondermodells war, und hatte sie 2015 zum ersten Samtroten-Treffen eingeladen. Damals waren sieben rote Käfer nach Einbeck gekommen und schon da war Gunhild begeistert, dass ihr persönlicher Lieblings-Käfer so viele Fans hatte. Doch dieses Treffen heute übertraf alle ihre Erwartungen.

»Natürlich, Marco, ich komme gleich.« Gunhild reichte der Käferbesitzerin den Stift zurück und schaute sich suchend nach Wilgard um.

Am Arm ihrer Schwester stieg sie vorsichtig die Stufen zum Oldtimer-Museum hinauf und gemeinsam gingen sie langsam in Richtung des Saales, in dem der Vortrag beginnen sollte. Bei dem Trubel draußen hatte Gunhild die Schmerzen in ihrem Fuß tatsächlich vergessen, doch jetzt spürte sie die Nachwirkungen ihres Trümmerbruchs wieder, obwohl der dumme Unfall schon fast 30 Jahre zurück lag.

»Begrüßen wir jetzt unseren heutigen Ehrengast, die Designerin unserer schönen Käfer: Gunhild Liljequist, die zusammen mit ihrer Schwester Wilgard extra aus

Hamburg angereist ist!«

Auf ihr Stichwort betrat Gunhild am Arm von Wilgard den Saal. Tosender Applaus brandete auf, gleichzeitig erhoben sich alle von ihren Plätzen. Sie brauchte einen Moment, um zu realisieren, dass dieser donnernde Beifall ihr galt. Alle Augen waren auf sie gerichtet.

»Wahnsinn: Standing Ovation für dich!«, flüsterte Wilgard ihr ins Ohr und geleitete sie langsam durch das Spalier der klatschenden Käferfahrer zu ihren Plätzen. Gunhild war so bewegt, dass sie fast kein Wort herausbekam. »Danke! Vielen lieben Dank!« Ihr strahlendes Lächeln sprach Bände. Sie war glücklich, dass sie mit ihren 83 Jahren diesen wunderbaren Tag und die Begeisterung der Oldtimerfreunde für ihr liebstes Designwerk, den ›kleenen roten Wagen‹, erleben durfte.

Vor der Außenstelle des Oldtimermuseum standen Tische und Bänke bereit. Es gab frischen Kaffee und jede Menge Bleche mit verführerisch duftendem Butterkuchen. Nachdem sich alle gestärkt hatten und zum Rundgang durch das Museum aufgebrochen waren, balancierte Gunhild ihre Tasse Kaffee nach draußen an einen der Tische. Mit einem wohligen Seufzen ließ sich auf eine Bank nieder, lehnte sich mit dem Rücken an die von der Sonne gewärmte Holzwand und streckte ihre Beine aus. Für einen Moment schloss die Augen. Was war das für eine aufregende Ausfahrt gewesen! Marco und sie hatten mit seinem Käfer die Kolonne angeführt. Als sie sich unterwegs umgedreht hatte, sah sie 30 Samtrote Sonderkäfer, die sich hinter ihnen die Straße entlang schlängelten– was für ein fantastischer Anblick!

»Frau Liljequist …?«

»Ja?« Gunhild öffnete die Augen. Sie war doch nicht etwa eingenickt? Vor ihr stand eine blonde Frau um die 50 mit bunter Blümchen-Bluse und einem Kuchenteller in der Hand.

»Darf ich mich zu Ihnen setzen?«

»Gerne! Sind Sie nicht die Käferfahrerin, auf deren Handschuhfachklappe ich heute Morgen unterschrieben habe?«

»Ja, genau, nochmals vielen Dank dafür! Ich heiße übrigens Vanessa und komme wie Sie auch aus Hamburg«, stellte sich die Frau vor.

»Das ist eine ziemlich weite Strecke! Meiner Schwester Wilgard und mir kam schon die Bahnfahrt von Hamburg nach Einbeck endlos lang vor. Wie lange haben Sie denn mit Ihrem Käfer dafür gebraucht?«

»Ungefähr fünf Stunden.«

»Das war bestimmt ganz schön anstrengend, oder?«

»Aber nein! Ich finde Käferfahren toll. Das ist noch richtig analoges Autofahren: keine Servolenkung, kein Bremskraftverstärker, sehr überschaubare 34 PS und vor allem dieser herrlich knatternde Boxermotor - für mich ist das Freude pur. Ich finde, Käferfahren macht glücklich.«

»Na, dann müssen Sie ja sehr glücklich in Einbeck angekommen sein …«

»Oh ja – und wie! Aber wissen Sie, was mich mindestens genauso glücklich macht?« Gunhild schüttelte den Kopf und blickte Vanessa neugierig an. »Dass ich Sie persönlich kennenlernen darf!«

»Ach, so spannend bin ich doch gar nicht«, wehrte Gunhild bescheiden ab, aber Vanessa widersprach: »Doch! Für uns Käfer-Fahrerinnen und -Fahrer ist es etwas ganz Besonderes, die Frau kennenzulernen, die unsere tollen

Autos entworfen hat! Da fährt man seinen Käfer noch mal mit einem ganz anderen Bewusstsein.«

»Da kann ich Vanessa nur zustimmen.« Marco Strohmeier war um die Ecke gebogen und hielt ihnen mit einem fragenden Lächeln eine Flasche Wasser sowie drei Gläser entgegen. Als Gunhild und Vanessa nickten, füllte er die drei Gläser und setzte sich zu ihnen in die Sonne.

»Wie bist du eigentlich zu deinem Samtroten gekommen, Marco?«, fragte Vanessa.

»Bei uns liegt das Käferfahren in der Familie«, lachte Marco, »meine beiden Großväter, Helmut und Willi, fuhren Käfer. In unseren Fotoalben gibt es jede Menge Fotos aus den 60er Jahren, wo sie stolz vor ihren Volkswagen posieren. Und weil ich ein nostalgischer Typ bin, wollte ich irgendwann auch einen Käfer haben.«

»Hast du gezielt nach einem Samtroten gesucht?«, wollte Gunhild wissen.

»Nein, ich habe 2006 im Internet ganz allgemein nach Käfern Ausschau gehalten und dabei durch Zufall in Bielefeld einen Samtroten entdeckt, der top in Schuss war und gleichzeitig nicht schrecklich viel Geld kostete. Bei der Besichtigung vor Ort habe ich sofort Nägel mit Köpfen gemacht.«

»Haben deine Großväter das noch miterlebt?«, fragte Vanessa.

»Ja, mein Großvater Helmut und ich haben mit dem Käfer viele schöne Ausflüge gemacht. Als er noch lebte, sind wir oft zu irgendeinem hübschen Landgasthof zum Schnitzel- oder Spargelessen geknattert.«

»Und was sagt deine Frau zu deinem Hobby?«

»Sie mag den Käfer und fährt ihn auch. Er ist für uns

wie ein Familienmitglied, das nur zufällig in der Garage wohnt.«

Gunhild und Vanessa lachten. »Diese Sache mit dem Familienmitglied, das in der Garage wohnt, hat mir neulich auch eine junge Frau bei Facebook über ihr Golf-Cabrio geschrieben«, erinnerte sich Gunhild. Sie kramte ihr Handy aus ihrer Handtasche, entsperrte es und reichte es an Wilgard weiter, die sich inzwischen zu der kleinen Gruppe gesellt hatte. »Wilgard, ich sehe ja leider nicht mehr so gut. Bist du bitte so lieb und schaust bei meinen Facebook-Nachrichten nach dem Brief von Swaanjte?«

»Ich hab's gefunden!« Wilgard rückte ihre Lesebrille zurecht.

»Liebe Frau Liljequist. Ich bin stolze Besitzerin eines Aigner-Cabrios in Mangrovengrün. Bis vor kurzem wusste ich nur relativ wenig über die Geschichte dieses Sondermodells. Aber als ich durch Zufall von einer Bekannten erfuhr, dass Sie die Designerin meines geliebten Oldtimers sind, habe ich Sie gegoogelt und dabei viele spannende Details rund um Ihre Zeit bei VW sowie über mein Auto gefunden. In einem Interview mit Ihnen habe ich gelesen, dass Sie sich sehr für die Geschichten der Oldtimerfans interessieren, deswegen schreibe ich Ihnen heute.

Ich war damals eigentlich nur auf der Suche nach einem Sommerauto und mein Vati hatte mir einen 1er Golf empfohlen Der sei nicht so teuer und die Ersatzteile wären einfach zu beschaffen. Bei unserer Suche haben wir zufällig auch ein Aigner-Cabrio gefunden und ich muss Ihnen gestehen: Ich war sofort schockverliebt. Nach längerer Suche haben wir in Göttingen bei einem Autohändler mein Traumauto entdeckt: ein Aigner-Cabrio in Mangrovengrün, nur ein Vorbesitzer, mit neuem Motor und neuen Bremsen. Allerdings hatte es mehr als 341.000 Kilometer auf dem Buckel, deswegen war der Wagen auch nicht so teuer. Seit dem 14. April 2021 steht Etienne, wie ich mein Auto getauft habe, bei uns in der Garage und natürlich ist er für uns nicht einfach nur irgendein Auto, sondern ein richtiges Familienmitglied. Übrigens: Ich bin zwei Jahre jünger als Etienne. Wenn das Wetter schön ist, bin ich immer mit ihm unterwegs. Wir fahren zusammen zur Arbeit, und wenn ich Lust und Zeit habe, machen wir eine Tour durch die Weinberge. Das Fahren ist für mich Genuss pur: Verdeck auf, Sonnenbrille auf die Nase, und raus aus der Stadt. Das ist für mich die beste Möglichkeit zum Abschalten vom Alltag. Vor allem Männer in ihren Vierzigern kriegen beim Anblick meines Oldtimers oft glänzende Augen. Für viele von ihnen war der Golf 1 ihr erstes Auto und dem jammern sie immer noch hinterher … Viele liebe Grüße, Ihre Swaantje.«

»Das ist ja nett«, bemerkte Vanessa und Gunhild nickte: »Solche Nachrichten bekomme ich hin und wieder, seitdem ich bei Facebook angemeldet bin. Kennt ihr zufällig einen gewissen Herbert Stöber?«, fragte sie und bemerkte erst jetzt, dass sich ihre Runde inzwischen erheblich vergrößert hatte. Nachdem die Führung durch das Museum beendet war, hatte sich eine ganze Traube Menschen um sie versammelt.

»Wir wollen auch Ihre Oldtimer-Geschichten hören!«, rief jemand aus der Menge und rasch wurden weitere Bänke herangeschleppt. Nachdem irgendjemand eine frische Tasse Kaffee vor Gunhild auf den Tisch gestellt hatte, fragte sie: »Sie kennen doch wahrscheinlich auch alle den Jubi-Käfer, oder? Das war der zinngraue Käfer aus dem Jahr 1985, der letzte Käfer, der im mexikanischen Puebla produziert und nach Europa exportiert wurde.

Er hatte, genau wie der Samtrote, 34 PS. Dieser Herbert Stöber, ein bekennender Käfer-Fan hat mich vor kurzem über Facebook angeschrieben. Er fährt seit März 2018 einen Jubi-Käfer und ist gerade dabei, ein großes Sondermodelltreffen zu organisieren. Ich glaube, er ist völlig Käfer-verrückt, am Telefon hat er mir erzählt, dass seine Wohnung inzwischen aussieht wie ein Käfer-Museum, mit mehreren hundert Modellen in Vitrinen, mit Fotos, Büchern, Schildern, Drucken und Gemälden.«

Die ganze Runde lachte: »So sieht's bei mir zu Hause auch aus!«, riefen mehrere und zeigten sich gegenseitig auf ihren Handys ihre Schätze.

»Hat dieser Herbert Ihnen auch erzählt, wie er zu seinem Jubi gekommen ist?«, fragte jemand und Gunhild nickte: »Ja, auf seiner Suche nach dem Jubi-Käfer lernte er über das Internet einen gewissen Helmut kennen, der ihm anbot, dass er sich einen seiner fünf Jubis aussuchen könne. Herbert weiß bis heute nicht, warum er sich dann ausgerechnet für den vierten der fünf Jubis entschieden hat, aber er vermutet, dass es der spezielle Geruch war. Angeblich roch Nummer vier genau so wie sein erster Käfer, den er 30 Jahre zuvor besessen hatte.« Wieder lachten alle: Ja, dieser typische Käfergeruch - der war einfach unvergleichlich und einer der vielen Gründe für ihre Käfer-Liebe.

»Wisst ihr, was ich besonders toll finde?«, fragte plötzlich ein älterer Herr aus der hinteren Bankreihe. »Wenn betagte Herrschaften wie ich begeistert Käfer fahren, wundert mich das eigentlich nicht, weil das früher unsere ersten Autos waren. Aber was ich wirklich klasse finde, ist, dass es immer mehr junge Menschen gibt, die sich einen Oldtimer kaufen.« Zustimmendes Gemurmel ging durch die Reihen und der ältere Herr fuhr fort: »Bei uns im Ort wohnt Markus, der ist Baujahr 1996«, alle lachten, »und jetzt ratet mal, was der sich neulich gekauft hat?«

»Einen Käfer!«, rief die ganze Runde und klatschte begeistert. »Genau! Und zwar einen Aubergine-Käfer, Baujahr 1983! Frau Liljequist, den haben Sie doch auch entworfen, oder?«

Gunhild nickte. »War gar nicht so einfach damals, dieses Violett war echt eine Herausforderung.«

Der ältere Herr war aufgestanden. »Aber genau diese Farbe war es, die Markus besonders gefallen hat, vor allem wegen der harmonischen Verbindung zwischen Außenfarbe und Innenausstattung«, berichtete er.

»Was hat denn diesen jungen Mann dazu gebracht, Käfer zu fahren?«, wollte eine mittelalte Frau aus der ersten Reihe wissen.

Der ältere Herr wusste auch solche Details, schließlich hatten er und der junge Mann bereits eine gemeinsame Ausfahrt gemacht. »Für ihn ist Käferfahren pure Nostalgie, weil sowohl sein Opa als auch sein Vater einen Käfer fuhren. Zwar mag er im Alltag lieber kantige, eckige Wagen und fährt beruflich einen schnittigen Mercedes, aber er hat den Käfer – ich zitiere – ›ein süßes und kultiges Auto‹ genannt, bei dem ›jeder sich freut und lacht, wenn er ihn sieht‹.«

»Jaaa! Das stimmt!« Die ganze Runde applaudierte und in diesem Moment fühlten sie sich wie eine große Familie, verbunden durch die gemeinsame Liebe zu einem kleinen, ikonischen Oldtimer.

Heilig‘s Blechle!

Was hatte dieser Hamburger Jugendpastor gesagt? Er hätte einen Samtroten Sonderkäfer vor dem Altar in seiner Kirche geparkt? Ungläubig schaute Gunhild den Anrufbeantworter an, nachdem sie die Nachricht abgehört hatte. Sie war überzeugt, sich verhört zu haben.

»Gunhild, nicht erschrecken – ich bin's!« Wilgard öffnete mit ihrem Zweitschlüssel die Wohnungstür.

»Wilgard! Du kommst wie gerufen: Bitte hör‘ dir die letzte Nachricht auf dem Anrufbeantworter an. Irgendwas ist anscheinend mit meinen Ohren nicht in Ordnung. Ich habe verstanden, dass hier in einer Kirche ein Käfer stehen soll. Aber das kann ja gar nicht sein, ich muss mich verhört haben.«

»Du hast dich nicht verhört: Dieser Pastor Robert Zeidler hat wirklich einen Samtroten Sonderkäfer in seine Kirche geschoben und lädt dich ein, ihn zu besuchen. Ich habe seine Telefonnummer aufgeschrieben.«

Wilgard hielt ihrer Schwester einen Zettel hin, auf dem die Telefonnummer des Pastors in extra großen Ziffern stand. Selbst mit ihrer großen Spezialbrille konnte sie kaum noch etwas lesen. Wilgard wusste, wie sehr dieses ›Leben als Blindschleiche‹, wie Gunhild ihren Zustand neulich genannt hatte, ihr zu schaffen machte. Da hätte sie als Rentnerin alle Zeit der Welt, um an ihrer geliebten Staffelei zu sitzen und zu malen, doch nachdem sich zusätzlich zur Makuladegeneration eine Linsentrübung und ein Grüner Star entwickelt hatten, war ihr Sehvermögen so stark eingeschränkt, dass Malen oder Lesen unmöglich geworden waren. Ihr letztes Bild - viele kleine bunte Vögel, die nebeneinander auf einer Stange saßen - war ein letztes verzweifeltes Aufbegehren gegen ihre schwindende Sehkraft gewesen. Es war eine Liebeserklärung an die Farbenpracht und Schönheit der Welt. Danach hatte Gunhild nie wieder einen Pinsel in die Hand genommen.

»In meinen Träumen sehe ich alles deutlich in den schönsten Farben, deswegen schlafe ich so viel. Ich bin eine richtige Schlafmütze geworden. Ist es nicht tragisch, dass ich als leidenschaftliche Malerin die echte Welt nur noch verschwommen sehen kann?«, hatte Gunhild neulich traurig gesagt, als Wilgard wie üblich morgens nach ihr schauen kam und ihre Schwester dösend im Bett vorfand. Es hatte ihr fast das Herz gebrochen.

»Sag mal: Wie siehst du denn aus?« Erst jetzt, nachdem sie die Einkäufe im Kühlschrank verstaut hatte, kam Wilgard dazu, sich ihre Schwester genauer anzusehen: Gunhild hatte die glutroten Augen eines Werwolfs! Vor Lachen hielt sich Wilgard am Tisch fest.

»Wieso lachst du denn so? Was ist los?«, fragte Gunhild halb ärgerlich, halb mitlachend. Das Lachen ihrer Schwester war ansteckend.

»Du hast knallrote Augen und siehst so was von verwegen aus!« Wilgard hatte schon Bauchweh vor Lachen. »Kann es sein, dass du den roten Lippenkonturstift, den ich dir neulich mitgebracht habe, mit dem schwarzen Kajalstift verwechselt hast?«

»Was?! Das war gar kein Kajalstift? Ach du liebe Güte!« Gunhild schlug die Hände vors Gesicht und dann lachten die beiden Schwestern so ausgelassen wie schon lange nicht mehr. Nachdem sie das Werwolf-Missgeschick beseitigt hatten, riefen sie Pastor Zeidler an und vereinbarten einen Termin in der Jugendkirche, zu dem auch Vertreter der Presse eingeladen werden sollten.

Als Gunhild und Wilgard wenige Tage später die Jugendkirche betraten, verschlug es ihnen die Sprache: Vor dem Altar stand tatsächlich ein Samtroter Sonderkäfer! Die ganze Kirche war zu einen großen Ausstellungsraum umgestaltet worden und der VW war der strahlende Mittelpunkt.

»Sensationell! So was hab' ich noch nie gesehen!«, entfuhr es Gunhild beim Anblick ihres Lieblingskäfers, der im Licht der hellen Strahler glänzte.

»Wie haben Sie denn den hier reinbekommen – und warum?«, fragte Wilgard den Mann, der hinzugetreten war.

Pastor Zeidler deutete auf die beiden großen Flügeltüren: »Türen auf – Käfer rein. Das war gar kein Problem, der Wagen ist ja klein. Er ist Teil unserer interaktiven Ausstellung ›Glück-Selig‹, mit der wir dazu anregen, dem eigenen Glück auf die Spur zu kommen. An 18 Glücks-Stationen können sich die Besucherinnen und Besucher auf unterschiedliche Art mit den Fragen ›Was ist eigentlich Glück?‹, ›Was macht Dich ganz persönlich glücklich?‹ und ›Was gibt Deinem Leben einen Sinn?‹ auseinandersetzen. Der Käfer ist auch eine der Stationen. Wir laden die Besucher ein, in ihm Platz zu nehmen und darüber nachzudenken, an welchen Orten sie sich wohl fühlen und glücklich sind. Er ist also ein echter Glückskäfer!«

Zum Ausprobieren setzte sich Gunhild in den Wagen hinein und war stolz, dass ihr kleines rotes Auto sich in dieser Kirche in einen Glückskäfer verwandelt hatte.

»Frau Liljequist, darf ich Sie fragen, was für Sie persönlich Glück ist?« Pastor Robert Zeidler hatte sich neben sie in den Käfer gesetzt.

Gunhild musste über seine Frage nicht lange nachdenken. Wie aus der Pistole geschossen antwortete sie:

»Clarissa!«, und dabei wurden ihre Gesichtszüge weich.

»Wer ist denn Clarissa?«, fragte der Pastor nach, dem das Leuchten in Gunhilds Augen nicht entgangen war.

»Das ist meine Großnichte. Stellen Sie sich vor: Zwischen der Kleinen und mir liegt ein Altersunterschied von 80 Jahren! Aber dieser Dreikäsehoch ist mein Sonnenschein. Es ist eine riesige Freude, wenn dieses kleine Persönchen ankommt und mich herzlich begrüßt. Das ist alles so … echt! Ich finde gar nicht die richtigen Worte dafür. Für mich ist es ein großes Geschenk, dass ich miterleben darf, wie dieses kleine Wesen sich entwickelt.«

»Das klingt tatsächlich nach ganz viel Glück«, bestätigte der Pastor. »Apropos Glück, Frau Liljequist: Wir beide werden draußen von einem Reporter der Morgenpost erwartet. Er möchte uns zu der Ausstellung und dem Käfer vor dem Altar interviewen. Wir könnten den Mann ziemlich glücklich machen, wenn wir uns ein bisschen Zeit für ihn nehmen.«

Ein paar Tage nach dem Besuch in der Jugendkirche lag ein großer Briefumschlag in ihrem Postkasten. Gunhild setzte ihre Spezialbrille auf und entzifferte den Absender: Pastor Robert Zeidler, Jugendkirche. Neugierig riss sie den Umschlag auf und ein Zeitungsausschnitt sowie eine Postkarte flatterten ihr entgegen.

»Vielen Dank für Ihren Besuch bei uns in der Jugendkirche und in unserem Glücks-Käfer!«, schrieb der Pastor. Dann knöpfte sie sich den Zeitungsartikel vor. Es war der Text von diesem Reporter, der sie in der Kirche interviewt hatte. Schon bei der Überschrift musste sie lachen: ›Heilig's Blechle!‹

10. KLEINE WUNDER

»Hallo Gundi! Ich und Oma kommen gleich zu dir!« Eine glockenhelle Kinderstimme drang durch den Telefonhörer an Gunhilds Ohr und im gleichen Augenblick ging ihr das Herz auf: Clarissa!

»Alles klar – bis gleich!« Sie legte den Hörer auf. Eigentlich hatte sie vorgehabt, in der Küche ein paar Pellkartoffeln zu kochen, aber das war nun unwichtig.

Wenn sich Clarissa ankündigte, ließ Gunhild sofort alles stehen und liegen. Ob die kleine Prinzessin heute wieder Lust hatte, ein Privatkonzert auf dem Klavier zu geben? Vielleicht hatte sie aber auch ihre Buntstifte dabei. Sie durfte auf keinen Fall vergessen, Clarissas Kinderglas bereitzustellen.

Die Geschichte mit diesem Kinderglas war eines der unzähligen Dinge, die sie faszinierten. Neulich hatte sie der Kleinen in der Küche das bunte Glas hingestellt und ihr erläutert, dass dies das Kinderglas sei, extra für Clarissa. Das kleine Mädchen hatte sie mit großem Ernst angeschaut und genickt. Als sie zwei Tage später wieder bei Gunhild war, war sie in die Küche gerannt, hatte auf ihr Glas gedeutet und gesagt: »Das ist mein Kinderglas.« Gunhild war sprachlos gewesen: Wie schnell und mühelos Clarissa Worte lernte!

Als sie vor kurzem im Wohnzimmer Musik aufgelegt hatten, war die Kleine angerannt gekommen und hatte fröhlich getanzt. Während sie zusah, wie sie sich drehte und munter hüpfte, hatte Gunhild das Gefühl gehabt, ihr Herz würde vor Liebe schmelzen.

»Ich hatte ja nie eigene Kinder, und ich habe das auch nie bereut. Vielleicht fasziniert mich deswegen das Aufwachsen dieses Mädchens so sehr«, hatte sie Birgitta am Telefon erzählt. »Als sie auf die Welt kam, war sie so unglaublich klein. Jetzt wird sie jeden Tag größer, man kann ihr beim Wachsen fast zuschauen. Bei jedem unserer Treffen überrascht sie mich mit irgendetwas, was sie beim letzten Mal noch nicht konnte.«

»Ja, Kinder sind kleine Wunder«, hatte Birgitta geantwortet und sich über den neu belebten Klang von Gunhilds Stimme gefreut. Ihre Freundin tat ihr so leid, sie konnte sich gar nicht vorstellen, wie furchtbar es sein musste, langsam zu erblinden. Das kleine Mädchen war ein Geschenk. Was für ein Glück, dass Gunhild nach Hamburg gezogen war und dort bei Wilgard, ihrer Tochter Vanessa und deren Freund Marc sowie der kleinen Clarissa lebte und in das bunte Familienleben einbezogen wurde.

»Hast du schon mit ihr gemalt?«, hatte Birgitta vorsichtig gefragt und Gunhild hatte nur so losgesprudelt: »Aber ja, natürlich! Neulich hat sie ihre Buntstifte mitgebracht und an dem großen, niedrigen Tisch gemalt. Wahrscheinlich ist es noch viel zu früh für irgendwelche Prognosen, aber ich habe ich den Eindruck, dass sie künstlerisch begabt ist.

Allerdings war ich auch etwas in Sorge wegen meines schönen weißen Ledersofas, dem die Kleine mit ihren Stiften manchmal gefährlich nahekam«, hatte sie ihrer Freundin verraten.

»Hereinspaziert!« Gunhild stand im Flur ihrer Wohnung und Clarissa fegte sofort wie ein Wirbelwind durch die sonst so stillen Zimmer, dicht gefolgt – wenn auch etwas langsamer - von ihrer Oma Wilgard, die eine kleine Tasche mit Clarissas Lieblingsspielzeug trug.

»Es ist schön hier bei Gundi!«, strahlte die Kleine ihre Großtante atemlos an.

»Will unsere kleine Prinzessin heute wieder ein Klavierkonzert geben?«, fragte Gunhild.

»Jaaa!« Clarissa rannte ins Wohnzimmer und krabbelte auf den Klavierhocker. Gunhild und Wilgard nahmen auf dem Sofa Platz und lauschten mehr oder weniger andächtig den expressionistischen Klängen, die die kleine Künstlerin dem Instrument entlockte.

Während Clarissa hingebungsvoll die weißen und schwarzen Tasten drückte, nutzte Wilgard die Gunst des Augenblicks: »Geht es dir nicht gut, Gunhild? Du siehst so blass aus«, fragte sie leise und besorgt.

»Es geht mir gut. Ich bin in letzter Zeit nur ein bisschen müde und mir ist immer so kalt«, gestand Gunhild.

Genau genommen handelte es sich dabei um eine maßlose Untertreibung. Sie fühlte sich nicht nur ›ein bisschen müde‹, sie war völlig erschöpft. Morgens kam sie kaum aus den Federn und wenn sie in ihrem Sessel im Wohnzimmer saß, nickte sie ständig ein. Sie konnte jederzeit schlafen und hatte immer häufiger das Gefühl, gar nicht richtig wach zu werden. Außerdem war ihr dauernd kalt, obwohl alle Heizkörper glühten und sie mindestens drei Schichten an Kleidung übereinander trug. Aber all das sagte sie ihrer Schwester lieber nicht, Wilgard machte sich schon genug Sorgen um sie. Sie lächelte tapfer und unterdrückte mühsam ein Gähnen.

»Fertig!«, krähte Clarissa in diesem Moment und drehte sich stolz zu Oma Wilgard und ihrer Großtante um.

»Wundervoll«, riefen Gunhild und Wilgard abwechselnd und applaudierten der kleinen Künstlerin, die sich huldvoll vor ihrem Publikum verneigte.

»So, du Pianistin, jetzt gehen wir aber heim zu Mama. Gundi muss sich ausruhen.« Wilgard stand auf und schob die Kleine sanft in Richtung Tür.

»Nächstes Mal tanze ich für Gundi!«, rief Clarissa ihrer Großtante zu, bevor sie aus der Wohnung hinauslief und Wilgard Mühe hatte hinterherzukommen.

»Bis morgen, Gunhild«, sagte sie, dann eilte sie ihrer Enkelin hinterher.

»Bis morgen, Wilgard.« Gunhild schloss die Wohnungstür und atmete tief durch: Es war wunderbar, wenn Clarissa zu Besuch kam – was für ein kleiner Sonnenschein! Aber es war auch anstrengend. Sie beschloss, sich etwas hinzulegen und auszuruhen. Die Beine hochlegen und Augen zumachen würde ihr guttun.

Während sie sich fröstelnd die Decke bis zu den Schultern hochzog, huschte bei dem Gedanken an Clarissa ein Lächeln über ihr Gesicht: Sie freute sich darauf, ihr beim angekündigten Tanzen zuzusehen.

»Gunhild, du Schlafmütze, jetzt wird's aber langsam Zeit aufzustehen!« Wilgard war am Montag, den 27. März 2022, schon früh unterwegs und wollte ihrer Schwester nur rasch die Einkäufe vorbeibringen und einen Kaffee mit ihr trinken. Als sie keine Antwort erhielt, öffnete Wilgard die Schlafzimmertür und sah ihre Schwester im Bett liegen.

»Gunhild …?«

WIE ALLES BEGANN …

Samtroter Sonderkäfer wegen Verkleinerung meiner Oldtimer-Sammlung zu verkaufen.

Wenig Text und viele Fotos kennzeichneten das Inserat, das ich im November 2018 bei ebay-Kleinanzeigen entdeckte. Mit jedem neuen Bild dieses Käfers, das ich anklickte, wuchs meine Begeisterung: Was für ein Wagen!

Zwei Tage später fuhr ich in unserem alten grauen Skoda in den Hamburger Süden, um mir den Oldtimer anzuschauen. Kaum hatte ich den Wagen am Straßenrand geparkt, eilte mir ein Mann in legerer Jeans und schwarzem Wollpullover entgegen: »Sie hatten wegen des Käfers angerufen? Na, dann kommen Sie mal mit.«

Mit gespannter Vorfreude folgte ich Herrn Eriksson. Zwei Häuser weiter lief er in eine unscheinbare Einfahrt und blieb vor einer windschiefen Halle mit zwei riesigen Flügeltüren stehen. Während er an einem großen Schlüsselbund herumnestelte, wunderte ich mich:

Hinter diesen schäbigen Mauern sollte sich seine Oldtimer-Sammlung verbergen? Ich hätte hier eher landwirtschaftliche Geräte wie Egge und Pflug und vielleicht noch einen alten Hanomag erwartet. Inzwischen hatte Herr Eriksson den richtigen Schlüssel gefunden und öffnete eine der quietschenden Flügeltüren.

Im Schein flackernder Neonröhren entdeckte ich etwa 15 automobile Schätze. Mir stockte der Atem, als ich ganz hinten am Fenster den runden Buckel eines VW-Käfers entdeckte. Herr Eriksson steuerte bereits direkt darauf zu. »Das ist der Samtrote Sonderkäfer. Möchten Sie sich vielleicht mal hineinsetzen?«

Aus den Tiefen seiner Hosentasche zog er ein kleines braunes Schlüsseltäschchen hervor und als ich sprachlos vor Freude nickte, schloss er den Käfer auf. Beim Hineinsetzen war es um mich geschehen: Käfergeruch! Diese leicht muffige Mischung aus altem Auto und Benzin … Wie lange hatte ich das nicht mehr in der Nase gehabt. Ich umfasste das große Lenkrad und blickte mich um: Der Oldtimer sah nicht nur von außen wie neu aus, auch seine Innenausstattung mit den roten Veloursitzen und den blauen Seitenverkleidungen war in hervorragendem Zustand. Herr Eriksson konnte sich ein Lächeln nicht verkneifen, als ich wieder ausstieg: »Sie hat's ganz schön erwischt, oder?«

Leugnen war zwecklos: Ich war verliebt in den Käfer - und ich wollte ihn unbedingt haben. Die Preisverhandlungen waren nur eine Formsache. Das wichtigste Argument, mir seinen Käfer zu verkaufen, war für Herrn Eriksson meine ehrliche Begeisterung: Auch sein Herz hing an diesem Käfer und er wollte ihn an jemanden verkaufen, der ihn mit der gleichen Leidenschaft hegen und pflegen würde, wie er es selbst jahrelang getan hatte. Dieser Jemand – das war ich.

Unsere erste große Käfer-Tour unternahmen mein Mann und ich im Frühjahr 2019. Gemeinsam fuhren wir nach Einbeck, um am 35. Jubiläumstreffen der Samtroten Sonderkäfer teilzunehmen. Dort habe ich sie kennengelernt: Gunhild Liljequist, Designerin dieses Sondermodells und Ehrengast des Käfertreffens. Aus unserem Kennenlernen entwickelte sich eine Freundschaft, und aus unserer Freundschaft die Idee zu diesem Buch.

Die erste Version des Textes hat Gunhild Liljequist vor ihrem Tod am 27.3.2022 noch kennenlernen dürfen.

DANKSAGUNG DER AUTORIN

So viele Menschen haben zum Gelingen dieses Buches beigetragen – ihnen allen gilt mein Dank für die Unterstützung und Begleitung:

Besonders herzlich möchte ich mich bedanken bei: Wilgard Terzenbach, Vanessa, Marc und Clarissa; Elke und Werner Zimmer; Inge und Rainer Zimmer; Gisela Hebebrand; Birgitta Pankalla; Jutta und Siegfried Glöckner; Antje Kalcher (Universität der Künste Berlin); Eva Martens (Altonaer Museum für Kunst und Kulturgeschichte); Herbert Stöber; Swaantje Bär; Markus Nüsse.

Mein besonderer Dank gebührt Marco Strohmeier: Auf der langen Reise von der ersten Idee bis zur Fertigstellung dieses Buches stand er mir mit konkreter Unterstützung genauso wie mit ermutigenden Worten zur Seite. Ohne ihn hätte ich Gunhild vielleicht niemals kennengelernt.

›Er hat mir den Rücken freigehalten‹ ist eine völlig unzulängliche Beschreibung für die Wunder, die mein Mann Robert in den heißen Phasen meines Schreibens vollbracht hat: Wenn ich in den unendlichen Weiten der Wort-Welten unterwegs war, hat er mich stets liebevoll wieder nach Hause zurückgeholt.

Wie wird aus einem journalistischen Text ein biografischer Roman? ›Keine Angst vor der Langform!‹, ermutigten mich Dr. Thomas Glaw und Dorothea Lubahn vom Mediathoughts Verlag und sorgten gemeinsam mit Ulrike Parnow dafür, dass mein Traum vom Buch Wirklichkeit wurde.

Gunhild, die Adressatin meines größten Dankeschöns, ist leider mit unbekannter postalischer Adresse in den Himmel umgezogen. Aber für den Fall, dass Engel unsere Bücher und liebevollen Gedanken lesen:

Danke für dein Vertrauen und deine Freundschaft.

Inhalt

Fotos:
S. 223 und 224 Nachlass Archiv Gunhild Liljequist;
S. 225 Janine Specht

Leider ist es uns nicht gelungen, trotz intensiven Bemühens alle Rechteinhaber ausfindig zu machen. Für weitere Hinweise sind wir dankbar.

Weitere Informationen zu Jeanette Nentwig und ihren Projekten unter: www.jeanette-nentwig.de